美国问题观察译丛

Poverty in America
A Handbook (Third Edition)

美国的贫困问题
（原书第三版）

约翰·艾斯兰（John Iceland） 著

李栋飏 译

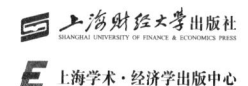

上海财经大学出版社
上海学术·经济学出版中心

图书在版编目(CIP)数据

美国的贫困问题:原书第三版/(美)约翰·艾斯兰(John Iceland)著;李栋飚译. —上海:上海财经大学出版社,2024.1
(美国问题观察译丛)
书名原文:Poverty in America:A Handbook(Third Edition)
ISBN 978-7-5642-4203-9/F.4203

I.①美… II.①约…②李… III.①贫困问题-研究-美国 IV.①F171.247

中国国家版本馆CIP数据核字(2023)第136292号

图字:09-2023-0866号

Poverty in America
A Handbook(Third Edition)
John Iceland

© 2013 The Regents of the University of California.
All Rights Reserved. Published by arrangement with University of California Press.

CHINESE SIMPLIFIED language edition published by SHANGHAI UNIVERSITY OF FINANCE AND ECONOMICS PRESS, Copyright © 2024.

2024年中文版专有出版权属上海财经大学出版社
版权所有　翻版必究

□ 策划编辑　陈　佶
□ 责任编辑　石兴凤
□ 封面设计　张克瑶

美国的贫困问题
(原书第三版)

约翰·艾斯兰　著
(John Iceland)

李栋飚　译

上海财经大学出版社出版发行
(上海市中山北一路369号　邮编200083)
网　　址:http://www.sufep.com
电子邮箱:webmaster@sufep.com
全国新华书店经销
上海华业装潢印刷厂有限公司印刷装订
2024年1月第1版　2024年1月第1次印刷

710mm×1000mm　1/16　11.75印张(插页:2)　185千字
定价:62.00元

目 录

前言/001

致谢/001

引言/001

第一章　早期观点/001

第二章　贫困衡量方式/012

第三章　贫困人口特征/028

第四章　全球贫困/050

第五章　致贫原因/068

第六章　大衰退/103

第七章　贫困和政策/119

结语/145

参考文献/150

前　言

自《美国的贫困问题》(第二版)完稿以来,诸多变化已然发生。经济大衰退波及甚广,贫困和不平等问题再度受到关注。本书结合特定的时代背景展开论述,旨在提供一个全新的视角来看待贫困问题的存在模式和演变趋势,这为从政治层面开诚布公地探讨我们为何所困,又能如何作为打下了必要基础。当然,这并不是说,单凭书中信息就能制定出行之有效的政策方案。政策总是在一定程度上为大众的价值观所左右。但是,要想做出更为明智的决策,选出最终能助力目标实现的行动方案,我们就有必要深入了解贫困问题。

本版相比上一版改动较大。首先,本版新增了两个章节,第四章探讨了全球性的贫困问题,第六章围绕大衰退展开。上一版仅谈及全球视野下的贫困问题,本版则进行了较为全面的剖析。通过对比他国经验,我们对美国的贫困问题可以有更加深入的了解。新增的第六章分析了大衰退的爆发原因及其对美国社会的影响。尽管这次经济衰退在2009年正式宣告结束,但其对美国经济和政治的影响却极为深远。原第六章("再论贫困率何以居高不下")内容在本版中不再保留,相关实证研究虽在出版之初很具价值,但已逐渐不合时宜。

其次,除上述章节的增删外,我也对其他章节的内容进行了更新,意在贴合近来由贫困问题引发的广泛讨论。比如,我在书中探讨了经济衰退如何间接催生了"茶党运动"和"占领华尔街运动"。对贫困问题追根溯源的一章深入探究了近年来女性,尤其是白人女性领导比例和非婚生育率上升的主要推手究竟是文化因素还是不断变化的经济形势。围绕政策展开的一章则研讨了当前的政策性辩论,包括针对奥巴马总统的《患者保护和平价医疗法案》(Patient Protection and Affordable Care Act)(即"奥巴马医改")的辩论中出现的对政府的社会职能所持的截然不同的观点。

为便于研究者理解贫困问题,我在本版中穿插了一些材料,让理论论据和统计结果得以更直观的呈现。我引述了几篇关于经济衰退期间失业给人造成的心理创伤的短篇报道,讲述了赤贫群体经受的艰辛困苦,这有助于缺少一手资料的读者真切体会到贫困究竟意味着什么。

最后,我也对上一版中的所有图表进行了更新(包括增删了部分图表),确保收录了能够获取的最新信息。图表注释也已完成相应的修改。

简而言之,《美国的贫困问题》(第二版)的年代感已逐渐显现。本版不仅对书中实例和数据做了更新,而且更为重要的是,贴合了针对贫困问题的最新研究和时下的政治辩论。在经历了自大萧条以来最严重的经济衰退之后,重新讨论美国的贫困问题的时机已经成熟。

致　谢

在此，我要向戈登·费希尔（Gordon Fisher）、帕特里夏·罗格斯（Patricia Ruggles）、丹尼尔·T. 利希特尔（Daniel T. Lichter）、安德鲁·贝弗里奇（Andrew Beveridge）、乔希·金（Josh Kim）、苏珊·费伯（Susan Ferber）、利夫·詹森（Leif Jensen）、查尔斯·费勒（Charles Ferrer）等人致以感谢，感谢他们在本书（包括前两版）创作过程中所给予的帮助，特别感谢加州大学出版社的娜奥米·施耐德（Naomi Schneider）多年以来对本项目提出的宝贵建议与不懈支持；也要感谢加州大学出版社的玛丽·科茨（Mari Coates）和斯泰西·艾森施塔克（Stacy Eisenstark）的辛勤努力。

我要对我的朋友和家人致以最深切的谢意，感谢他们对我的支持和鼓励。感谢我的妻子珍（Jean），是她鼓励我创作本书并一直相伴左右；感谢我的孩子雅克布（Jakob）和米娅（Mia），他们的到来点亮了我们的生活；感谢我的父母哈里（Harry）和琼（Joan），感谢他们一如既往的关爱和付出。最后，我还要向我的家人查尔斯（Charles）、黛比（Debbie）、马修（Matthew）、乔西（Josh）、马特（Matt）、约翰（John）、埃德娜（Edna）一并表示感谢。

引 言

贫困将永远与人类同在,这并非标新立异。从《约翰福音》(*the Gospel of John*)问世至今,即使人们想方设法缓解贫困,贫困都一直是社会发展史上挥之不去的问题,许多人对此深感绝望。不过,事实真是如此吗?人类真的永远无法摆脱贫困吗?

过去五十年,同再之前的五十年一样,经济局势犹如坐上了"过山车"。1964年,林登·约翰逊(Lyndon Johnson)总统向贫困大胆宣战,将解决贫困问题作为国内事务的重中之重。经过近十年的努力,美国的贫困率从1964年的19%降至1973年的11%,然后一路高歌猛进的势头便停滞不前。美国经济在20世纪70年代和80年代早期经历了两次衰退,出现了高通胀率和高失业率并存的局面。1988年,罗纳德·里根(Ronald Reagan)总统还拿此打趣道:"朋友们,前些年联邦政府向贫困宣战,而今贫困夺得了胜利。"不过,经济繁荣期并非一去不复返。总体来看,20世纪90年代是美国经济稳健发展的十年,高收入和低收入群体的生活水平都有所提高。2000年,克林顿(Clinton)总统的经济顾问委员会预测,一个新的时代即将到来,经济周期性的兴衰起落将不复存在。遗憾的是,经济繁荣仅持续了十年,美国就又经历了两次经济衰退,包括2007年9月那场对经济造成近乎毁灭性打击的"大衰退"(the Great Recession),国内的经济和政治氛围似乎又跌至新低。有人认为,美国的黄金时代已成历史,其他国家,尤其是中国,迟早会取代美国成为世界头号超级大国。

在这样的舆论环境下,美国各派别对何为问题的症结所在、何以重新站稳脚跟的看法大相径庭。在保守派看来,问题的根源在于政府干预过多,抑制了经济增长,侵犯了民众自由。他们的解决之道是减少税收和精简政府机构。激进派则认为,是投资不足和分配严重不均阻断了发展机遇。他们的应对之策是对基础设施和人力资本进行定向拨款和投资。温和派则因种种原因而在政治上逐渐失声。美国政治两极分化，开始陷入僵持局面。

我们真的输掉了反贫困之战吗？这个问题依然存在。我们当然没有赢。官方公布的数据显示这代人的贫困率要高于上一代。不过，要说输倒也有失公允。"战时努力"并没有持续多长时间，到20世纪70年代早期就差不多偃旗息鼓了。此外，官方统计数据也无法全方位反映反贫困成果。如今的反贫困项目不太可能直接发放能被计入官方数据的福利金，而是大多提供以医疗补助、住房津贴、所得税抵免等形式存在的非现金或准现金福利。与20世纪60年代后的绝大多数时间相比，步入21世纪，人们的收入中值和生活水平都有所提高。大家现在可以享用更多实用又有趣的消费品（包括智能手机和平板电脑），这在约翰逊总统生活的时代几乎是不可想象的。

尽管如此，许多美国人仍在为能够立足于中产阶级而苦苦奋斗。自20世纪70年代以来，美国的不平等日益加剧，国内形势每况愈下。大学学费一路飙升，很多地区的卫生保健和儿童保育费用也同步蹿升。家庭关系愈加脆弱，许多婚姻走向溃败。高薪蓝领工作似乎已经永久性地转移到海外了。与其他高速发展的国家相比，美国已然失去了优势地位。国内许多政治领导人的精力似乎被琐碎的争吵消磨殆尽，抑或是无意去应对这些挑战。

在这样的紧要关头，我们需要将关注焦点再次放到那些趋于爆发，甚至在一些人看来正日益恶化的问题上。贫困便是其中之一。这本书意在让更多人关注到这一问题。我的基本目标是解答如下几个问题：为什么贫困现象依旧如此普遍？贫困意味着什么？某些特定群体（如少数族裔、单亲家庭）是否更容易陷入贫困？未来几年我们可以有怎样的期待？相关政策有何局限性？

我在本书中提出了几个观点。首先，对贫困的看法因时因地而异。今时今日对贫困的定义与20世纪早期并非如出一辙。美国与发展中国家对贫困的评判标准也不可等量齐观。其次，美国一直无法摆脱贫困问题，表明该问题不能仅仅归咎于个体的能力不足。结构性因素（如对贫困的理解和定义方式）、造成收入不平等的经济制度的固有属性、其他社会不平等问题和我们的应对政策催生了当前趋势。最后，反贫困政策的开支占联邦预算的比例很小，对改善现状的影响相当有限。民众支持的社会治理举措所起的作用也制约了反贫困政策的实施效果。对治理举措抱有的信心以及个人主义与社群主义价值观之间的矛盾,转而又影响到公众情绪。社会冲突和意识形态冲突、致贫原因尚无定论、民众偏狭的关切点,无一不是减少贫困和寻求平等之路上的阻碍。

我的分析综合了各种定量和定性研究成果,以及各类社会调查的一手资料,比如十年一度的人口普查和当期人口调查。这些数据的强大之处在于,它们展现了美国贫困问题的全貌。我将这些资料同历史记录和社会科学理论相结合,旨在让读者全面了解美国贫困问题的本质特征和根源所在。

为何要关注贫困问题?

贫困之所以仍是美国面临的一个重要问题,原因很多。首先,伴随贫困而来的穷苦生活显然不利于个人的身心健康。研究表明,在贫困家庭长大的孩子健康状况一般较差,认知发展、学业成绩和情感健康方面也比较糟糕。[1] 比如,家境贫困的青少年更有可能缺乏自尊,表现出反社会行为,最终沦为少年犯。穷人也更有可能出现健康问题。尽管贫困造成的某些不良影响可以归咎于低收入,但其他消极影响还是根源于伴随贫困而来的家庭不稳定、受教育水平低等问题。

其次,贫困会对经济造成广泛影响。中产阶级活跃的社会,经济才能蓬勃发展。20世纪,美国经济之所以增长强劲,主要是受到扩大的消费市场的刺激。人们对新产品的需求激增,使得技术创新、产能、工资和福利也一路飙升。经济的健康发展要归功于贫困率的下降。随着贫困率下降,更多人有能力购买商品和服务,这转而又刺激了经济增长,提高了人们的平均生活水平。有研究显示,美国每年为童年贫困付出的代价总计 5 000 亿美元,占国内生产总值的近 4%。这是基于贫困家庭的未实现收益(比如因受教育水平低而造成的收益损失)、犯罪损失和健康开支所做的粗略统计结果。[2]

最后,贫困率高也会造成严重的社会和政治影响。穷人常常感到与主流社会格格不入。贫困还会引发社会混乱和犯罪。人们如果觉得现行体制无法满足需要,对民主制度的信心就会减弱。比如,从 20 世纪 60 年代的贫民区暴乱

---

[1] 相关研究综述,见 Lichter 和 Crowley,2002;Moore 等,2009。
[2] Holzer 等,2007。

和1992年的洛杉矶暴乱可以看出,生活在美国城市的非裔美国人一直处于经济、社会和政治的边缘地带。正是由于资源分配不均,我们如今才会经历国内和国际社会的分裂。

对贫困的误解

人们对于贫困存有许多误解。比如,很多人觉得贫困人口大多是非裔美国人,通常住在内城的贫民区,但事实上,黑人占贫困人口的比例还不足1/4。另一个常见的误解是以为穷人都不工作,而家里至少有一个人工作的贫困家庭占比超过60%。[1] 还有许多人认为很少有贫困家庭能跳出"贫困循环",然而,进进出出"贫困圈"的大有人在,相当一部分美国人在成年后的某个阶段都会经历贫困。也有些人以为各种福利项目占了联邦预算的大头,其实,除医疗补助计划外,其他福利项目上的支出在联邦预算中并不起眼。此外,大家还普遍认为衡量贫困的标准固定不变。然而,历史记录显示,人们对贫困的定义因时因地而大相径庭。不只是发展中国家的贫困标准低于美国,美国20世纪早期的贫困标准也远低于其十年后的贫困标准。

最后,我还想提及的一个误解是认为当下对公共支出的分歧反映出现代社会特有的一些问题。恰恰相反,围绕政府转移支付对市场、个人行为和贫困的影响的争论由来已久,可以追溯到美国建国之初。美国人从一开始就在争论是缓解困境更重要,还是阻止和限制不良社会行为更重要。这些争论的问题在于,争论者对致贫原因并无全面的了解,而且人们在寻求解决方案时往往有不同的目标和优先级排序。

章节纲要

在第一章中,我论述了美国社会从殖民时代至今对贫困问题的种种看法。熟悉历史背景有助于我们了解当前的贫困和不平等问题。比如,当前关于公共开支的辩论与过去几十年有相似之处,都是在讨论该如何决定谁值得帮助。长

---

[1] U. S. Census Bureau, 2010b.

久以来,"值得帮助"的穷人(指那些理应得到公众支持的人,如老年人)和"不值得帮助"的穷人(如体格健全的人和未婚母亲)之间一直有所区别。

尽管关于如何解决贫困问题的一些核心政策事项并无改变,但随着时间的推移,人们对什么是贫困的看法已然发生了变化。生活水平在提高,对支撑一个家庭所需费用的估值也随之提高。20世纪早期的美元估值仅相当于半个世纪后约莫一半。许多人认为现行官方贫困线(20世纪60年代制定,每年依据通货膨胀率更新)在当前看来太低。2011年,四口之家的贫困线均值为23 021美元。

我在第二章中回顾了衡量贫困的其他方法。林登反贫困之战后,反贫困项目越来越多,在这种情形下,显然需要一个权威的贫困衡量标准来评估这些项目的有效性。官方贫困标准按家庭成员多少和家庭成员构成划定了不同的贫困线,将家庭申报收入与其对比,从而判定一个家庭贫困与否。这些贫困线每年随通货膨胀率更新。这种官方贫困标准一直沿用至今,不过并非每个人都认可这是估量经济贫困的最佳方式。

绝对标准和相对标准是衡量贫困的两种基本方式,各包含几个变量。绝对标准,比如美国现行官方标准,通常试图定义一个真正的基本需求标准,并包含一些不随时间变化的阈值;相对标准,则依据比较劣势定义了贫困,因此对贫困的界定会随生活水平的变化而变化。两种衡量方式各有其优缺点,但都反映出社会经济状况不断变化的本质。

在我看来,最好的贫困衡量标准既有绝对变量,也有相对变量。贫困的核心概念在于,无论总体生活水平如何,穷人都无法满足基本生活需要。然而,贫困是相对的,随着总体生活水平的提高,人们认为维持社会生活所需的金钱也在增加。要想让绝对贫困标准有意义,一种简单的方法是每隔一代人左右(或根据需要)就调整贫困阈值来进行更新;另一种替代方法是采用美国国家科学院贫困援助与家庭帮扶小组推荐的准相对标准[①],其最大的优点是,贫困线会随着基本生活用品支出的增加而提高。该项标准因其种种优点而成为美国现行官方贫困标准的有力挑战者。

第三章详述了美国的贫困人口。比如,根据官方贫困标准,2011年,美国贫困人口为4 620万,占比15%。贫困率略高于采用美国国家科学院标准所计算

---

① National Research Council,1995.

的贫困率,远高于采用一般相对标准所计算的贫困率。但无论采用何种衡量方式,贫困在某些人口类别中都更为普遍,像黑人和西班牙裔、儿童、低教育水平群体和女性当家的家庭。很大一部分人都表示自己经历了各式各样的物质困境,比如有时食物不够吃、有时水电费缴不上。然而,美国人无论贫富,家里的电视、电冰箱这类基本消费品都不缺。

贫困动态性研究表明,大多数陷入贫困的人只经历了短暂的贫困。然而,许多家庭进进出出"贫困圈"颇为频繁,相当大比例的穷人长期以来都难以打破贫困的局面。研究表明,绝大多数处在贫困中长大的孩子成年后都摆脱了贫困。不过,这些孩子成年后身处贫困的可能性要远高于其他孩子。

各州和各地区的贫困状况差异很大。20世纪70年代和80年代,贫困人口主要集中在美国的中心城区,但之后就没那么集中了。近年来,贫困现象在郊区也变得更为普遍。一些农村地区的贫困问题持续了数十年之久。有些人认为,生活在高度贫困居住区(以及偏远农村地区)的人不仅在空间位置上与主流社会隔绝,而且在社交方面也遭到孤立。许多社会问题在高度贫困地区更为常见,如犯罪、福利依赖、吸毒和教育成效不达标。贫困人口集中的原因多种多样,包括国内许多地区缺乏经济机会,以及存在高度的种族、民族和阶级隔离。

第四章探讨了全球背景下的美国贫困问题。对比美国和世界其他国家的贫困问题,可以得出两个重要发现:一方面,发展中国家的贫困问题与美国等其他发达国家的贫困问题有本质区别。在贫困国家,特别是南亚和非洲,相当多的人每天都挣不到1.25美元。这些国家的婴儿死亡率很高,平均寿命相对较短。另一方面,近几十年来,全球绝对贫困人口已有所下降,在中国和印度等快速推进工业化的国家尤为如此。尽管围绕全球化带来的影响的争论仍在继续,但从这些国家身上至少可以看出全球化提高了人们的生活水平。

这一章的另一个主题是,尽管美国的人均国民生产总值位居世界第一,但其绝对贫困率和相对贫困率均要高于北欧和西欧国家。美国的相对贫困率几乎高于欧洲所有国家,而经济流动性也不如欧洲大部分国家。之所以会在贫困问题上存在这些差异,从低收入人口帮扶项目的支出上可见一斑。

在第五章探讨致贫原因时,我不仅考虑了有关个人特征(如受教育程度)影响的传统理论,还考虑了聚焦结构性因素影响的理论。要想解释为什么会存在贫困、为什么有些群体的成员更容易陷入贫困,了解经济体制的运行和社会的不平等至关重要。比如,导致历史上的种族—民族贫富差距的因素不仅包括受教育程度的差别和女性当家的盛行,还包括居住区隔离、经济不平等和歧视。

过去半个世纪里,一些少数民族的贫困率迅速下降,由此可以看出法律障碍和歧视都在减少。如今,在解释黑人和西班牙裔的贫困问题时,贫困过往、经济错位、贫富差异和家庭不稳定等障碍的重要性至少与种族主义和歧视持平。然而,尽管情况有所改善,但种族和民族差距仍是美国的一个重要问题。

虽然劳动力市场上男性的收入仍然高于女性,但薪酬方面的性别差异已逐渐缩小。在年轻群体中,全职工作的男性与女性之间的薪酬差距最小。女性如今比男性更有可能获得大学文凭和各种专业学位。这表明,性别不平等现象将在未来几年继续减少,男性有朝一日甚至可能处于社会经济的劣势地位。

单亲家庭相比其他家庭更有可能陷入贫困。单亲父母面临着双重挑战:既要靠一份收入来供养家庭,又要经常在工作期间支付孩子的保育费用。由于受教育程度不高,这些家庭的一家之主只能干些低收入的工作。虽然近几十年来单亲父母的就业率和收入都有所提升,单亲家庭(特别是女性当家的家庭)的贫困率显著下降,但这些家庭仍然特别容易陷入贫困和物资匮乏的困境。

第六章探究了2007—2009年大衰退的起因和影响。这次大衰退源于房地产泡沫的破裂和随之而来的银行业危机。到了2009年10月,全国失业率翻了一番,达到10%,在之后的数月和数年间,高失业率也只是非常缓慢地有所下降。大衰退的根本原因在于日益加剧的不平等(这让很多家庭越来越难以过上中产阶级的生活),银行贷款政策的放宽和消费者债务的相应增长,以及几乎不受监管的抵押贷款证券化的兴起。政府对许多被认为是"大到不能倒"的公司施以紧急财政救助,随后又出台了经济刺激计划,尽管许多人对此持怀疑和怨恨态度,但这些做法很有可能避免了一场更大的经济灾难。

经济进入大衰退后,贫困率上升,财富大减,食物严重短缺,更多的年轻人和父母同住。不同政治派别对这场危机的反应各不相同,保守派在2009—2010年发起了"茶党运动",自由派则在2011年发起了"占领华尔街运动"。虽然这些运动的风潮已然消退,但其背后的哲学仍然长盛不衰,继续影响着针对贫困问题的政治辩论。

第七章围绕一些政策问题展开。从历史上看,美国福利政策一方面以向贫困群体施以人道主义援助为目标,另一方面又努力确保这些举措不会让受助群体产生依赖心理或导致人们不想工作,两者之间一直有所冲突。殖民地计划往往会向贫困的社区成员提供足够的福利,但对外部人士和体格健全的人并不友好。19 世纪的济贫院试图为穷人提供非常基础的生活保障,同时也努力消除居民对救济品的依赖。这些机构最终都未能从根源上解决贫困问题。科学慈善机构在 20 世纪之交谋求实现专业化的福利援助,从道德上改造穷人的努力常以惨败告终。

20 世纪 30 年代的大萧条表明,在国家面临经济危机之际,仅靠地方政府的努力是不足以对抗贫困的。即便是对体格健全的人而言,更广泛的结构性力量显然也有可能让他们陷入贫困。第二次世界大战后,即使生活水平有所提高,但也并非人人都能从中受益。20 世纪 60 年代的反贫困之战和民权运动旨在造福那些早先未被政策惠及或从中获益甚微的群体,如少数种族和少数民族。这些运动带来了巨大变化,不过还是有许多人认为,这个时期的福利政策太过费钱,且在防范福利依赖方面做得不够。20 世纪 90 年代的福利改革改变了这一状况,获得现金援助不再是穷人的应得权利。近年来,卫生保健制度的性质和覆盖范围已成为辩论的焦点。在我写下这段话之时,这些问题还远未解决。

近年来,一些旨在帮助低收入群体的政策未能尽如人意,原因在于民众对各种政府项目的规模有所误解。诸如现金福利援助这样的传统项目实际上只占联邦预算的一小部分,政府转移支付通常不足以提高受助者的收入;而像医疗保险和社会保障相对受欢迎的社会保险项目则占收入援助支出的大头。医疗福利的花费已超过自 20 世纪 70 年代以来其他项目的花费。这些社会保险项目让为数最多的人摆脱了贫困,尤其是老年群体。劳动所得税抵免对低收入工薪家庭更为有利。医疗补助计划则是针对低收入群体的重要医疗福利。

如今的福利制度再次试图达到一种微妙的平衡:至少能提供某种安全网,同时又不会让人失去勤勉工作的动力。贫困和不平等如今在美国还是屡见不鲜,特别是在 21 世纪头十年经历了两次经济衰退之后,即使在经济复苏期间,就业增长也依旧迟缓。国内各政治派别在如何解决这些问题上分歧严重,并且展开了一场关于政府应该在社会中扮演何种角色的旷日持久的意识形态斗争。这表明,在不久的将来,任何减贫努力最多也只能是渐进式的。

第一章

早期观点

何为贫困？当我向学生抛出这个问题时，常常会得到这样一个回答："贫困意味着钱不多。"这个答案不无道理，但还不够确切。尽管我们常常摸索着想找出一个更确切的答案，但大多数人从未意识到，我们完全可以看出贫困。比如，历史学家詹姆斯·T.帕特森（James T. Patterson）就对大萧条时期一位社会工作者的报告感同身受："芝加哥，1936年，一位妇女给救济站写了这样一封信'我和孩子都没有东西可吃了。从10日到25日，我手头一共只有6.26美元。点的东西吃完了，我就再没有东西吃了。我们只得饿着肚子上床睡觉。请给我们点吃的吧。我不能眼睁睁地看着我的孩子挨饿'。"[①]我敢说，即便是铁石心肠的人也不得不承认这就是贫困。然而，一个人要是远离这种显而易见的贫困，就更难区别哪些是他人口中的"穷人"、哪些是更普遍存在的低收入者。

何为贫困？1993年的综合社会调查（the General Social Survey）给出了这样一个答案（自那以后他们就再也没有问过这个问题）："收入低于一定水平的人可被归为穷人。"这个水平就叫做"贫困线"。"如果以四口之家（丈夫、妻子和两个儿童）的周收入来衡量，你觉得贫困线定为多少合适？"大家给出的答案跨

---

① Patterson, 2000, 38.

度很大,从 38 美元到 2 305 美元不等(2011 年经通胀调整后)。答案均值为 524 美元。[1] 大多数家庭认为每周 38 美元生活很拮据。至于另一个极端,每周 2 305 美元的最低标准似乎又过于奢侈。什么时候奢侈品也成了必需品呢? 更重要的是,为什么这个问题会引出这样大相径庭的答案呢?

虽然贫困对身处其中的人而言是具象的,但人们对贫困的定义因时因地而异。发展中国家的工人阶级在西欧可能会被视为穷人。事实上,世界银行采用的贫困标准是每人每天 1.25 美元或 2 美元,或发展中国家三口之家每年 1 369 美元到 2 190 美元。[2] 相比之下,美国在 2011 年的官方平均贫困标准是三口之家每年 17 916 美元。值得注意的是,进行这样的对比并非易事,因为在世界上有些贫困地区,人们靠务农自给自足,很少有货币交换。

早在 1776 年,亚当·斯密(Adam Smith)就曾指出,如何定义经济困难,在很大程度上受到社会观念的影响。他在《国富论》(Wealth of Nations)中将缺乏"必需品"定义为无法消费"维持生活的必需品,以及依各国风习,即使对社会最底层的人而言,少了也是有失面子的必需品"[3]。最近,皮特·汤森(Peter Townsend)注意到,人是社会动物,在社会中扮演多种角色——员工、公民、父母、朋友等。在他看来,贫困应该被定义为没有足够的收入,难以"担当不同角色,投身各种关系,遵循社会成员公认的行为准则"。[4]

想要弄清我们的社会是如何界定贫困的,就必须先研究人们对贫困的看法经历了怎样的演变。本章先追溯了 1900 年前美国的贫困状况。我将这些观点放到当时的经济、社会和政治背景下讨论,而非探究这些力量后来如何影响到 20 世纪对界定和理解贫困所做的努力。最后,我讲述了 20 世纪 60 年代现行官方贫困衡量标准的诞生。

1900 年前对贫困的看法

人们对贫困的看法可以反映出当下的社会状况。在美国殖民时期,人们通

---

[1] National Research Council,1995,24.
[2] Ravallion,Chen 和 Sangraula,2008。
[3] Smith,1776,351—352.
[4] Townsend,1993,10.

常认为,贫困的主要根源并不在于经济发展中的结构性问题,而在于个人的不当行为。[1] 穷人通常被归为两类:一类"值得公众支持",另一类"不值得公众支持"。无所事事、自甘贫困被认为是种恶习,在殖民早期,失业者或是作为契约仆役遭受鞭笞、被迫出城,或是被丢入监狱。1619 年,弗吉尼亚州议会责令,无所事事的健全人要强制劳动。同样,1633 年,马萨诸塞州议会也颁布法令,对那些虚度光阴、无利可图的人施以严厉惩罚。[2] 然而,大家对老人和小孩的困苦处境通常要更富有同情心,因为许多殖民者也承认,贫困普遍存在,有时在所难免。因此,社区往往会担负起帮扶贫困老人的责任。[3]

到了 19 世纪早期,许多农民和工匠由农业机械化和商品的大规模生产所取代,只能艰难谋生,而非技术劳工也难逃此命运。[4] 这些群体便成了经济上没有保障的"流动的无产阶级",其中一些人四处奔波谋求工作。有些成了"流浪汉",无业男女为了找份工作颠沛流离。[5]

"值得支持"的贫困和"不值得支持"的贫困之间的差别贯穿于 19 世纪。比如,1834 年,查尔斯·巴勒斯(Charles Burroughs)牧师谈到了贫困(poverty)与赤贫(pauperism)的区别:"前者是一种不可避免的邪恶,上帝明智而仁慈,许多人不得已而沦落至此。这不是我们犯下的错,而是我们的不幸……赤贫是故意为之的错误,其源头是可耻的懒惰和不端的品性。"[6]

"赤贫者"(pauper)一词通常指接受当地政府或县政府救济的人。如上所述,公众往往对寻求帮助的人持怀疑态度,普遍认为赤贫者是"不值得支持"的穷人。穷人有时候也会被贴上"靠别人、有缺陷、有过失"的标签。[7]

19 世纪,济贫院(又称"院内救济"),作为处理穷人问题的一种机构,逐步发展起来。自 19 世纪 30 年代起,州政府开始制定法律,强制每个县都要有一个济贫农场或济贫院。然而,许多需要短期援助的人仍然会从当地机构或私人慈

---

[1] Katz,1993a,3—23.
[2] Trattner,1994,22.
[3] Trattner,1994,26.
[4] Katz,1996.
[5] Sugrue,1993.
[6] Burroughs,1835,引用于 Katz,1993a,6.
[7] Gans,1995,15.

善团体那里接受"院外救济",那些地方不要求寻求帮助的人加入其中。① 济贫院管理很严酷,其目的是打消所有人(真正走投无路的人除外)求助的念头。济贫院以工作作为惩罚、精神训练、教育和改造收容者的方式。② 直到 20 世纪初,济贫院才淡出人们的视野,因为政府官员和社会专家意识到,这样的机构在减少贫困方面收效甚微,家庭成员收容其中,有时甚至会加剧家庭的不稳定。③

当代对贫困的地域集中问题的忧虑,同 19 世纪和 20 世纪早期许多评论员的担心如出一辙。其实,在 19 世纪中期,一些中产阶级和富裕的城市居民就开始在诸如纽约、波士顿这样的城市近郊建造新家,以避免和城里的穷人生活在一起。④ 根据迈克尔·卡茨(Michael Katz)的讲述,在 1854 年的年报中,纽约市儿童救助协会负责人查尔斯·洛林·布鲁斯(Charles Loring Bruce)提到,美国未来将面对的"最大危险"是"大城市存在无知的、堕落的、长期贫困的阶级……阶级成员最终形成了一个独立的种群。他们身上体现了最低级的情欲和最挥霍的习性。他们腐化了周围有工作的底层穷人。警察、监狱、慈善机构和救济手段主要是为他们而生"。⑤

作家兼传教士 S. 汉弗莱斯·古尔廷(S. Humphreys Gurteen)也在他 1882 年对贫困市的描述中谴责了贫困和赤贫问题:"大家庭一起蜷缩在廉价公寓和几乎无法抵御风雨的棚屋里;住的地方毫不讲求卫生,没有最普通的卫生设施,也见不到'卫生委员会'这样的组织;……住户,甚至是那些孩子,都衣衫褴褛、瑟瑟发抖,饥肠辘辘写在忧心忡忡的脸上;绝望无处不在。"他将这些问题归咎于富人对穷人的抛弃,归咎于道德败坏,归咎于慈善组织的无效,助长了穷人的依赖性。⑥

然而,除了这些有目共睹的小型"贫民窟"(slum)外,当时的城市远不像近几十年这样按阶级划分。城市中的工人阶级居住区不断演变,工人无论工作稳

---

① Kauffman 和 Kiesling,1997,439 — 48;Katz,1996;Kiesling 和 Margo,1997,405 — 17;Monkkonen,1993,334—65。

② Katz,1996,7;Monkkonen,1993,343。

③ Katz,1996,8,10。

④ Sugrue,1993,93—94。

⑤ *Second Annual Report of the Children's Aid Society of New York*,1855,3,引用于 Katz,1993a,9。

⑥ Gurteen,1882,38,引用于 Katz,1996,76。

定与否,都住同样的房子,生活在同样的街区和居住区。① 这是城乡普遍贫困的自然结果。

卡茨试探性地提出,19世纪,城市人口中约有一半是穷人,不过他依据更多的是当代贫困标准,而非当时的标准。② 然而,他也确实指出:"工人阶级的经历具有连续性;体面的穷人和赤贫者之间并无明确界限。"③另有一种推测认为,19世纪晚期,约有10%—20%的美国人有家人在某个阶段"流浪"过,为了寻找工作流离转徙。④ 那个时候政府援助的收据极为少见。1860年的人口普查数据显示,每1 000人中有7.9人接受了公共救济。⑤ 在1904年出版的《贫困》(Poverty)一书中,作者罗伯特·亨特(Robert Hunter)估计,美国至少有1 000万穷人,占当年总人口的12%。他指出,这个数字只是大致推测,实际数字很有可能要高得多。⑥ 约翰·瑞安(John Ryan)是"生活工资"(living wage)的倡导者,他用不太严苛的贫困标准估算出当时有近40%的工薪阶层生活在贫困。⑦ 尽管城市中的一些贫民窟非常糟糕,但实际上,农村地区,尤其是南部地区的贫困率要高得多。1860年后,佃农的日子过得很艰难,有些便去了条件恶劣、工资低廉的工厂村。⑧

非裔美国人普遍也很贫困。黑人佃农主要集中在南部和农村地区,他们挣扎着维持生计。法律或风俗阻碍了黑人从事各种各样的全职工作,尤其是黑人区以外的工作,雇用农工成为最常见的职业。⑨ 到了19世纪晚期,《吉姆·克劳法》(Jim Crow laws)开始施行,黑人公民权遭到剥夺,种族暴力不断升级,越来越多的南方黑人开始迁移到北方城市。在之后的一个世纪里,北迁人数还会大幅增长。大多数居住在城市里的黑人受雇为普通劳工或是家庭和私人劳役。从事这些或其他职业的黑人鲜少会有晋升机会。⑩

---

① Sugrue,1993,95.
② Katz,1993b,446.
③ Katz,1996,10.
④ Sugrue,1993,91—92.
⑤ Kiesling 和 Margo,1997,409。
⑥ Hunter,1904,11.
⑦ Ryan,1906.
⑧ Patterson,2000,10.
⑨ Jones,1993,31.
⑩ Trotter Jr.,1993,60.

非裔美国人经济状况飘摇不定,更有可能接受一些城市的公共援助。① 在著名的《费城黑人》(*Philadelphia Negro*)一书中,作者 W. E. B. 迪布瓦(W. E. B. Dubois)估计,约有 9% 的黑人家庭非常贫困,另有 10% 的黑人家庭极度贫困,周收入不足 5 美元。② 当时并没有官方的贫困标准,迪布瓦按照自己的评估做了估测,他的贫困标准相较于大多数评估要低得多。尽管非裔美国人在 19 世纪 90 年代仅占费城人口的约 4%,但在入住救济院、接受县济贫委员会援助或孤儿救助的人中却占了 8%。③ 迪布瓦认为,导致非裔美国人高度贫困的原因有很多,包括奴隶制的遗留问题、白人的种族信仰和歧视行为、低下的技能水平和受教育水平以及工业城市来自移民的竞争。④

20 世纪早期,美国的工业化和城市化进程继续高歌猛进。1860—1920 年间,美国的城市总人口从约 20% 升至逾 50%。越来越多的欧洲移民涌入东部和中西部城市。从 1915 年左右起,在之后的 30 年里,为了在北方城市寻求更好的经济机会,黑人移民进程加速。钢铁、汽车等行业拥有大型工厂的公司在移民和黑人群体中发现了大量低廉、积极肯干的劳动力。⑤

伴随工业化而来的是美国的经济增长,1929 年的人均收入达到 1900 年的 1.5 倍。若以住房规模和数量、家用电器数量、居民健康状况等其他标准衡量,生活水平也有所提高。比如,1930 年的初生婴儿预期寿命是 60 岁,而 1900 年仅有 47 岁。⑥ 然而,大部分劳动力,尤其是外围产业的劳动力,仍易受周期性、常很严重的经济衰退的影响。萨格鲁(Sugrue)描述了这些工人的困境:"他们身处大公司主导的市场中日益边缘化的小公司,工作不稳定,同 19 世纪的前辈们一样容易陷入贫困。"⑦

1929 年股票市场的崩盘和随后贯穿了 20 世纪 30 年代的大萧条对美国经济打击重大,虽然农村地区往往遭受最大打击,但这次几乎全国各地都陷入了

---

① Trotter Jr.,1993,61.
② DuBois,1899,171.
③ DuBois,1899,273.
④ DuBois,1899,283—84.
⑤ Trotter Jr.,1993,58—69.
⑥ Patterson,2000,14—15.
⑦ Sugrue,1993,97.

经济困境。1933 年,整整 1/4 的劳动力都失去了工作。[1] 一份社工报告这样记录:"1934 年,马萨诸塞州,关于失业者,局面如此严酷,以至于无论我用什么词来描述都显得歇斯底里和耸人听闻。我发现他们都一个样子——害怕,害怕迫使他们陷入半崩溃状态,垮掉的精神,以及对未来强烈的恐惧……他们付不起房租,被逐出了住所。他们……眼睁睁看着儿女日渐消瘦,担心光脚赤身的孩子冻感冒,渴求一点煤来取暖。"[2]

美国在过去几十年里取得的大部分经济发展都已化为泡影,美国人民天生的乐观心态也摇摇欲坠。多年来,失业率居高不下,经济增长参差不齐。就在这个国家似乎从大萧条中复苏之际,1937 年,经济再度陷入衰退。尽管富兰克林·D. 罗斯福(Franklin D. Roosevelt)扩大安全网的努力遭到了主张自由市场经济的保守派的强烈反对,但只有在 20 世纪 40 年代早期的战争和相关产业复兴上的巨额花费为美国挽回了昔日的繁荣。与此同时,越来越多的民众生活陷入了困境,贫困不再归咎于个人道德有失和行为不当,因为更强大的经济力量所发挥的作用显而易见。

正是在这样的社会和经济背景下(贫困、进步和崩盘),大家对研究、记录贫困和其他经济指标的兴趣越发浓厚。更多人认识到,只有获得与经济相关的可靠信息,做出明智的决策,才能解决经济问题。

贫困标准的序章

直到 19 世纪末 20 世纪初,贫困的衡量和研究方法才开始发展起来,部分原因在于许多社科学科和统计方法本身也还处于早期蓬勃发展阶段。根据奥古斯特·孔特(Auguste Comte)、郝伯特·斯宾塞(Herbert Spencer)、卡尔·马克思(Karl Marx)等人的著作可知,社会学作为一门独立学科开始于 19 世纪。[3] 尽管经济学的历史更为久远,但该学科复杂的定量方法的出现要晚得多。简而言之,虽然对贫困相关问题的兴趣由来已久,但是研究贫困的"科学"在过去一

---

[1] Patterson,2000,41.
[2] Patterson,2000,37.
[3] Turner,Beeghley 和 Powers,1989。

两个世纪才问世。

欧洲统计学家很关注推动 1848 年革命的工人阶级动乱，开始研究 1850 年左右工人阶级的收入和支出，这推动了"标准预算"的发展（"标准预算"主要是指家庭达到一定生活水平所需商品和服务的成本）。受这些研究影响，美国为发展标准预算做出的努力始于 1870—1895 年间。有时，为不同社会阶级或职业团体制定的预算并不相同。虽然大多数标准预算代表了最低生存水平，但其他注定代表最低舒适水平。[①]

查尔斯·布思（Charles Booth）在其著名的研究伦敦贫困问题和社会状况的多卷本著作中提出了"贫困线"（line of poverty）这一术语。[②] 他将贫困定义为："'穷人'是那些财产……勉强能够维持体面的独立生活的人；'赤贫者'是那些根据本国正常生活标准难以支撑体面生活的人。"[③]

事实上，约莫到 19 世纪末，"贫困"一词与接受公共救济或私人慈善机构援助（即"有救济资格"）的联系越来越少，而与收入不足以体面生活的联系愈加紧密。"贫困"这一概念在 20 世纪头 20 年里为社会工作者、社会科学家，以及其他系统研究这些问题的人广泛接受。也正是在这个时期，人们开始认同，贫困并非只是源于个人缺陷，而是经济和其他社会因素共同造成的。[④]

戈登·费希尔（Gordon Fisher）认真回顾了早期为衡量贫困做出的种种努力。他认为，定义贫困（或收入不足）的这些尝试不仅让我们对经济剥夺有所了解，也让我们知晓当时的社会结构和绘制贫困线所依照的社会过程。对比最近的标准，早期预算和其他衡量收入不足的标准都很低（以下所有比较都已经对通胀进行调整），这说明，随着大众实际收入的增加，连续贫困线有上扬趋势。比如，费希尔指出，艾奥瓦州劳工统计局 1890—1891 年的报告中包含一个"标准预算"，显示了"有家室的男性劳动力维持生活所需的最低成本"，大约相当于如今官方制定的五口之家贫困阈值的 52%。[⑤]

对于一个五口之家来说，迪布瓦 1896—1897 年采用的贫困线（这是标准预

---

① Fisher,1997a.
② Booth,1892—97；Fisher,1997a.
③ Booth,1889,33,引用于 Fisher,1997a,3。
④ Fisher,1997a,5.
⑤ Fisher,1997a,7.

算,而非最低限度的生活必需品的分界线)为每周5美元或每年260美元,仅相当于官方贫困线的26%,明显低于当代美国其他标准预算。罗伯特·亨特在其1904年出版的经典著作《贫困》中采用的贫困线为:北方工业区普通家庭年收入460美元,南方农村家庭年收入300美元。他表示,制定贫困线,要采用"与一个人对其马匹或奴隶提出的需求同等的标准"。① 第一次世界大战前制定的其他最低生存预算和贫困线往往相当于官方贫困线的43%—54%。②

进步时代一些为穷人谋利益的人认识到,标准预算方法可能会被误用,这对工薪阶层家庭有失公平。1918年,就职于国家战争劳动委员会的华盛顿大学教授威廉·奥格本(William Ogburn)在讨论标准预算时指出:"我们不能假设家庭主妇可以像家政专家一样善于购买高价值食品,假设她有清教徒一样的意志力,假设她不顾及丈夫的烟酒用度。"③费希尔确实指出:

> 在食品采购方面,低收入的家庭主妇一直比大多数中产阶级家庭主妇要肩负更大的期望,一旦没有展现出这种根本不存在的才能,就会被贴上"无知"和"购买习惯差"的标签。斯科特·尼尔林(Scott Nearing)的犀利分析完全正确:任何可以达到这种预算期望的"女超人"一开始就不必受其约束,因为她本可以在私营企业挣到双倍于贫困标准的钱。④

直到20世纪40年代,文献中还未发现对"贫困"或"贫困线"达成的共识。联邦政府雇员、工会人员倡导收入再分配和经济加速增长,少数学者在1946—1965年间试图制定或修订贫困线,但许多人对不同组织的人正在做的工作一无所知。⑤

1949—1958年间,一个常被引用的低收入线最初由国会低收入家庭小组委员会提出,按定值美元计算,相当于如今官方制定的四口之家贫困阈值的81%。1958年后、1965年官方贫困线引入前的贫困线甚至更高,这再次反映出当时的生活水平在不断提高。⑥

---

① Hunter,1904,5—7.
② Fisher,1995,7.
③ Fisher,1997a,22.
④ Fisher,1997a,48.
⑤ Fisher,1997a,30.
⑥ Fisher,1997a,32—41.

官方贫困标准的发展

20世纪50年代末60年代初,出版的一些书籍和报告引起了人们对贫困的关注。其中一本就是约翰·肯尼斯·加尔布雷思(John Kenneth Galbraith)的《富裕社会》(*The Affluent Society*)。加尔布雷思认为,尽管日益提高的生活水平缓解了经济困难,但美国消费者文化中的物质主义助长了不平等,贫困在国内许多地方仍然根深蒂固。他也探讨了贫困的相对本质:贫困在某种程度上是一个物质问题……但是……将一切都寄托在绝对原则上是错误的。当收入远远落后于社群,即便足以支撑生存,也可以说是身处贫困。他们无法拥有在广大社会群体看来维持体面最起码的必需品;因此,他们不可能完全摘掉大众给其贴上的"不体面"的标签。①

1962年,迈克尔·哈林顿(Michael Harrington)的《另一个美国:美国的贫困》(*The Other America:Poverty in the United States*)一书出版。该书书评和当时其他一些报道吸引了肯尼迪政府的目光,并影响了其对贫困问题的看法和政策。哈林顿的这本书意在引起大家对贫困的关注,尽管许多美国人生活富足,但贫困却一直存在。他认为,穷人,无论是黑人还是白人,都长期过着压抑的生活。这催生了一种贫困文化,忽视与不公正周而复始,这种文化便延续下来。②

肯尼迪执政期间,经济顾问委员会主席、经济学家沃尔特·赫勒(Walter Heller)想要"向贫困发动肯尼迪式攻击"。③经济顾问委员会赞成在自1961年以来就一直努力实现的更广泛的经济议程框架内这样做,该议程旨在通过减税实现经济加速增长和充分就业。时任经济顾问委员会经济学家罗伯特·兰普曼(Robert Lampman)也力图给贫困下一个政治上可接受的定义,减少对收入不平等的关注,加大对最低生活标准的关注。狭义收入定义适用于经济顾问委员会主张的以增长为导向的经济政策(与收入再分配政策全然不同)。④

---

① Galbraith,1958,251.
② Harrington,1962.
③ O'Connor,2001,152.
④ O'Connor,2001,154.

1963年肯尼迪遇刺后,林登·约翰逊总统决定将肯尼迪的新计划纳为己用,并将其作为国内议程的中心议题。约翰逊在1964年1月的国情咨文中宣布了他向贫困开战的雄心壮志。1965年,莫莉·奥珊斯基(Mollie Orshansky)在《社会保障公报》(Social Security Bulletin)上独立发表了一篇文章,展示了两组贫困阈值——"经济水平"和"低成本水平"。这是她于1963年7月发表在《社会保障公报》上的文章中所述阈值的细化和扩展版本。[①]

当时,贫困标准已经成为经济机会办公室研究议程的重点议题。有观点认为,将贫困定义为收入缺乏具有政治可行性和可取性。受其影响,经济机会办公室采用了莫莉·奥珊斯基提出的两种贫困阈值中低的一组,即基于经济食品计划(Economy Food Plan)的一组,作为贫困的有效定义,用作统计、计划和预算目的。1969年,美国预算局(今管理和预算办公室)明确这些阈值作为联邦政府对贫困的官方统计定义。以基准年1963年为例,四口之家的加权平均非农贫困阈值为3 128美元。在下一章中,我将更为详细地讨论这一标准,以及其他类型的贫困标准。

---

① Orshansky,1963;Orshansky,1965.

第二章

贫困衡量方式

现行官方标准制定于 1965 年,并于 1969 年为联邦政府采用,到现在已进入成熟阶段。有人会说这个阶段太过成熟了,特别是考虑到生活水平在过去半个世纪一直发生变化。与 20 世纪 60 年代不同,如今大多数女性都有工作,其中许多家庭需要儿童保育。卫生保健费用激增,住房在家庭预算中也占了更大份额。各政治派别都表示,该贫困标准无疑已经过时。因此,为了更准确地描绘美国的贫困现状,新的尝试开始浮现。①

如果两党都支持改变官方标准,那么为何还未采用新的标准呢?简而言之,尽管大家都同意官方贫困标准中的某些要素需要改变(如有明显缺陷的收入衡量标准),但在"贫困"标准究竟应该有效衡量什么这点上还存在一些根本差异。

思考一下下面这个写于 1904 年的有关贫困含义的直白论断:"贫困必然导致物质生命的灭绝,无论是直接通过饥饿,还是间接通过营养不良引发疾病。"②大多数人会同意,将贫困等同于饥饿和死亡的方式过于苛刻。许多人在挣扎着维持生计,有些人甚至无家可归,可他们的生命还没有危在旦夕。不过贫困应该是指物资极度匮乏的状态吗?贫困和社会生活水平如前一章提到的那样密

---

① Swarns,2008.
② Munsterberg,1904,335.

不可分吗？

与之相关的争论一直持续至今。华盛顿特区智库的一位保守派人士在2011年的一份报告中称："政府定义的'生活贫困'的人中大多数并非一般意义上的穷人"，因为大部分穷人有空调、有线电视、冰箱、烤箱和火炉、微波炉、洗衣机和烘干机这样的便利设施。报告还进一步指出："美国穷人的主要饮食问题是吃得太多""大多数贫困家庭表示过去一年有充足的资金来满足各项基本需求"。①

喜剧演员斯蒂芬·科尔伯特（Stephan Colbert）在其节目《科尔伯特报告》(The Colbert Report）中假扮一位保守派政治评论员对此加以反驳。"冰箱？微波炉？"科尔伯特问道，"它们可以保存和加热食物？好呦！我想穷人也不该染上霉菌和旋毛虫病吧。"科尔伯特随后和节目嘉宾、罗伯特·肯尼迪前助手皮特·埃德尔曼（Peter Edelman）进行了讨论，重点探讨了政府项目长期以来如何帮助缓解一度困扰美国大部分人的严重贫困问题。② 而隐含的主题是，贫困问题也许不像从前那样严重，但这并不意味着许多人无需为满足基本生活需求而艰难求生。

本章将回顾贫困标准的基本类型，讨论各自的优缺点，并描述一个由美国国家科学院专家组推荐的贫困标准，该标准很可能会替代现行官方标准。

何为贫困？

本书定义和采用的贫困概念，实质上是指经济或收入匮乏。贫困标准的两种基本类型是绝对标准和相对标准。绝对标准，比如美国现行官方标准，通常试图定义一个真正的基本（绝对）需求标准，因此不会随时间的推移而变化。相对标准，将贫困定义为居于相对劣势，需由某种相对的、变化的、发展的生活标准来评定，尽管在美国用得不多，却为欧洲研究人员和政策制定者广泛使用。两种标准的关键区别未必在于各自贫困阈值具体的货币价值（尽管绝对阈值通常较低），而在于这些阈值如何随时间变化而更新。绝对贫困线趋于恒定，相对

---

① Rector 和 Sheffield, 2011, 1.

② Vanden Heuvel, 2011.

贫困线随生活水平的提高而上扬。①

20世纪90年代,美国国家科学院研究小组结合绝对标准和相对标准的要素,设计了一种准相对标准。② 通过后续研究,研究小组的推荐标准又经历了进一步调整和完善。尽管当尝试理解不同的社会和经济状况时,不同类型的标准能提供丰富信息,但准相对标准具备某些特性,在我看来,正是这些特性,使其无论在概念上还是在实践上都成为美国最为可行和有用的贫困标准。

绝对标准

绝对贫困标准的阈值,或者说是贫困线,不随时间的推移而变化。这些标准源于上一章所述的标准预算和对贫困线的研究。大多数绝对标准的隐含前提是,收入或消费有一个维持基本生活的水平,低于这个水平就被视作经济上处于弱势地位或生活贫苦。早期为穷人谋利益的人制定了标准预算,意在提出一个最低收入值,收入低于这个数字,家庭或个人可能就没有足够的住房、衣服或食物。尽管绝对阈值并不一定是严苛的贫困标准,但这意味着他们是由"专家"参考基本生理需求制定的。③

美国官方贫困标准完美诠释了绝对标准,得到广泛支持并达成普遍共识。现行官方标准由两部分组成:贫困阈值和与之相对的家庭收入定义。社会保障管理局的莫莉·奥珊斯基利用农业农村部制定并定价的经济食品计划(最低成本食品计划)构建了贫困阈值。她将自己定的贫困阈值描述为贫困的"相对绝对"标准,因为是利用美国的消费模式(某个特定时间点)计算得出的。然而,该标准不随生活水平的变化而变化,被认为是绝对标准。该计划旨在供"资金短缺情况下临时或紧急使用"。考虑到不去餐馆用餐,食物储存和准备需要精心管理,该计划设计了营养却单调的日常饮食。④

为了由食品计划成本计算出总体贫困阈值,奥珊斯基采用了1955年家庭食品消费调查的数据。数据显示,三口之家或三口以上的家庭当年在食品上的

---

① National Research Council,1995,31. 与这些问题相关的有趣讨论,见 Foster,1998。
② National Research Council,1995,1,24.
③ National Research Council,1995,31. 另见 Sen,1983,153—69。
④ National Research Council,1995,24. 美国官方标准的详细发展情况另见 Fisher,1997b。

花费约占税后收入的1/3。因此,她将不同规模家庭的食品计划成本乘以3,得出这些家庭的贫困阈值。① 贫困阈值根据消费者价格指数(Consumer Price Index,CPI)每年更新通货膨胀率。用于同贫困阈值做比较的家庭资源采用的是人口普查局对收入的定义,包括薪金、养老金、利息收益、租赁收入、现金福利等各项来源在内的年现金总收入。如果一个家庭及其成员的收入低于相同规模和组成的家庭的贫困阈值,就被归入贫困行列。②

绝对贫困标准的主要优势在于,其在概念上很容易理解,在直觉上很有吸引力。毕竟,贫困概念中有一个"绝对核心"。③ 比如,如果吃不饱,总挨饿,那么显然生活贫困,无论总体生活水平是高是低。此外,历来有关标准预算的研究也证明了一个广泛持有的观念,即我们需要一定数量的钱来维持生计,挣不到这个数的人会陷入巨大的经济困境。

绝对贫困标准的主要问题在于,随着生活水平的变化,人们对什么是贫困的看法也普遍发生了变化。根据费希尔的描述,第一次世界大战前的贫困线和最低生存预算按定值美元计算,通常在莫莉·奥珊斯基1963年制定的贫困阈值的43%—54%之间。美国工程兴办署1935年的"应急"预算相当于奥珊斯基制定的贫困阈值的65%。罗伯特·兰普曼(Robert Lampman)1957年制定的低收入线相当于奥珊斯基的88%。④

经济学家将这种现象描述为贫困线的收入弹性,即随着居民收入普遍增加,贫困线连续呈实际上升趋势(扣除物价因素)。费希尔回顾了相关研究,据他估计,居民每增加1%的收入,在人们看来维持基本生活的钱就会增加0.6%至1%。⑤ 他发现,英国、加拿大和澳大利亚也存在相似模式。因此,我们可以认为,贫困标准只在一定程度上有用,展现了特定社会环境下一些有意义的东

---

① 该食品计划还反映了65岁以下和65岁以上成年人的不同食品需求,并涵盖了一口之家和两口之家的情况。奥珊斯基考虑到一口之家和两口之家的固定成本相对更高,故采用了不同的方法来计算其贫困阈值。

② 官方贫困标准自采用以来已发生了一些细微变动。1969年,经济食品计划开始用消费者价格指数来更新阈值,以反映价格变化,而非人均食品成本。农村贫困阈值也从非农贫困阈值的70%提高到85%。1981年,非农阈值适用于所有家庭,女性当家的家庭和男性当家的家庭贫困阈值为平均值,最大家庭规模由不少于七口增至不少于九口。

③ Sen,1983,159.

④ Fisher,1997a,26—38.

⑤ Fisher,1997a,5—11.

西。贫困从本质上说至少是相对的;当其他人认为一个人贫困时,那么这个人就是穷人。①

美国官方贫困标准有一些优势,也存在一些问题,这与它是绝对贫困标准无关。从积极的方面看,它已达成了一定的共识,这是美国其他贫困标准无法比肩的。作为一个分析工具,官方贫困标准提供了许多有关经济发展趋势的有用信息。该标准也不乏问题,一方面,它对货币收入的定义有缺陷:总现金收入不能充分反映人们拥有多少可支配收入来满足经济需求。另一方面,阈值并未非常细化,已经变得不合时宜。该标准技术层面也受到了一些批评,如以家庭为单位的分析单位和官方贫困数据的来源。下面依次讨论这些问题。

从收入定义来看,如果一个家庭的现金总收入低于指定的贫困阈值,就被归入贫困行列。现金收入如前所述包括薪金和其他项目收入。② 不过,许多人认为,可以用来满足基本需求的实物或准货币的政府福利,如食品援助卡、住房补贴,以及劳动所得税抵免,也应该算作收入。近年来,由于政府旨在帮助低收入家庭的政策逐渐集中在非现金项目上,官方资源定义遗漏这些项目的情况愈加严重。③

此外,有人认为,目前对收入的定义未考虑到保住工作和赚取收入的必要支出的变动,这些支出减少了可支配收入,它们包括税费、通勤费和双职工父母的儿童保育费。其中,儿童保育费自贫困标准制定以来,涨幅尤为突出。那时候,女性更有可能待在家里照顾孩子;而如今,大多数母亲走上工作岗位,以维持家庭收支平衡。下面将详细描述的试验性贫困标准中的资源定义将这些支出都考虑在内,但现行官方收入定义却忽略了它们。

官方贫困标准也存在严重缺陷。首先,其构想相当不成熟,因而已经过时。尽管贫困阈值最初是根据食品预算成本计算的,由该成本乘以 3 得出,但近期研究表明,食品占家庭总支出的比例更接近 1/8,而非 1/3。④ 想要得出精确阈值,不仅要依照食品成本,还要考虑住所、衣服等其他必要支出。有人认为,贫

---

① 详细讨论见 Townsend,1993。
② 人口普查局官方收入定义的完整项目列表见 Dalaker 和 Naifeh,1998。
③ 有关劳动所得税抵免的增长效应的证据,尤其是在项目得到扩展的 20 世纪 90 年代,来自 Center on Budget and Policy Priorities,1998;Iceland 和 Kim,2001;Iceland 等,2001。
④ Blank,2008,237.

困阈值也应根据不同地域生活成本的差异进行调整。比如,纽约的家庭较密西西比农村的家庭有更大的收入需求。① 官方贫困标准并未考虑这些差异。

此外,官方贫困标准以家庭为基本单位。也就是说,如果一个人的家庭收入低于相同规模和组成的家庭的贫困阈值,就会被归入贫困行列。② 该定义的问题在于,同居情侣会被视作独立的单位,好像他们毫无共用资源一样。随着同居情侣和非传统同居者的数量快速增长,该问题近年来的影响被放大了。③ 美国国家科学院贫困援助与家庭帮扶小组撰写的《衡量贫困:一种新方法》(*Measuring Poverty:A New Approach*)一书,以及近期有关如何最优化实践该小组建议的研究,对官方标准、个中问题和潜在的替代方案进行了更为详细的讨论。④

相对标准

相对标准可以被定义为相对的经济剥夺。它基于这样一种理念:贫困是相对于社会现有的经济、社会和文化发展水平的。这其中隐含了一个假设,认为人是在各种关系中行事的社会人。那些自身资源大大少于他人资源的人,即使身强力壮,足以生存,也可能无法充分加入社会组织,参与社会关系,因此就无法完全融入社会。⑤ 亚当·斯密认为,生活贫困就是缺少成为一个"值得信赖"的社会成员所必要的东西。在《国富论》(1776)中,他指出:"比如,严格意义来说,一件亚麻衬衫算不上是生活必需品。我想,希腊人和罗马人虽没有亚麻布,却生活得相当舒适。但如今,在欧洲大部分地区,一个可信的日工要是连件亚麻衬衫都没有,恐怕是要羞于在公共场合露面了。"⑥

相对标准的形式多种多样。最常见的方法是按家庭收入中值的某个百分

---

① National Research Council,1995,1—13.
② 需要注意的是,根据官方标准,"家庭"也可指一个单身的人(或是独居,或是和与自己无关的人同居),也就是说,即使这些个体本身不是一个"家庭",在以家庭为单位进行分析时,也会将其视作独立的单位。
③ 同居趋势见 Kennedy 和 Bumpass,2008。有关采用不同单位如何影响贫困标准的讨论见 Iceland,2000。
④ 见 National Research Council,1995;Short,2011c。
⑤ 有关这些主题的讨论详见 Sen,1992;Townsend,1993。
⑥ Smith,1776,519.

比设定一个阈值。欧盟现采用的计算标准是收入中值的 60%,被称为"贫困风险率"。① 分析人士在对比发达国家贫困情况时,通常会指明贫困阈值是收入中值的 50%。当然,其他相对方法也有可能出现,比如收入中值的 70% 或 40%。②

相对标准有利有弊。支持者认为,这些标准背后的相对概念既符合历史记录,又符合如上描述的人们对贫困不断变化的看法。此外,富裕国家民众的真正需求有时确实会上升。比如,虽然汽车在某些国家可能是奢侈品,但在一个大多数家庭拥有汽车、公共交通不发达的社会,找工作和通勤往往需要一辆车。再者,一旦拥有一辆车,车主就会被要求购买汽车险。在《底层生活:在美国勉强过(不)活》[*Nickel and Dimed:On (Not) Getting By in America*]一书中,作者芭芭拉·埃伦赖希(Barbara Ehrenreich)描述了可负担住房的缺乏是如何抬高穷人住房价格的。她举例说,基韦斯特市一个便于酒店工作的拖车停车场对半尺寸拖车按每辆每月 862 美元收费(按 2011 年定值美元计算),这迫使低收入工作者要去偏远地方找寻住房。她认为:"穷人不得不在富人住所附近工作,从事服务、零售等工作,他们只能忍受漫长的通勤时间和令人望而生畏的房价。"③

既然如此,相对标准在富裕的工业国家往往更受欢迎就不足为奇了。经济合作与发展组织指出,像饥饿这样的极端困境在发达的工业国家极为罕见,因此,绝对生存贫困线几乎没有意义。④ 有研究人员认为,可以将贫困定义为被排除在同一社会其他人普遍享有的生活水平之外。社会排斥由此成为欧洲贫困问题讨论的一个常见主题。比如,在 2000 年的一次欧盟国家会议上,各国领导人宣称:"在欧盟,生活在贫困线以下和遭社会排斥的人数是不可接受的。"⑤

贫困有一个重要的社会组成因素,这个观念不能过度夸大,因为它也适用于发展中国家。比如,据报道,2010 年,印度的手机用户总计 5.64 亿(占 12 亿总人口的近一半)。与此同时,只有 3.66 亿人能享有像样的卫生设施。⑥ 然而,

---

① Blank,2008,244.
② 以该方式定义相对贫困线的例子可见 Burtless 和 Smeeding,2001,27—68;O'Higgins 和 Jenkins,1990,187—211;Johnson 和 Webb,1992,135—54;Smeeding 等,2009,6。
③ Ehrenreich,2001,199—200.
④ Organization for Economic Cooperation and Development,2001.
⑤ European Commission,2000,EN version,11.
⑥ "India has More Mobile Phones than Toilets",2010.

仅因为拥有一个20年前还未普及的流行消费品（手机），就意味着这个人不是穷人吗？考虑到当前的生活水平和社会背景，可以说，手机虽然不是避免饥饿的必需品，却是一个非常有用的社会和经济工具。在许多国家，固话基础设施很糟糕，手机已成为替代品。除满足娱乐需求外，手机在发展中国家也用于找寻工作、售卖商品、转账汇款和其他形式的货币交易。① 简而言之，如今即便是在发展中国家，许多人也视手机为必需品。

批评者指出了相对贫困标准的一些缺点。有人觉得，这些标准在概念上没有吸引力，认为贫困应该反映勉强维持生计的极低生活水平。也就是说，在他们看来，只有那些连最基本的生活用品（如食物和住所）都极为匮乏的人才应被归为穷人。② 对什么是必需品（除了最基本的生活用品）的价值判断不应影响对谁是穷人的判定。③ 随着时间的推移，相对标准可能会以欺骗的方式表现出来，比如在经济快速增长期和经济衰退期。特别是在经济不景气时，相对阈值通常会随收入中值的下降而下降，这可能会导致贫困率相应下降，即便低收入群体的生活状况更加糟糕。④ 然而，美国的一些实证研究显示，实际情况往往并非如此，经济衰退期的相对贫困率确实趋向上升。⑤

不过，也有一些值得关注的例子表明，相对贫困与商业周期背道而驰。比如，20世纪90年代晚期，爱尔兰经济以每年7%或8%的速度增长，失业率下降，工资上涨，相对贫困率上升（以收入在平均收入50%或60%以下的人数来衡量）。这让政客和公众对当地报道的相对贫困率的意义产生了怀疑。同样，捷克共和国、匈牙利和波兰也都在20世纪90年代经历了严重的经济衰退，但相对儿童贫困率采用的贫困线是基于平均收入的固定比例，并没有经历这样的变化。⑥ 联合国儿童基金会因诺森蒂研究中心指出，相对贫困实际上与不平等有关，它关注的是收入分配的底层；其前提是可接受的生活质量的组成部分会随着时间的推移而变化，落后于平均水平，超过一定程度，就意味着会被排除在

---

① Pritamkabe, 2011.
② Rector 和 Sheffield, 2011。
③ Cogan, 1995, 385—90.
④ National Research Council, 1995, 126; Sen, 1983, 156.
⑤ Davidson, 1985.
⑥ UNICEF Innocenti Research Centre, 2000, 6.

正常的社会生活之外。①

另一组针对相对贫困线间或提出的论点是,由于它们会随着时间的推移而变化,目标往往变化太大,政策无法解决,或者说无法消除相对贫困。② 然而,如果经济不平等基本不存在,则采用上述标准的相对贫困理论上可以消除。因此,更确切地来说,绝对标准和相对标准为衡量社会项目是否成功提供了不同的标准。绝对贫困往往对提高平均生活水平的经济增长更为敏感。与此同时,相对贫困对反映社会资源分配的收入不平等更为敏感。从政策角度看,认为哪个标准更重要,可能会影响一个国家的选择。

相对标准还面临一个挑战,虽然不一定是缺点,即它必须考虑参考组。也就是说,相对贫困是否应与国家、次国家或社区的平均生活水平有所关联?大多数相对标准以国家为参照点,但在大多数国家,生活水平往往因州、省、社区而异。③

其他贫困标准

研究人员还设计了许多其他标准,其中一些或是绝对标准或是相对标准的变体,取决于其实施方式。本篇并不是要提供一份详细的清单,而仅是想说明其他许多贫困标准是合理的,且能提供很多有用信息。

"消费标准"(consumption measures)并不是对家庭收入进行比较,而是将消费的商品与贫困阈值进行比较。如果家庭开支很小,则表明物资确实匮乏,食物、住所等基本用品消费不足。从概念上讲,这是一种强大而有吸引力的标准。消费标准可以是绝对标准,也可以是相对标准,取决于阈值如何设计和实施。也就是说,既可以采用恒定的(绝对)阈值,也可以采用随生活水平变化而变化的阈值。消费标准的支持者认为,这种标准比收入标准更可取,因为人们更有可能少报收入。④ 消费标准的主要问题在于,几乎没有大规模的调查就构建消费贫困标准所需的家庭消费模式提出相关问题。此外,可能有人认为,有

---

① UNICEF Innocenti Research Centre,2000,6.
② 有关这些批评的讨论见 National Research Council,1995,125;Sen,1983,156。
③ UNICEF Innocenti Research Centre,2000,22.
④ Meyer 和 Sullivan,2009。

些人会选择少消费。因此,如果相对富裕或高收入的人只是选择花很少的钱,就有可能被归为穷人。相反,人们有时通过举债来满足消费需求。比如,一个人丢掉了工作,暂时靠借钱维持生计,他是否应被归为"穷人"尚不清楚。

"艰苦标准"(hardship measures)是根据调查对象报告的食物、取暖、卫生保健、充足住房等的缺乏情况制定的。[①] 尽管也可以用相对于特定社会标准的艰苦来定义,但艰苦标准本质上往往与绝对标准更为接近。艰苦标准的问题在于,目前还没有就确切的衡量对象达成共识。有些人将艰苦定义为基本用品消费不足,其他人则将其定义为物质生活条件差。各式各样的指标都可能出现,包括与住房、营养、医疗福利和居住区质量有关的指标。在这些类别中,可能存在几个标准,将它们合并成一个指数很有挑战性。艰苦标准反映的可能不是非自愿剥夺,而是偏好和品位(比如,有些人不介意没有基本消费品)。[②] 虽然如此,人们对艰苦标准还是越来越感兴趣,因为它们易于理解,而且具有直观意义。

"社会排斥"(social exclusion)传统上是指边缘化。相关研究通常考虑的是受到经济剥夺的人遭受多种形式的社会剥夺的程度,包括商品消费、就业、政治参与和社交互动。[③] 英国政府将社会排斥定义为"人或地区在经历失业、技能差、收入低、住房条件差、高犯罪率环境、健康状况差、家庭破裂等一系列相关问题时可能发生的情况的速记术语"。[④] 这些人与主流社会格格不入,生活在主流社会的边缘。在美国,"下层阶级"(underclass)一词曾被广泛使用(现在有时仍在使用),用来描述遭受社会排斥的一部分人口,主要是居住在高度隔离的内城贫民区的非裔美国人。

A. B. 阿特金森(A. B. Atkinson)指出了社会排斥的三个要素:(1)相对性——个人被排除在一个特定的参考社区或社会之外;(2)中介——人被人或机构的行为排除在外,比如雇主、学校或政府服务机构;(3)动态——排斥不仅

[①] 有关艰苦标准的讨论见 Mayer 和 Jencks,1989;Heflin,Sandberg,以及 Rafail,2009,746－64;Iceland 和 Bauman,2007。
[②] Beverly,2001.
[③] Daly 和 Silver,2008。
[④] Micklewright,2002,3.

是当前环境的作用,也是未来预期的作用。① 衡量社会排斥的一个挑战是,对于它的精确概念定义,以及如何最优实施,还没有达成广泛共识。

有人主张采用更广泛的贫困标准,将其看作一种多维体验。比如,联合国采用的贫困标准是"缺乏维持生计的收入和生产资料;饥饿和营养不良;健康状况不佳;获得教育和其他基本服务的机会有限或缺乏;疾病发病率和死亡率提高;无家可归和住房不足;不安全的环境及社会歧视和排斥"。②

对于贫困的这些看法受到了诺贝尔经济学奖获得者阿马蒂亚·森(Amartya Sen)作品的影响,他认为,传统的收入贫困标准忽视了与贫困相关的核心问题——"能力剥夺"(capability deprivation)。③ 这里的能力是指允许人们获得对他们而言最重要的东西的能力,如健康的身体、充足的食物和住所、教育等。在森看来,低收入可能是能力剥夺的首要原因,因此是贫困的一个主要原因。但在基于这些特征的社会中,人们获得的机会并不平等,其他因素也可能会影响人的能力,比如年龄、性别和种族。为了支持采用这些标准,联合国为有这类数据的国家发布了大量社会指标。④

这些指标为理解发达国家和发展中国家的福利模式和趋势提供了有价值的工具。然而,本书倾向于关注收入贫困标准,而非上述通常难以定义和实施的另一个标准。收入贫困标准提供了一种直截了当、便于理解的方式来衡量人们用于满足基本需求的收入的缺乏程度。

准相对标准

为了应对前述官方贫困标准日益明显的缺陷,美国国会拨款支持20世纪90年代早期有关贫困标准的独立科研。这项工作落到了建立贫困援助与家庭帮扶小组的美国国家科学院国家研究委员会的肩上。该小组回顾了衡量贫困的几种替代方法,并指出,接受或反对任何特定方法的决定须有主观判断和科学证据。然而,在1995年的报告《衡量贫困:一种新方法》中,它确实在一定范

---

① Atkinson 和 Hills,1998. 另见 Micklewright,2002,9。
② United Nations,1995。
③ Sen,1999,87—110。
④ 比如,见 United Nations,2011。

围内对官方贫困标准提出了具体的修改建议。在人口普查局后续的研究中,根据该小组建议修改的一些试验性贫困标准得到实施和发布。①

具体来说,国家科学院提出的标准,现被美国人口普查局称为补充贫困标准(Supplementary Poverty Measure,SPM),采用以下方式设计。补充贫困阈值根据人们上报的在食物、衣服、住所和公用设施上的花费,加上一小笔为满足其他需求的额外支出(如家庭补给、个人护理和与工作无关的交通)来计算。不同于美国官方贫困标准,这些阈值会根据各州和各大都会区的住房成本变化作进一步调整。阈值每年更新,以反映在这一基本商品束上的实际支出增长。②

补充贫困标准本质上是相对的,因为阈值是根据实际支出变化而更新的,实际支出通常随生活水平的普遍提高而增加。建议的标准是准相对标准,而非完全相对标准,因为所提更新依据的是基本商品类别(食物、衣服、住所、公用设施)的消费支出,这些支出的预期增长速度要缓于总消费支出或收入中值。

在补充贫困标准中,家庭资源被定义为来自所有渠道的现金收入价值,加上可用于购买新阈值涵盖的商品的准货币福利的价值,减去"非可支配"支出。现金收入来源包括工资薪金、利息收入和现金福利援助。补充贫困标准资源定义的这一要素与人口普查局对收入的现行官方定义相同。然而,补充贫困标准的收入定义还包括准货币福利,如食品援助卡、住房补贴、学校早午餐餐补,以及劳动所得税抵免。扣除的非可支配支出包括税费、儿童保育费和其他工作相关开支、医疗自费费用,以及给另一个家庭的子女抚养费。税费是不可自由支配的开支。儿童保育和其他工作相关开支(如通勤费)也被扣除,因为国家科学院小组认为,如果父母要通过工作来赚取劳动市场的收入,以满足基本需求,这些花费就不可避免。③

补充贫困标准弥补了纯绝对标准和纯相对标准的一些缺陷,虽然不可能消除全部问题。有待解决的一个问题是,它在计算上比现行官方标准更为复杂。有些人也会单纯因不喜欢用相对方法衡量贫困而反对将相对要素纳入其中。④

---

① 见 Short,2011c;Short,2010;Short,2001。
② Short,2011c。
③ 感兴趣的读者可参考国家研究委员会 1995 年对这些要素所做的更为详细的讨论。补充贫困标准的实际实施情况详见 Short,2011c。
④ Rector 和 Sheffield,2011;Meyer 和 Sullivan,2009。

然而，无论是在阈值构建上还是在采用的收入定义上，补充贫困标准都显然比现行官方标准更为精确。补充贫困标准的实际优势在增加，因为在基本用品上的花费在增加，所以它反映了实际生活水平的变化。然而，它对其他可能出现的非必需品的消费模式变化并不敏感，比如奢侈品。该标准也旨在衡量政府项目对贫困的影响，因为在衡量家庭收入时，现金和非现金政府福利都被考虑在内。

不同标准的阈值比较

图 2—1 比较了 1947—2011 年间 4 种常见贫困标准下的四口之家（两个成年人、两个儿童）的贫困阈值：美国官方贫困标准所用阈值、补充贫困标准所用阈值[1]、基于税后家庭收入中值一半的相对阈值、基于对贫困的普遍看法的"主观"阈值。更确切地说，主观阈值是根据"收入低于一定水平的人可被归为穷人，这个水平就叫做'贫困线'。如果以四口之家（丈夫、妻子和两个儿童）的周收入来衡量，你觉得贫困线定为多少合适？"这个问题的答案计算出来的。[2] 这个问题上次出现还是在 1993 年的综合社会调查中，因此，图中并无关于它的最新信息。

由于官方阈值仅随通货膨胀更新，阈值的美元数额一直保持不变（以 2011 年定值美元计算）。与此相反，主观阈值和相对阈值在这段时期紧跟彼此。直到 20 世纪 50 年代末 60 年代初，它们都低于官方标准，之后又高于官方标准。到 1993 年，官方阈值为 22 811 美元，主观阈值为 27 621 美元，相对阈值为 27 973 美元。相对阈值在 20 世纪 90 年代晚期经济高速发展时迅速上升，于 2000 年达到 33 026 美元。自那以后，相对阈值就一直徘徊在这一水平（比如，2008 年的相对阈值为 33 418 美元），因为家庭收入在 21 世纪初一直停滞不前，后在 2007 年末大衰退开始后下降。

需要注意的是，主观阈值和相对阈值在官方阈值诞生之前与之相交。那时

---

[1] 更确切地说，补充贫困标准阈值包括一个基本商品束，其中有食物、衣服、住所、公用设施、医疗，还包括一些为满足额外需求的物品。

[2] 自 1993 年以来，无论是盖洛普咨询公司还是综合社会调查（早期数据来源）都没有问过这个问题。

候，采用任何一种方法来估算贫困率差别都不大。然而，自那以后，这些贫困率彼此之间越来越脱节。人口普查局的补充贫困标准始于 1999 年。由图 2—1 可见，补充贫困标准的阈值要高于官方贫困标准的阈值（比如，以 2011 年定值美元计算，2009 年的补充贫困标准的阈值为 29 052 美元，官方贫困标准的阈值为 22 811 美元）。

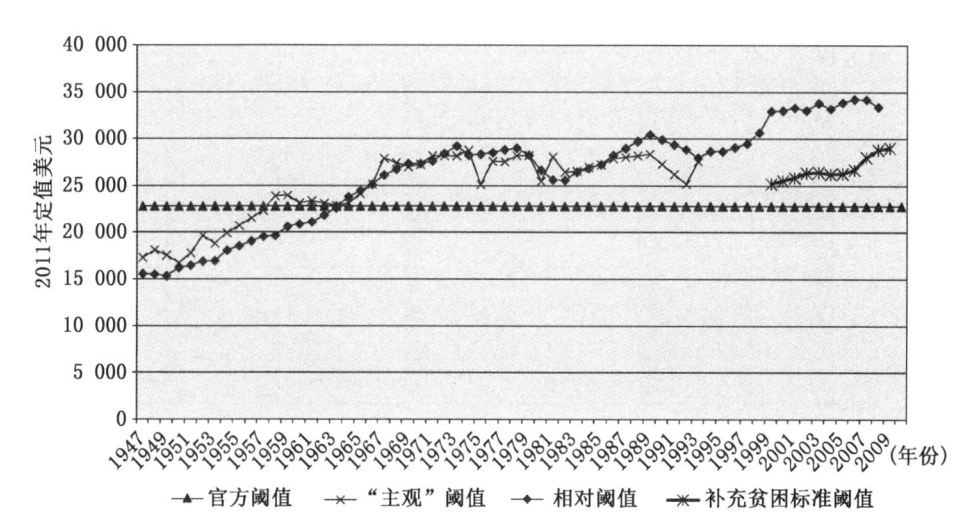

资料来源：官方阈值和补充贫困标准阈值来自美国人口普查局，2010c。1947—1992 年的相对阈值来自国家研究委员会，1995：132—133；1993—2010 年的相对阈值来自作者 1994—2011 年当期人口调查数据的表格。主观阈值来自国家研究委员会，1995：138—139。国家研究委员会，1995 年的多个阈值来自沃恩（Vaughan），1993。

注：上述阈值适用于由两个成年人、两个儿童组成的家庭。相对阈值是这类家庭税后收入中值的一半。1947—1989 年主观贫困阈值来自沃恩，1993，表 1。它是通过假设贫困人口数量与对"勉强生活"问题的答复数额之间存在一个恒定关系而得出的。详见沃恩，1993 和国家研究委员会，1995。补充贫困标准阈值是根据在食物、衣服、住所和医疗上的开支计算的。

图 2—1　1947—2011 年四口之家的贫困阈值

图 2—2 描述了采用官方标准、补充贫困标准和典型相对标准估算出的 2009—2011 年的贫困率。需要注意的是，即便在确定了特定的阈值之后，相对贫困标准也有许多建构方式。这里采用的相对标准是按家庭规模调整后的税

后家庭收入中值的一半。相对标准中的收入是指家庭全部可支配收入。① 结果不出意料,按官方贫困标准估算的贫困率最低(15%),按相对标准估算的贫困率最高(19.5%)。补充贫困标准的估算值(16.0%)在两者之间,更接近官方标准。

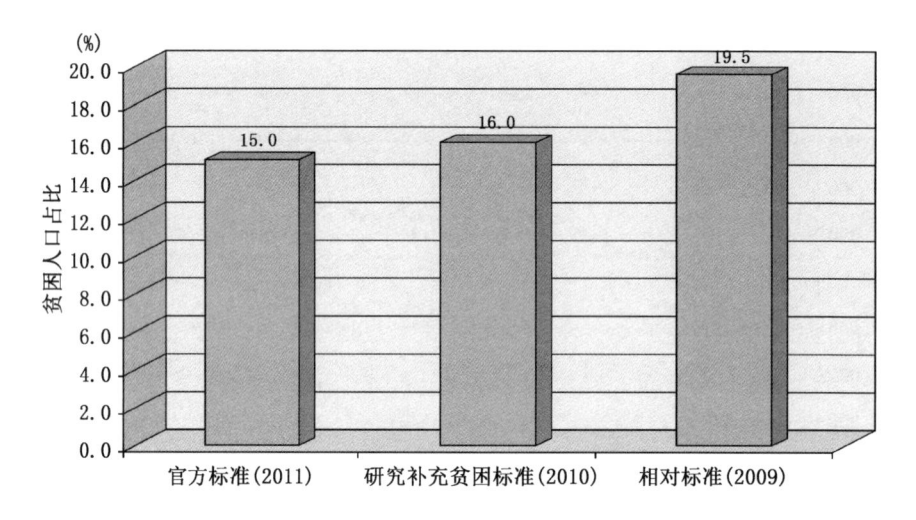

资料来源:官方贫困率来自 DeNavas-Walt,Proctor,以及 Smith,2012;补充贫困标准来自 Short,2011a;相对贫困标准来自 Short,2011b。

图 2—2　按不同标准估算的贫困率

重新审视理论问题

美国的贫困标准研究工作是不断变化的。贫困衡量正经历着从绝对方法向相对方法的转变,尽管前者仍然拥有几个坚定的支持者。最终,采用什么方法很有可能在一定程度上取决于理论上的考量。"贫困"指的是"最低生存水平"(subsistence standard,即维持生存所需的钱)还是"经济边缘化"(economic marginalization,相对于社会规范和准则的剥夺)？是否存在一种合理的绝对贫困标准,不会随时间的推移而改变？如上所述,许多评论人士会认为,定义一个绝对标准存在严重缺陷,因为贫困的含义因时因地而异。

---

① 官方贫困标准和补充贫困标准来自 Short,2011a;相对标准来自 Short,2011b。

在衡量贫困的极端绝对方法和相对方法之间，准相对标准提供了一个折衷方案。最为重要的是，它解决了纯绝对标准背后不切实际的假设，即存在一个单一的、恒定的绝对标准。即便是现行官方标准，虽然名义上是绝对标准，但在一定程度上也是相对的，因为它反映的是所处时代的生活水平。准相对标准也解决了纯绝对标准在概念上缺乏吸引力的问题，它含蓄地否定了存在纯粹的基本需求。比如，如果一个社会中的大多数人有两辆豪车，那么我们难道应该认为只有一辆车的人是穷人吗？准相对标准明确承认，在衡量贫困时，存在某种固有的相对性，但它力图衡量的剥夺与获得一套绝对基本的商品有关，而非与奢侈品有关。

总　结

"贫困"指的是经济剥夺，但关于贫困的确切构成和谁是穷人的观点仍然因时因地而异。多年来的贫困标准研究表明，随着总体生活水平提高，维持最低生活水平所需的阈值也在提高。

贫困标准的两种基本类型是绝对标准和相对标准。绝对标准，如美国现行官方标准，通常试图定义一个真正的基本需求标准，因此不会随时间的推移而变化。另外，相对标准以比较劣势来定义贫困。比较劣势是根据不断变化的生活水平来评估的。每种标准都各有优缺点。然而，如果运用得当，则它们也可以互为补充，因为思考经济剥夺的合理方式多种多样。

在我看来，衡量贫困的最佳标准既有绝对成分，也有相对成分。不管总体生活水平如何，一旦不能满足基本需求，就是穷人。然而，贫困是相对的，因为人们眼中维持生活所需的成本随总体生活水平的提高而提高。为了让绝对贫困标准继续发挥其作用，只需每隔一代人左右或根据需要调整贫困阈值，对其进行修订。由国家科学院贫困援助与家庭帮扶小组推荐，现被人口普查局称为补充贫困标准的准相对标准也是可供替代的选择。该标准因其优势而成为可以取代美国现行官方标准的有力候选项。

第三章

贫困人口特征

大衰退后的一段时期里,失业率和贫困率居高不下,人们挣扎度日的故事屡见不鲜。

在芝加哥郊区的一个食品分发处,一位38岁的两个孩子的母亲突然哭了起来。她和丈夫已经失业近两年了。他们的房子和车子都荡然无存,中产阶级地位也化为乌有,有时连自尊心都不要了。"就像没有出路一样",克丽斯·法伦(Kris Fallon)说道。她和其他许多人一样陷入困境,由生活富足跌入穷困潦倒的境地。

74岁的比尔·里克(Bill Ricker)曾是一名修理工兼牧师,现在住在缅因州乡村的一辆破旧拖车里。他每月就靠一张1 003美元的社保支票勉强度日。他前妻过得也很拮据;他让她住在拖车的另一头。

西弗吉尼亚州的单亲母亲布兰迪·威尔斯(Brandi Wells)边努力找工作,边照顾她10个月大的儿子。"我没料到情况会恶化得这么快",她说道。

58岁的肯·巴尔吉(Ken Bargy)5年前因健康问题不得不停下工作,现在已经残疾。他的妻子在邻镇开校车。他将两个孩子(一个15岁,另一个10岁)送到20英里以外的学校上学。他在拖车后部给年迈的母亲提供了一处落脚之地,母亲罹患癌症,卧床不起,生命垂危。这家人从残疾保障金和工资中凑出的18 000美元必须用在许多地方:食物、照明、水、医疗账单。他得做出选择。"所有东西的成本都在上涨,我不得不跳过电费账单去买食物,或跳过电话账单去买食物",他说,"我的活期存款户头还剩20美元就见底了。"[1]

本章将聚焦从社会和经济调查中收集到的信息,更深入地探讨究竟谁才是穷人。本章旨在更准确地刻画穷人,描述他们的人口结构,经历了何种困境,多久能脱离贫困,以及集中在美国哪里。这些基准信息既有助于我们理解致贫原因(第五章的重点),也有助于政府制定行得通的反贫困政策(第七章)。然而,对贫困的统计描述必然是不完整的,重要的是要记住这些数字背后的名字和面孔,记住他们各不相同的故事。

美国跨时间和跨群体的贫困问题

图3—1展示了不同时间和不同年龄组的贫困率。1959年(可获得政府贫困统计数据的最早年份)至1973年间,美国贫困率稳步下降,之后停滞不前,2007—2009年经历了严重的经济衰退(详见第六章)后,贫困状况明显恶化。1959年,美国贫困人口占比22.4%,而1973年,贫困率只有11.1%,到了2011年,官方贫困率为15.0%,即有4 620万美国人生活贫困。[2]

1959—2011年间,老年人的贫困状况得到了最显著的改善。1959年,老年人的贫困率为35.2%,远高于儿童的贫困率(27.3%)和18—64岁人群的贫困率(17.0%)。但到了20世纪90年代晚期,老年人的贫困率与18—64岁的人群持平,后者的贫困率在1973年后停滞不前;到了2011年,老年人的贫困率为8.7%,远低于美国18—64岁人群的贫困率(13.7%)。老年人的贫困率大幅下降的主要原因是社会保障和其他类似项目的推行。与此同时,儿童贫困率在1959—1979年呈下降趋势,之后又有上升。2011年,儿童贫困率为21.9%,远高于其他国家。显然,美国社会安全网给老年人的保障要优于儿童,这反映出当今美国老年人的政治影响力。[3]

---

[1] 这些故事来自Contreras,2011。
[2] DeNavas-Walt,Proctor和Smith,2012,表B—2。
[3] Lindsey,2009,64—78.

030　/　美国的贫困问题

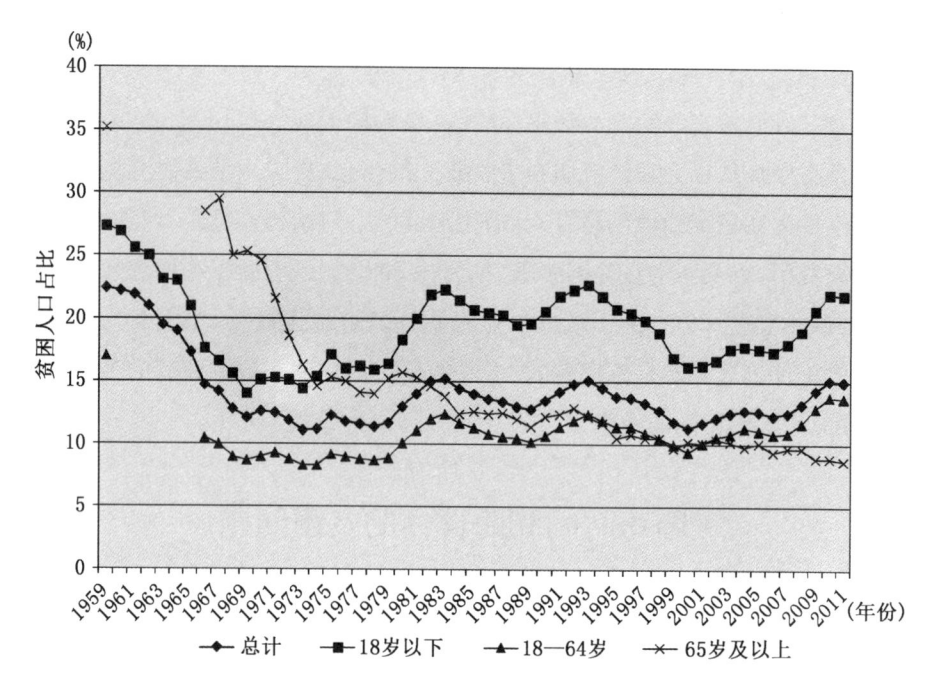

资料来源：DeNavas-Walt，Proctor 和 Smith，2012，表 B—2。

图 3—1　1959—2011 年按年龄统计的官方贫困率

贫困率因贫困标准而异。表 3—1 显示了采用美国现行官方贫困标准、相对贫困标准和补充贫困标准计算出的不同群体的贫困率。如第二章所述，现行官方贫困标准是绝对标准，其贫困阈值反映的是真正的基本需求水平，不会随时间的推移而变化。相对标准的贫困阈值随生活水平的变化而变化。该标准背后的逻辑是，自身资源大大少于他人资源的人，即便身强力壮，能够生存下来，也可能生活在主流社会的边缘。这里用的相对阈值为根据家庭规模调整后的美国家庭收入中值的一半。

表 3—1　　　　　　　　基于人口统计特征的个人贫困率　　　　　　　单位：%

	官方贫困标准 （2011 年）	研究补充贫困标准 （2010 年）	相对贫困标准* （2009 年）
所有人	15.0	16.0	19.5
年龄			
18 岁以下	21.9	18.2	25.9

续表

	官方贫困标准（2011年）	研究补充贫困标准（2010年）	相对贫困标准*（2009年）
18—64岁	13.7	15.2	16.9
65岁及以上	8.7	15.9	19.6
种族			
白人	12.8	14.3	—
非西班牙裔白人	9.8	11.1	13.2
黑人	27.6	25.4	34.1
亚裔	12.3	16.7	—
美国原住民	29.5	—	—
西班牙裔(不分种族)	25.3	28.2	33.2
家庭类型			
已婚家庭	7.4	9.9	11.9
女性为户主的家庭	34.2	29.0	39.0
男性为户主的家庭	16.5	22.7	22.6
房屋归属			
自有房	8.0	9.7	11.3
租赁房	30.5	29.4	37.4
受教育程度(25岁及以上)			
高中以下	25.4	—	—
高中	14.9	—	—
大学未毕业	11.1	—	—
大学毕业	5.1	—	—
公民身份			
本土出生	14.4	14.7	18.4
国外出生	19.0	25.5	26.9
入籍公民	12.5	16.8	17.8
非公民	24.3	32.4	33.7

* 相对阈值等于根据2009年家庭规模调整后的家庭收入中值的一半，详见正文。

资料来源：补充贫困标准来自 Short,2011a；相对贫困标准来自 Short,2011b。除下面所述的那些贫困率，大多数由官方标准计算出的贫困率来自 DeNavas-Walt, Proctor 和 Smith, 2012。美国原住民贫困率仅参照美国人口普查局,2012i 的官方标准。按受教育程度划分的贫困率来自美国人口普查局,2012m；按家庭类型划分的贫困率来自美国人口普查局,2012l。

补充贫困标准是绝对要素和相对要素相结合的一种准相对标准。它是相对的,因为贫困阈值随某些消费类别实际支出的变化而更新,但它又不是完全相对的,因为贫困阈值只考虑了基本商品和服务类别(食物、衣服、住房和公用设施)。花在这些项目上的钱往往没有家庭收入中值增长得快。补充贫困标准还旨在纠正官方标准在技术层面的一些缺陷。它将食品券等非现金收入纳入家庭可支配(净)收入,并扣除了与工作相关的开支和医疗自费费用等非可支配支出。按照这一标准,阈值也因不同地域生活成本而异。

尽管根据官方标准,15.0%的人口是穷人,但无论是补充贫困标准的贫困率(16.0%),还是相对标准的贫困率(19.5%),都要高于官方标准。白人的官方贫困率相对较低,为12.8%。在少数群体中,亚裔的贫困率仅为12.3%,而美国原住民的贫困率高达29.5%。非裔美国人和西班牙裔美国人的贫困率也均高于25%。教育与贫困率高度相关。2011年,高中学历以下的人贫困率为25.4%,而大学毕业生的贫困率仅为5.1%。已婚家庭成员的贫困率(根据官方标准,为7.4%)要远低于男性为户主的家庭(16.5%)或女性为户主的家庭(34.2%)。公民身份也是一个重要的影响因素,本土出生的人和入籍公民的贫困率相对较低,而非公民的贫困率则高得多。

除儿童、非裔美国人和租房者外,补充贫困标准的贫困率高于官方贫困标准。补充贫困标准的贫困率通常更高,原因在于其依赖于更高的贫困阈值(见第二章)。该标准将旨在改善穷人经济状况的非现金福利(如食品援助)纳入其中,影响了表3—1中观察到的一些模式。比如,相较于成人贫困率,它们更有助于降低儿童贫困率。①

相对贫困率既高于官方贫困率,又高于补充贫困标准的贫困率,主要原因也在于其贫困阈值更高,尽管各群体通常有相似的模式,但也有少数例外。比如,根据官方贫困标准,65岁及以上的成年人的贫困率低于18—64岁的人;但根据相对贫困标准,老年人的贫困率要高于其他成年人,主要是因为许多老年人不高的固定收入高于官方贫困线,却低于相对贫困线。

---

① Short,2011a,8.

贫困和物资匮乏的严重性

上述官方贫困标准表明了跨群体和跨时间的贫困程度和广度,但只涉及特定的阈值。因此,图3-2向我们展示了"极端"贫困水平(家庭收入低于官方贫困阈值一半的人口比例)和准贫困水平(家庭收入低于贫困阈值200%的人口比例)。(2011年,四口之家的官方贫困阈值为22 811美元。)2011年,官方公布的总体贫困率为15.0%,而处于极端贫困的人口比例为6.6%,约1/3的人处于准贫困或贫困。正如所料,儿童和非裔美国人的极端贫困率较高,而白人、亚裔和老年人的贫困率较低。[①]

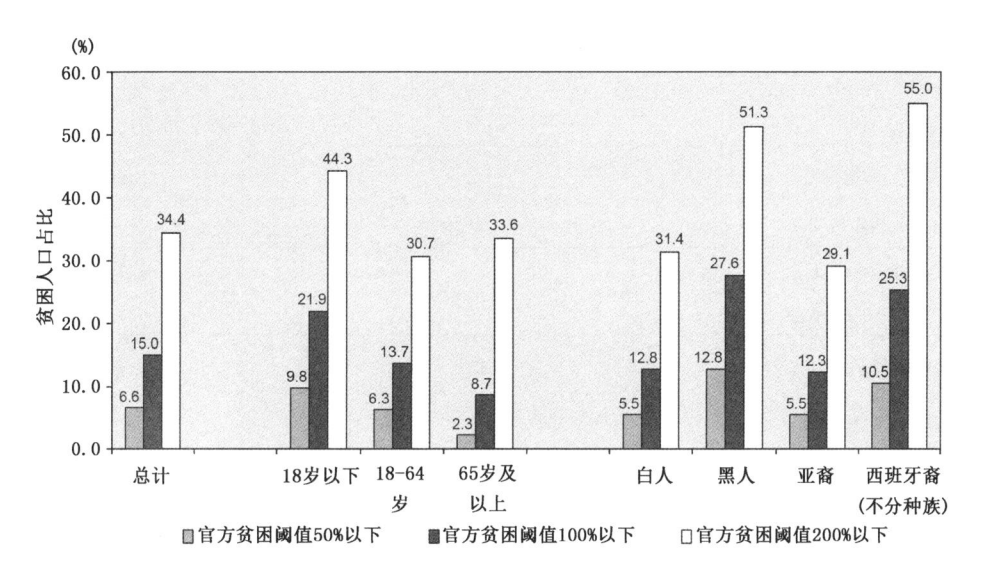

资料来源:美国,人口普查局,2012k。

图3-2　2011年家庭收入与贫困阈值比例

表3-2展现了根据所选标准四种艰苦类型的调查报告:食物保障,卫生保健、住房和社区条件,以及满足基本需求。2010年,约14.5%的人口面临一定程度的食物无保障。食物无保障被定义为,家庭在一年中的某些时候由于资源缺乏,难以为每个成员提供足够的食物。更小比例的人口(5.4%)的食物保障

[①] U. S. Census Bureau, 2012k.

水平极低,即一些家庭成员因资源缺乏而食物摄入不足。[①] 在卫生保健方面,15.7%的人口没有健康保险,而6.8%的人口没有在必要时就医。5%—10%的家庭面临屋顶漏水、害虫出没(如老鼠、蟑螂)、街道垃圾成堆的问题。

表3—2　　　　　　　　不同艰苦类型的人口比例　　　　　　　　单位:%

食物保障*(2010年)	
食物无保障	14.5
食物极低保障	5.4
卫生保健	
没有健康保险(2011年)	15.7
没有在必要时就医(2005年)	6.8
住房和社区条件(2005年)	
屋顶漏水	4.9
害虫出没	9.8
街道垃圾成堆	7.3
满足基本需求	
未付租金或抵押贷款(2005年)	6.1
未付公用设施账单(2005年)	9.8
电话停机(2005年)	4.2
一年中某个时候无法支付必要费用(2005年)	14.4
受止赎影响家庭中的儿童(2007—2009年,年均)	4.3
一年中住过应急收容所的人(2009年)	0.5

　　* 食物无保障的家庭在一年中的某些时候由于资源缺乏,难以为每个成员提供足够的食物。食物保障水平极低的家庭由于资源有限,一些家庭成员的食物摄入量减少,正常的饮食模式被打乱。

　　资料来源:食物保障数据来自Coleman-Jensen等,2011。没有健康保险的人口比例来自DeNavas-Walt,Proctor和Smith,2012。2005年的所有数据都来自美国人口普查局,2009。住过应急收容所的人数估值来自美国住房和城市发展部,2010。止赎数据来自Annie E. Casey基金会,2011。

---

　　① Coleman-Jensen等,2011。

约 6.1% 的家庭因资金不足而未付房租或抵押贷款,近 10% 的家庭因同样的原因而未付公用设施账单,14.4% 的人普遍表示在一年中某个时候无法支付必要费用。2007—2009 年,房产泡沫破裂之际,每年有超过 4% 的儿童生活在受止赎影响的家庭。无家可归的实际发生率要低得多。据估计,2009 年有 0.5% 的人口在一年中的某个时候住过应急收容所——不过换算过来仍有 156 万人。在 2009 年的一个晚上,无论有无住所,全国估计有 643 067 个无家可归的人。①

美国许多贫困家庭都拥有一些常见的消费品,不过具体消费品各有不同。图 3—3 显示,2009 年,美国有 68% 的家庭拥有自己的房产,而贫困家庭的有房率为 41%,约 3/4 的贫困家庭拥有汽车、卡车或小型货车,而在所有家庭中这一比例为 92%。② 无论贫富,大多数人拥有冰箱、电话、微波炉和电视机。然而,约半数穷人没有个人电脑,超过一半的穷人家里没有联网。许多贫困家庭拥有许多所列消费品,这表明,美国的贫困问题在本质上不同于许多发展中国家(见第四章)。在美国,各种各样的消费品有不同价位和质量可供选择。比如,在美国大部分地方,花几美元从折扣零售商那里买到一台电视机并非什么难事,更别提还有 Craigslist 和 eBay 这样的购物网站了。即便是二手车,虽不是人人都买得起,但对大多数人而言也不是高不可攀。

然而,由于美国城市布局分散,许多地方公共交通系统不发达,无车一族可能很难保住一份工作。穷人在商品和服务上的花费也往往比非穷人多,因为搞低价促销的超市多位于富人区,而非城市贫民区或农村地区。③ 也可以认为,没有基本消费品的美国家庭可能感觉被边缘化了,并遭到了同样的对待;他们可能没有足够的收入,如皮特·汤森所言,去"担当不同角色,投身各种关系,遵循社会成员公认的行为准则"。④

有项研究调查了有多少美国人生活在真正的最低贫困线以下,即用于衡量发展中国家绝对贫困的标准——每天不到 2 美元。调查发现,2011 年,150 万家庭(占美国家庭不到 2%)一年中至少有一个月符合这个定义,但这个数字较 1996 年已经翻了近一番。如果将接受的食品援助纳入家庭资源,则极端贫困家

---

① U. S. Department of Housing and Urban Development,2010,i—iii。
② U. S. Census Bureau,2011a。
③ Lichter 和 Crowley,2002;Chung 和 Myers Jr. ,1999;Kaufman,1999。
④ Townsend,1993,10。

图表数据（图3-3）：

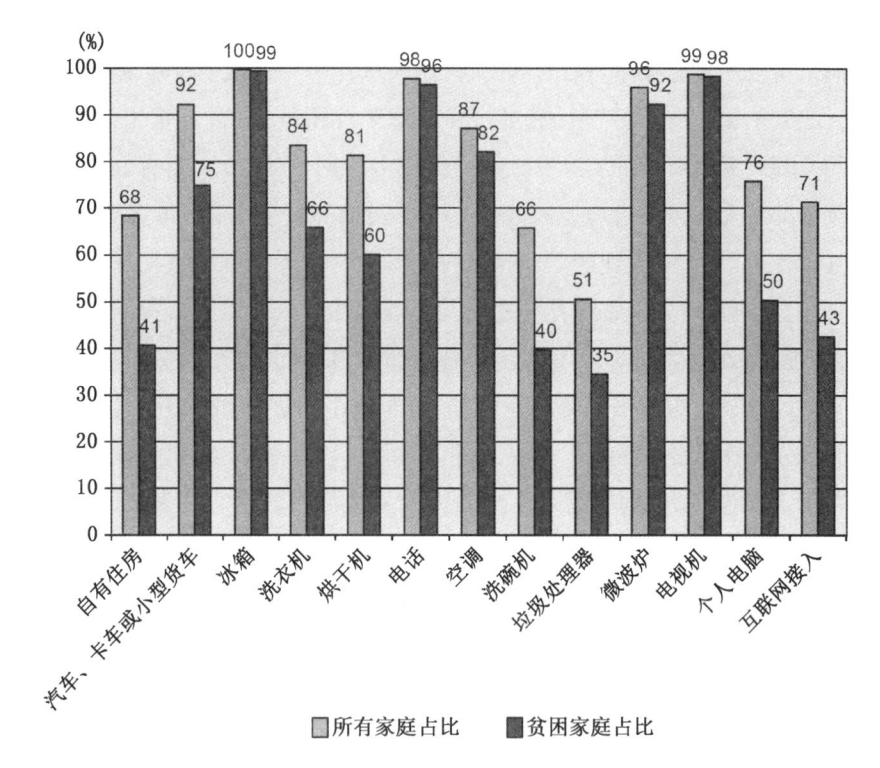

项目	所有家庭占比	贫困家庭占比
自有住房	68	41
汽车、卡车或小型货车	92	75
冰箱	100	99
洗衣机	84	66
烘干机	81	60
电话	98	96
空调	87	82
洗碗机	66	40
垃圾处理器	51	35
微波炉	96	92
电视机	99	98
个人电脑	76	50
互联网接入	71	43

资料来源：大多数项目来自美国人口普查局，2011a。有关微波炉、电视机、个人电脑和互联网接入的数据来自美国能源信息管理局，2009。

图3—3　2009年拥有各类消费品的家庭占比

庭的数量要大幅下降（79.5万），这也反映出该福利的重要性。[①] 对于这些非常贫困的家庭，生活是绝望的：

  30岁的马格达琳·马奇（Magdalyn March）来自亚拉巴马州伯明翰，对极端贫穷的生活深有感触。2006年，她失去了包装仓库的季节性工作，与虐待她的男友分手，独自照顾自己的两个孩子。她每个月收到200美元的政府现金援助和282美元的食品券（远高于每天2美元的贫困阈值）。

  马奇还没有和男友分手时，同孩子住在一家汽车旅馆里。男友离开后，她因付不起房费而被扫地出门。她曾在朋友和亲戚那里待了几

[①] Shaefer 和 Edin，2012，4。

晚,最后住进了一个流浪汉收容所。

这个名为"曙光"(First Light)的收容所帮她找了份连锁餐厅的工作,并给孩子找了家便宜的日托所。她说她依然在挣扎度日。她没钱配眼镜,也没钱看牙医。马奇和孩子们现在和她的母亲住在一起。[1]

贫困的动态和代际转移

大多数贫困数据或是来自某个时间点进行的研究,或是来自对不同群体展开的年度研究。直到近40年,当研究人员开始分析来自纵向研究(数年时间跟踪同一组人)的新信息时,看待贫困的动态观点才出现。这些纵向研究的发现令众人震惊,并改变了对个人及其家庭随时间推移如何经历贫困的传统看法。

以前,许多人认为,存在一个固化的"下层阶级",深陷贫困,年复一年,完全依赖政府或他人生活。[2] 尽管调查显示,贫困是一个相当稳定的社会特征,比如,自20世纪60年代中期以来,贫困率几乎没有变化,稳定在11%—15%之间,但纵向数据表明,大多数穷人只是在短时间内身处贫困。此外,较大比例的人口都在一生中某个时候经历过贫困。[3] 有研究估计,约半数美国人在25—75岁之间至少有一年生活在贫困线以下。经历贫困的可能性因种族和受教育程度而大相径庭,大部分黑人,包括几乎所有高中学历以下的黑人,都会在人生某个时候经历贫困,而白人高中毕业生的这一比例远低于1/3。[4]

然而,贫困持续的时间往往比较短暂。多项研究估计,45%—59%的人经历贫困的时长只有1年,70%—84%的人不到4年。[5] 只有12%的人贫困持续了10年或以上。[6] 同样,食物严重短缺持续的时间往往也比较短暂。近4/5生

---

[1] Bello,2012.

[2] Michael Harrington(1962)和 Oscar Lewis(1966a),尽管两位作者在许多问题上存在分歧,但都持有这一观点。

[3] Riegg Cellini,McKernan 和 Ratcliffe,2008。

[4] Rank 和 Hirschl,2001。

[5] Riegg Cellini,McKernan 和 Ratcliffe,2008,594。

[6] Bane 和 Ellwood,1986,12。

活在食物短缺家庭的人两年后就不再报告该问题。[1] 如果我们按月而不是按年计算贫困率,就会得出更高的贫困人口流动率。比如,2004—2006 年,29%的人至少经历了连续两个月的贫困,但只有 3%的人在这个时间段一直处于贫困之中。[2] 当然,只经历了几个月贫困的人大部分年收入较高,但从事的是季节性工作。

尽管贫困的持续时间通常很短,但摆脱贫困的人再度陷入贫困的情况屡见不鲜。事实上,如果按年来衡量贫困(最常见的方式),脱贫的人中约有一半会在 5 年内返贫。统计表明,约 50%的黑人和 30%的白人会在陷入贫困后的 5—10 年里回归贫困。[3] 由此可见,尽管长期贫困的人口比例较低,但有很大一部分人经济上没有保障,很容易陷入贫困。

影响贫困持续时长的因素有很多。正如所料,相比其他年份,人们在经济衰退期更难摆脱贫困。[4] 此外,一个人身处贫困的时间越长,摆脱贫困的可能性就越小。其工作技能可能会衰退,又或者,随着时间的推移,简历上的空窗期拉长,对雇主的吸引力大减。[5] 白人男性占主导地位的家庭往往比由其他人(如黑人女性)主导的家庭更快摆脱贫困。[6] 在经历过贫困的白人中,约 62%的人在 4 年内摆脱贫困,而在经历过贫困的黑人中,这个比例只有 39%。[7] 西班牙裔的贫困时长介于两者之间。[8]

与之相关的一个问题是,贫困在多大程度上会由一代传给下一代。传统观念认为,贫困的削弱影响会代代相传。民众会长期困于贫困中,这一观点正是约翰逊总统向贫困宣战的动机之一。[9] 如果贫困确实代代相传,且在不同群体中分布不均,那么自然可以质疑美国的公平和择优标准。

研究表明,父子收入的相关性近 50%,这凸显出家庭背景的重要性。[10] 一方面,值得高兴的是,由于美国收入中值随时间的推移而增长,这一代的成年人

---

[1] Ribar 和 Hamrick,2003,11。
[2] Anderson,2011。
[3] Stevens,1999.
[4] Stevens,1994.
[5] Stevens,1999.
[6] Devine,Plunkett 和 Wright,1992。
[7] Stevens,1999.
[8] Naifeh,1998。
[9] Gottschalk,McLanahan 和 Sandefur,1994,85。
[10] Corak,2006,53;Isaacs,Sawhill 和 Haskins,2008。

普遍要比他们的父母过得好。比如,2007 年的一项研究表明,30 多岁和 40 多岁的成年人的家庭收入中值比其父母在同一年纪要高出 29%(经通胀调整后,分别为 71 900 美元和 55 600 美元)。2/3 的美国人收入高于其父母。

另一方面,相较于其他人,孩子在社会中的经济地位深受父母影响。出生在收入分配后 1/5 的家庭的孩子中,有 42% 仍生活在社会底层;出生在收入分配前 1/5 的家庭的孩子中,有 39% 仍生活在社会顶层。只有 6% 出生于社会底层的孩子能成功进入收入分配的顶层。[1] 正如在第四章里详细讨论的那样,与传统观点相反,美国这种相对经济流动性实际上要低于欧洲大部分国家。[2]

研究人员一直在争论,什么因素可以解释代际收入显著相关。三种常见的理论聚焦于:(1)家庭和环境压力;(2)资源和投资;(3)文化视角。[3] 从家庭和环境压力的角度来看,贫困家庭在日常环境中承受着很大压力,这可能会阻碍孩子的发展。这种压力或许来自支付账单和满足其他基本需求方面遇到的困难,又或许源于普遍易受不利事件的影响。这种心理忧虑反过来会影响婚姻关系和父母关系,结果父母可能会变得更喜怒无常,动辄惩罚,而不是循循善诱,温言鼓励。这阻碍了孩子的社会情感、身体、认知和学术上的发展,反过来又加大了他们成年后陷入贫困的可能性。比如,由于家庭压力,穷人家的孩子更有可能在学校胡作非为、成绩糟糕,最终只得辍学。

从资源和投资的角度来看,孩子的发展受个人"禀赋"和父母投资的影响。禀赋既包括孩子的遗传能力,又包括父母赋予他们的价值观和偏好。这些价值观强调要在学校好好表现。同样重要的是父母在孩子身上投入的时间和金钱,比如晚上给孩子们念书,买书拓宽他们的知识面,小时候给他们报优质的日托,或在安全的居住区买一套优质学区房。这些投资有助于孩子投身学习,保持身体健康,接受良好教育,避免成年后陷入贫困。

从文化角度来看,那些生活在社会边缘,没有机会向上流动的穷人通过调整他们的行为和价值观来作出回应,由此产生的贫困文化的特征是"无法控制冲动,不能延迟满足,感到无助和自卑"。[4] 这种文化体现在滥交、吸毒、单亲家

---

[1] Isaacs,2007,30。
[2] Corak,2006,39;Isaacs,Sawhill 和 Haskins,2008。
[3] Magnuson 和 Votruba-Drzal,2009,155—60。
[4] Magnuson 和 Votruba-Drzal,2009,158。

庭占比高、贫困社区犯罪频现上。对文化观点的常见批评是,它们往往没有将个人行为与其价值观区分开来。实际上,许多穷人的价值观和中产阶级并无出入,但他们不知道该如何按照这些价值观行事,才可以最终走向成功,这导致他们的行为经常弄巧成拙。比如,虽然许多贫困的年轻女性想结婚,并看到了婚姻不切实际的好处,但她们可能会非婚生育,因为她们身边结婚的人并不多,而且似乎鲜有工作稳定、可以组建长久家庭的"适婚"男性(见第五章中有关文化可能增加非婚生育的进一步讨论)。[1]

因此,研究表明,前两种视角,即聚焦于家庭和环境压力及聚焦于资源和投资的视角,很好地解释了贫困的代际转移。然而,还是应该说,每个视角的贡献仍然存在不确定性,因为往往很难厘清它们之间的复杂联系。

贫困的地理分布

社区不仅是很多社交互动的场所,而且会在很大程度上影响一个人的教育和经济机会。美国各地的经济、社会、文化和政治特征大相径庭。比如,东北部和中西部的许多城市多年来以制造业为支柱。第二次世界大战后的去工业化对生活在这些城市的人影响深远。由于工厂关闭或将业务迁向南部或国外,制造工厂的许多工人失去了工作。这些人被迫寻求其他类型的就业机会,有些人陷入贫困的境地。

各州、各地区、各大都会区的贫困程度因这类地方性变化而迥然不同。贫困的地域集中问题(特定居住区或居住区群体的高贫困率)在特定的大都会区也各不相同。下面将从地理层面讨论贫困问题。

按地区、州和大都会区划分的贫困问题

2011年,50个州和哥伦比亚特区的贫困率低至8.8%(新罕布什尔州),高达22.6%(密西西比州)(见表3—3)。由表可见,1999—2011年,美国贫困率呈上升趋势,只有怀俄明州和哥伦比亚特区的贫困率在这段时期有所下降。贫困

---

[1] Magnuson 和 Votruba-Drzal,2009,158,另见 Edin 和 Kefalas,2005。

率增幅最大的州有密歇根州(7.0%)、印第安纳州(6.5%)和佐治亚州(6.1%),这些州的制造业(包括汽车业)和/或建筑业在这段时期尤其是在后几年严重衰退期间急剧衰落。

表3—3　　　　1999—2011年按地区、大都会区和州统计的贫困率　　　　单位:%

	1999年	2011年	1999—2011年的变化
全美	13.1	15.0	1.9
地区			
东北部	11.4	13.1	1.7
中西部	10.2	14.0	3.8
南部	13.9	16.0	2.1
西部	13.0	15.8	2.8
大都会区状况			
大都会区	11.8	14.6	2.8
中心城区	17.6	20.0	2.4
郊区	8.4	11.3	2.9
非大都会区	14.6	17.0	2.4
州			
亚拉巴马州	16.1	19.0	2.9
阿拉斯加州	9.4	10.5	1.1
亚利桑那州	13.9	19.0	5.1
阿肯色州	15.8	19.5	3.7
加利福尼亚州	14.2	16.6	2.4
科罗拉多州	9.3	13.5	4.2
康涅狄格州	7.9	10.9	3.0
特拉华州	9.2	11.9	2.7
哥伦比亚特区	20.2	18.7	−1.5
佛罗里达州	12.5	17.0	4.5
佐治亚州	13.0	19.1	6.1
夏威夷州	10.7	12.0	1.3

续表

	1999年	2011年	1999—2011年的变化
爱达荷州	11.8	16.5	4.7
伊利诺伊州	10.7	15.0	4.3
印第安纳州	9.5	16.0	6.5
艾奥瓦州	9.1	12.8	3.7
堪萨斯州	9.9	13.8	3.9
肯塔基州	15.8	19.1	3.3
路易斯安那州	19.6	20.4	0.8
缅因州	10.9	14.1	3.2
马里兰州	8.5	10.1	1.6
马萨诸塞州	9.3	11.6	2.3
密歇根州	10.5	17.5	7.0
明尼苏达州	7.9	11.9	4.0
密西西比州	19.9	22.6	2.7
密苏里州	11.7	15.8	4.1
蒙大拿州	14.6	14.8	0.2
内布拉斯加州	9.7	13.1	3.4
内华达州	10.5	15.9	5.4
新罕布什尔州	6.5	8.8	2.3
新泽西州	8.5	10.4	1.9
新墨西哥州	18.4	21.5	3.1
纽约州	14.6	16.0	1.4
北卡罗来纳州	12.3	17.9	5.6
北达科他州	11.9	12.2	0.3
俄亥俄州	10.6	16.4	5.8
俄克拉何马州	14.7	17.2	2.5
俄勒冈州	11.6	17.5	5.9
宾夕法尼亚州	11.0	13.8	2.8
罗得岛州	11.9	14.7	2.8

续表

	1999 年	2011 年	1999—2011 年的变化
南卡罗来纳州	14.1	18.9	4.8
南达科他州	13.2	13.9	0.7
田纳西州	13.5	18.3	4.8
得克萨斯州	15.4	18.5	3.1
犹他州	9.4	13.5	4.1
佛蒙特州	9.4	11.5	2.1
弗吉尼亚州	9.6	11.5	1.9
华盛顿州	10.6	13.9	3.3
西弗吉尼亚州	17.9	18.6	0.7
威斯康星州	8.7	13.1	4.4
怀俄明州	11.4	11.3	—0.1

资料来源:2011 年美国地区和大都会区的数据来自 DeNavas-Walt,Proctor 和 Smith,2012;1999 年的数据来自美国人口普查局,2000;2011 年各州的数据来自美国人口普查局,2012g。

尽管各州的贫困率大不相同,但地区之间的差异并不明显。2011 年,东北部(13.1%)和中西部(14.0%)的贫困率略低于南部(16.0%)和西部(15.8%)的贫困率。历史上,东北部和中西部的贫困率一直低于其他地区,尤其是南部。比如,1969 年,南部贫困率为 17.9%,是东北部(8.6%)的两倍,也远高于中西部(9.6%)和西部(10.4%)。[1] 然而,曾经集中在东北部和中西部的制造业慢慢衰落,损失惨重,随着时间的推移,地区之间的历史差距逐步缩小。如表 3—3 所示,大都会区的贫困率低于非大都会区。在大都会区,尽管过去十年差距有小幅缩小,但中心城区的贫困率仍远高于郊区。

已有研究人员注意到,有些农村地区长期贫困,经济萧条,如密西西比三角洲、阿帕拉契亚、约格兰德谷低地和大平原。[2] 1980—2009 年间,美国 706 个县经历了持续的儿童高贫困率,其中 81%是非大都会县。[3] 这些地区的教育水平

---

[1] U. S. Census Bureau,2012j.
[2] Weinberg,1987;Lichter 和 Crowley,2002。
[3] Mattingly,Johnson 和 Schaefer,2011,1。

历来很低,工作机会稀缺。农村工人的工资也往往低于城市工人。① 贫困农村地区的特点通常是空间孤立,实体基础设施不足,如公共交通和学校投资不足,以及社会保障服务有限。② 尽管阿帕拉契亚的穷人主要是白人,但其他农村地区的穷人往往是少数族裔,如南部的非裔美国人、南部和西部的墨西哥裔居民,以及保留地的美国原住民。研究人员丹尼尔·利希特尔(Daniel Lichter)和玛莎·克劳利(Martha Crowley)指出:"许多美国人以为弱势的少数族裔只集中在城市贫民区,但美国一些赤贫的少数族裔生活在与世隔绝、经济萧条的农村地区。"③

集中在城市的贫困

集中贫困为何如此重要?集中贫困意义重大,因为犯罪、福利依赖、非婚生育、健康和教育成果不佳等许多问题在高度贫困地区最为普遍。生活在这些居住区的穷人,无论是在空间上还是在社交上,往往与主流社会隔离。他们的家庭不仅要解决自己的贫困问题,还要解决来自附近几百个贫困家庭的问题。④

20世纪,美国城市贫困的空间集中度逐步提升。据重建城市居住区的社会历史学家描述,19世纪,穷人一般集中在富人区附近的街边小巷里,虽然这在大城市也有例外。⑤ 20世纪头几十年,随着南方黑人向北大迁移,黑人人口开始膨胀,阶级和种族隔离(尤其在北方城市)开始加剧。与此同时,交通的改善和汽车工业的兴起让郊区生活方式更为便利。第二次世界大战后,郊区化急剧兴起;早期移居郊区的主要是白人和中产阶级。⑥

直到20世纪60年代和70年代,人们才开始讨论"贫民区"的剧增、"下层阶级"的崛起和"集中"贫困的增加。"贫民区"一词既指经济上的人口集中,也指种族和民族上的人口集中。下层阶级通常指存在于许多高度贫困居住区的"非规范"行为,如辍学、非婚生育、领取福利、对劳动力依赖程度低,以及滥用

---

① Gibbs,2001。
② Lichter 和 Crowley,2002,23—24。
③ Lichter 和 Crowley,2002,24。
④ 见 Jargowsky,1997,另见 Wilson,1987;Kneebone,Nadeau 和 Berube,2011,2。
⑤ Sugrue,1993,92—93。
⑥ Massey 和 Denton,1993,26—59。

毒品和酒精。严格意义上讲,集中贫困指的是高贫困率的居住区。到了20世纪80年代和90年代,大都会区内城贫困的爆炸式增长及随之而来的问题引起了大众媒体、流行文化和学术研究的极大关注。它们尤其重视贫困且隐性或显性功能失调的黑人社区。[1] 比如,20世纪90年代早期,大片《威胁2:社会》(Menace II : Society)、《街区男孩》(Boyz N the Hood)、《纽约黑街》(New Jack City)上映,描述了(有些可以说是美化了)贫困区帮派的生活,这或许和电影《教父》(The Godfather)为早期意大利黑手党所做的如出一辙。

研究人员通常将高度贫困居住区定义为贫困人口比例超过40%的居住区,尽管有时也会采用20%和30%这样的阈值。定性研究表明,穷人占比达到或超过40%的居住区往往"外观可怖,到处都是破旧的房屋,窗户破损或用木板封住的空置单元楼,废弃或烧毁的汽车,以及在街角'闲逛'的男人"。[2] 在此,我将重点分析以40%为阈值的集中贫困的统计数据。

研究证实,集中贫困数量迅速增长正值人们对这个问题越加感兴趣之际。1970—1990年间,尽管大都会区的贫困率总体上相对稳定,但高度贫困居住区的人口数量几乎翻了一番,从400多万跃至800万。这些地方的居民中近一半是穷人。[3] 这一时期,生活在高度贫困区域的白人、非裔美国人和西班牙裔美国人数量都有增长。对白人和西班牙裔而言,最大增长出现在20世纪80年代,而黑人在20世纪70年代和80年代的人口增长分布相当平均。[4]

然而,自20世纪90年代早期以来,对集中贫困的强烈兴趣已渐渐消退。并非巧合,对2000年人口普查的分析显示出一个相当戏剧性的转折点:经过几十年的增长,1990—2000年间,生活在高度贫困居住区的人口数量下降了24%。所有种族和民族群体的集中贫困数量都已下降,其中降幅最大的是非裔美国人。[5]

尽管如此,但21世纪头十年的经济衰退紧随其后,集中贫困数量似乎再次增长,2005—2009年间,生活在高度贫困居住区的人口数量增长了1/3。到这个时期结束,美国有10.5%的穷人生活在高度贫困居住区,高于2000年的

---

[1] Wilson,1987;Massey 和 Denton,1993;Auletta,1982。
[2] Jargowsky,1997,11。
[3] Jargowsky,1997,38—43。
[4] Jargowsky,1997,38。
[5] Jargowsky,2003。

9.1%,但明显低于1990年的14.1%(见图3—4)。2005—2009年间,更贫困居住区的黑人占比略有下降,统计结果是,生活在高度贫困居住区的白人占比17%(高于2000年的11%),黑人占比45%(低于46%)、拉丁裔占比34%(低于37%),余下的是其他种族。值得注意的是,21世纪头十年,中西部大都会区(制造业急剧衰落的地方)的集中贫困数量几乎翻了一番,郊区极端贫困居住区的人口增速是中心城区的两倍多。[①] 因此,较过去而言,集中贫困算不上是内城贫困区的黑人现象。

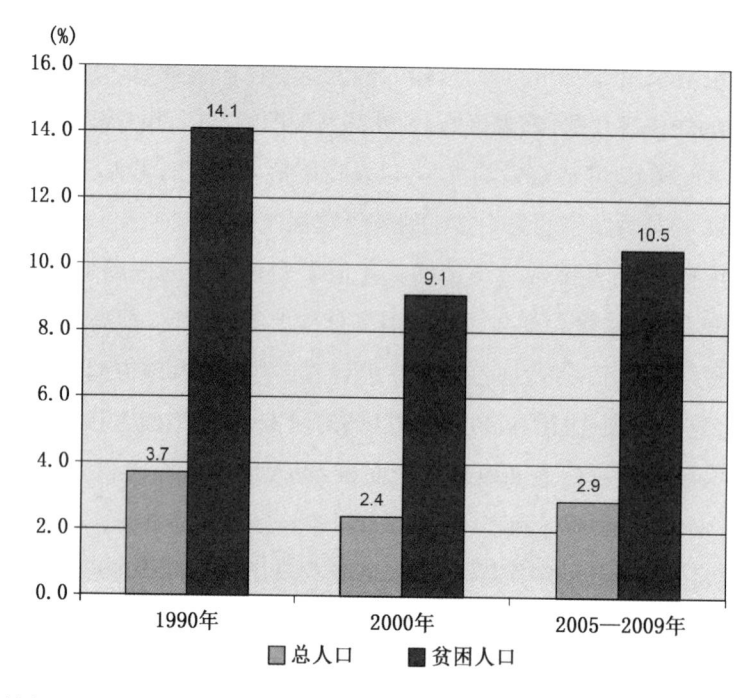

资料来源:Kneebone,Nadeau 和 Berube 2011,图1,p.6。

图3—4 1990年、2000年和2005—2009年高度贫困居住区的总人口和贫困人口占比

在一些社会和经济指标上,高度贫困地区的人情况更为糟糕。高度贫困居住区年龄在22—64岁的成年人中,有1/3的非劳动力,而全国的非劳动力占比为14%。[②] 在高度贫困居住区,25岁及以上的成年人中,有1/3高中辍学,而在

---

① Kneebone,Nadeau 和 Berube,2011,1—16。
② Kneebone,Nadeau,以及 Berube,2011,17。

低贫困居住区,这一比率为 10%。同样,在低贫困居住区,14% 的家庭由无配偶的女性当家,而在高度贫困居住区,这一比例近一半(46%)。[1] 然而,虽然高度贫困居住区的许多居民面对多种不利条件,但这些居住区远非千篇一律。生活在高度贫困居住区的大多数人未接受公共援助,且确实参与了劳动,尽管较生活在其他地区的人而言,从事的是低技能工作,工时更短、工资更低。[2]

什么因素导致 1940—1990 年集中贫困数量的增长和之后的下降?增长可能源于几个因素,包括政府过去的政策、种族和民族隔离、居住隔离、经济变化和就业错位,以及富裕的居民迁移到郊区。就政府政策而言,一些联邦住房政策,如第二次世界大战后在已陷入贫困的内城居住区建立低收入项目,加剧了贫困的集中。联邦政府对公路建设和公共交通的援助也加速了中上层阶级的郊区化。基础设施和税收政策同样促进了郊区化的发展,如利于新建工厂和设施(通常建在郊区)的投资税收抵免。[3]

关于歧视,道格拉斯·S. 马西(Douglas S. Massey)和南希·丹顿(Nancy Denton)讲述了房地产经纪人、投机者、开发商和银行如何利用人群中的种族仇恨,保留了房地产市场上的种族分隔。比如,底特律的房产经济的官方政策体现在美国房地产协会的道德规范中,该规范在 20 世纪 40 年代明令禁止社区内种族混住,之后人们默认了这一禁令。[4] 种族隔离加剧了黑人贫困的集中度,尤其是在低技能工人的机会受经济变化限制的时候。

其他理论则将重点放在了经济变化上。其中两个理论被称为"空间失配"(spatial mismatch)假设和"技能失配"(skills mismatch)假设。从空间失配理论来看,内城贫困集中与低技能制造业岗位的消失直接相关,就业机会从中心城区分散到周边郊区。[5] 与之相关的经济变化是,服务业经济兴起,导致与内城居民技能相匹配的高薪工作缺乏,即所谓的技能失配。[6] 城市里的许多新工作或是高收入的服务业工作,需要较高的文化程度,或是低技能低收入的服务性

---

[1] Bishaw,2011.
[2] Jargowsky,1996,598.
[3] McGeary,1990.
[4] Massey 和 Denton,1993。
[5] Kain,1968.
[6] 见 Holzer,1991;Kasarda,1990;Wilson,1987。

工作,作为终身雇佣机会毫无吸引力。因此,内城日益贫困,而郊区日渐富裕。

在《真正的穷人》(*The Truly Disadvantaged*)一书中,作者威廉·朱利叶斯·威尔逊(William Julius Wilson)在失配假设的基础上指出,由于经济结构调整,城市里的蓝领工人流失,许多有钱的中产阶级黑人离开了内城居住区。因此,他们之前所在的居住区变得愈加贫困。结果,居住区居民越来越被社会孤立,就业市场萎缩,导致集中贫困。

另一些人则断言,是福利政策和规范变化造成了集中贫困。[1] 他们认为,福利让人们更加依赖外界援助,而鼓励非婚生育,也导致女性当家的家庭增加。城市和其他地方的犯罪率也在上升,因为刑事司法体系减少了对异常行为的制裁。不倡导个人承担责任的政府政策,加上社会孤立和穷人内心对失败的期望,导致贫困地区的依赖性增强。贫民区出现了一种基于异常规范和行为的贫困文化,那里的穷人没有利用可能出现的新机会。[2] 然而,威廉·朱利叶斯·威尔逊对这一重要观点持反对态度,他表示:"文化价值观脱胎于特定的社会环境和人生机遇,反映了一个人的阶级和种族地位。因此,如果下层阶级的黑人没有远大志向或对未来没有规划,那么贫困终究不是不同文化规范的产物,而是机会受限、前途黯淡,以及痛苦的个人经历导致的听天由命的结果。"[3]

研究人员保罗·雅格斯基(Paul Jargowsky)在《贫困与地域》(*Poverty and Place*)一书中初步得出结论,在这些因素中,大城市缺乏经济机会(如去工业化和失业)很可能是造成1990年前集中贫困增长的最重要因素,而居住区分类进程,如非裔美国人的居住隔离和日益严重的经济隔离,也发挥了重要作用。[4]

对1990年后集中贫困的下降并无明确解释,但一些因素很可能起了作用。贫困在20世纪90年代普遍减少,尤其是在90年代中晚期经济强劲增长的时期。贫困的普遍减少推动了生活在前高度贫困居住区的居民贫困率下降。黑人贫困率在这十年里大幅下降,从1990年的31.9%降至2000年的22.5%。[5] 20世纪90年代黑人人口的快速郊区化也意味着许多非裔美国人从贫困程度较

---

[1] 该观点两个有影响力的支持者是 Charles Murray(1984)和 Lawrence Mead(1992)。
[2] Murray,1984;Mead,1992.
[3] Wilson,1987,14.
[4] Jargowsky,1997,183.
[5] U. S. Census Bureau,2012j.

高的内城居住区搬至贫困程度较低的郊区居住区,尽管后者的贫困程度只是略低于前者。①

同样,21世纪头十年集中贫困的增长可能也是这十年贫困人口总体增长的结果。这与一项研究结果一致,即集中贫困在中西部地区增长尤为严重,持续的工业衰退对该地区打击最为严重。比如,底特律、托莱多、代顿等城市在21世纪头十年都经历了经济困难。② 这十年也见证了美国人口持续的郊区化,以及集中贫困的郊区化。比如,尽管生活在中心城区高度贫困地区的人口占比在2000年和2005—2009年间增长了16%,但郊区这一比例为37%。③ 因此,在过去的几十年里,中心城区和郊区长期以来的显著差距已然缩小。

总　结

全国调查显示出一些基本模式:

20世纪70年代初期,美国贫困人口的减少或多或少陷入停滞,2007—2009年严重的经济衰退后,贫困状况明显恶化。贫困在某些群体中更为普遍,如儿童、少数族裔、高中辍学者,以及女性当家的家庭。

相当一部分美国人上报了自己经历的各种困难,如支付账单困难或食物无保障,但穷人和非穷人都表示拥有电视机、冰箱等基本消费品。

很多美国人在人生某个阶段都经历过贫困。虽然大部分陷入贫困的人短时间内就摆脱了贫困,但还有许多家庭频繁脱贫和返贫。

各州贫困状况差异很大,尽管1970—1990年间集中居住区贫困率迅速增长,但20世纪90年代它又急剧下降,然后在21世纪头十年再度温和上涨。集中贫困不再主要是内城存在的现象。

---

① Frey,2011,1.
② Kneebone,Nadeau 和 Berube,2011,17。
③ Kneebone,Nadeau 和 Berube,2011,9。

第四章

全球贫困

研究世界各国的贫困状况,有助于深入了解美国的贫困本质和程度。比如,研究发展中国家的贫困问题,就会凸显穷国极度贫困和富国相对贫困之间的差异,以及全球化对贫困模式的影响。调查其他富裕国家的贫困状况,有利于深切理解不同的经济取向何以导致不同的经济结果。通过分析,两个截然不同的模式浮现出来。第一,从绝对意义上讲,美国的贫困问题与发展中国家有本质不同。在发展中国家,贫困通常仍以是否拥有维持生存所需的资源来衡量。第二,尽管美国的总体生活水平较高,但与其他大多数生活水平相似的发达国家相比,美国的贫困和不平等问题要严重得多。现在,让我们依次探讨这两个主题。

发展中国家的贫困问题

世界人口约70亿,其中57亿人生活在发展中国家,仅中国和印度就分别有14亿和12亿人,而美国只有3.12亿人。[①] 各国平均收入和生活水平存在巨大差异。罗伯特·凯茨(Robert Kates)和帕塔萨·达斯古普塔(Partha Das-

---

① Population Reference Bureau, 2011.

gupta)恰当描述了发展中国家的贫困现象:"在穷人的世界里,人们缺乏食物保障,没有很多资产,发育不良,面目憔悴,寿命不长,不会读写,难以获得贷款,存不下很多钱,没有什么权利,无法充分应对作物歉收或家庭灾难,对自己的生活没有控制权,不能与世界其他地区交易,生活在不健康的环境中,遭受'无能'之苦,得不到妥善管理。"[1]简而言之,与富裕国家相比,发展中国家的贫困问题关乎基本生存。它体现在面对负面事件(如干旱和疾病)极端脆弱和普遍无法控制环境上。

尽管全球不平等程度很高,许多低收入国家极端贫困的发生率也很高,但好消息是,近几十年来,许多发展中国家的绝对贫困率一直在下降。2005年,生活在发展中经济体和转型经济体的人中,约14亿人占比25%,每天靠不到1.25美元维持生存,低于1981年的52%(见图4-1)。这些下降大致符合联合国提出的千年发展目标。联合国的具体目标是,1990—2015年,将日收入低于1美元的人口比例减半。联合国一份分析减贫目标实现进展的报告指出,2008—2009年,全球经济危机进程减缓,但世界仍在实现减贫目标的轨道上。[2]

然而,南亚的贫困问题尤为严重,那里40%的人口日生活费不足1.25美元,而撒哈拉以南非洲,按这一标准衡量,贫困人口占比达52%。2005年,南亚的贫困人口占比约43%,而撒哈拉以南非洲为29%。[3]尽管如此,南亚的贫困率在这期间还是稳步下降(从1981年的59%降至2005年的40%)。相比之下,撒哈拉以南非洲的贫困率在20世纪80年代有所上升,并在90年代大部分时间里保持稳定,之后缓慢下降。对于撒哈拉以南非洲的许多国家,20世纪80年代和90年代是经济增长乏力、政治不稳定的20年。[4]其间,国际货币基金组织和世界银行实施了结构调整计划,设定了各国为获新贷款必须满足的条件(如削减政府开支、取消价格控制、贸易自由化),这可能帮助了一些国家,却加剧了其他国家的贫困问题。[5]

东亚和太平洋地区的贫困率要低得多。日收入低于1.25美元的人口比例

---

[1] Kates 和 Dasgupta,2007,16747。
[2] United Nations,2010。
[3] World Bank,2012c。
[4] Sachs,2005;Kates 和 Dasgupta,2007。
[5] Dollar 和 Svensson,2001;Killick,1995。

图 4—1 1981—2005 年不同地域日生活费不足 1.25 美元的人口比例

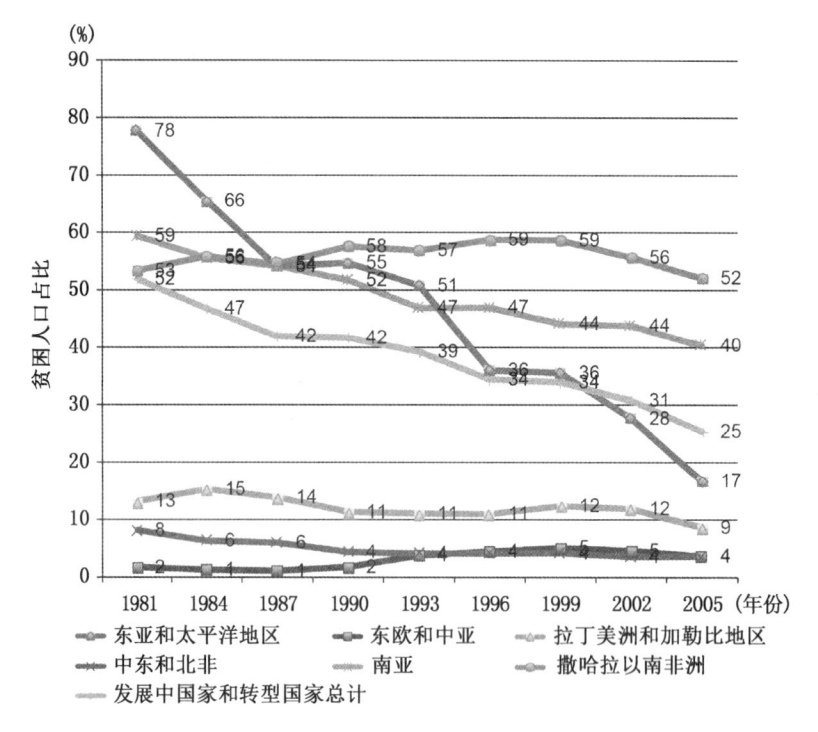

资料来源：世界银行，2012c。

从 1981 年的 78% 大幅降至 2005 年的 17%。中国的贫困率也大幅下降，从 1981 年的 84% 降至 2005 年的 16%，推动了该全球区域贫困率的下降。[1] 就绝对数字而言，1981—2005 年，发展中国家的总人口显著增加，而日收入低于 1.25 美元的人数由 19 亿降至 14 亿。[2]

发展中国家的贫困率为何会下降？全球化在这个过程中发挥了什么作用？有些人认为，全球化让许多发展中国家的情况进一步恶化。他们指出，西方国家历史上曾通过殖民剥削发展中国家。如今，有观点认为，富裕国家靠实行国家分工来维持其主导地位，即"核心"国家专注于高技能生产，而"外围"国家则依赖低技能、劳动密集型生产和原材料开采。利润继续流向富国，因为大多数

---

[1] Ravallion,2009.
[2] World Bank,2012c.

跨国公司的总部设在那里。[①] 根据该观点,世界银行和国际货币基金组织往往对穷国施加苛刻的贷款条件,从而保护富国及富有投资者的利益。传统观点还认为,全球不平等正在加剧,这导致许多发展中国家贫困加剧。

然而,研究表明,按多种标准衡量,在1800—1950年西方工业化期间不平等程度急剧攀升后,全球不平等程度近几十年已经稳定下来。[②] 近年来,一些发展中国家出现了经济的高速发展,如中国和印度,这两个国家也经历了绝对贫困率的显著下降。[③] 这些发展中国家和其他工业化国家的经济增长率超过了欧洲、美国、日本和大多数其他富裕国家。[④]

对于全球化是否改善了世界各地民众的生活,仍然存在很大争议。或许可以说,全球化助力了快速工业化国家的经济增长。比如,中国经济就在很大程度上依赖出口导向型生产。事实上,市场体系现已成为大多数富国和穷国的组织模式。在绝对贫困率下降的同时,其他社会指标也有所改善,如婴儿死亡率普遍下降、儿童营养不良现象减少、入学率提高。[⑤] 工业化、城市化和贸易增长对提高生活水平起到了推动作用。

然而,值得注意的是,全球化往往会加剧国内的不平等,以及社会、经济排斥和边缘化。[⑥] 全球最贫困的20%的人口未从普遍改善中获益,一些国家的贫困问题无丝毫好转。[⑦] 即便是摆脱了赤贫的家庭,有时仍要在艰难的条件下长时间工作,而薪水却远低于美国工人。在此仅举一个例子,iPhone的大部分组装工作目前在中国深圳市龙华区完成。这家工厂位于"富士康城",有23万雇员,其中许多人每周工作6天,每天工作12小时。超1/4的富士康员工住在公司宿舍,许多工人日收入不足17美元。[⑧] 需要指出的是,他们的工资虽然低于美国工资标准,但比世界银行用于衡量贫困的1.25美元的标准要高。在那些贫困率远高于中国的国家,通常工资更低、生活条件更差。

---

① Wallerstein,1974.
② Firebaugh,2003,15—30,另见 Milanovic,2009。
③ Ravallion,2009.
④ Firebaugh,2003.
⑤ Swiss Agency for Development and Cooperation(SDC),2000,14—61.
⑥ Comeliau,2000,74—95.
⑦ World Bank,2001,45.
⑧ Duhigg 和 Bradsher,2012。

图4—2显示了穷国的极端贫困如何体现为关键结果的差异,此处为婴儿死亡率。2010年,在经合组织的30个国家,包括许多西欧国家和其他工业化国家,如日本和澳大利亚,每1 000个婴儿中有7个未满1岁死亡,但在撒哈拉以南非洲,每1 000个婴儿中有76个未满1岁死亡。[1] 美国未满1岁的婴儿死亡率为7/1 000。[2] 世界平均水平是41/1 000,但在最贫困的国家,每1 000个婴儿中有超100个未满1岁死亡。比如,2010年,塞拉利昂的婴儿死亡率最高,为114/1 000,而瑞典、日本、冰岛、新加坡等国的婴儿死亡率仅为2/1 000。[3] 撒哈拉以南非洲的人均预期寿命为54岁,远低于经合组织79岁的平均水平。[4]

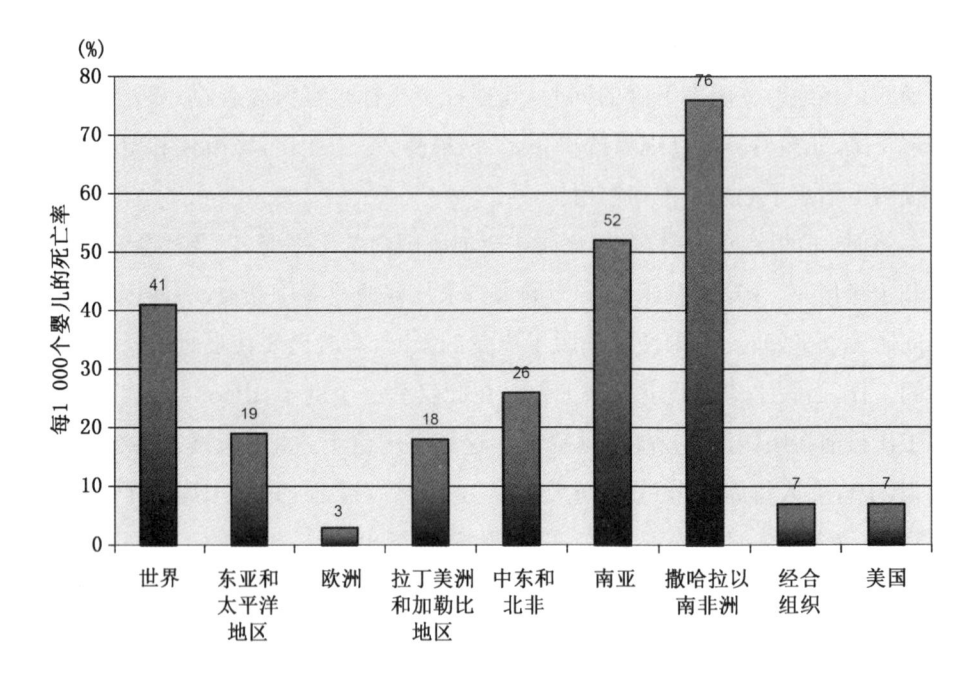

资料来源:世界银行,2012b。

图4—2 2010年不同地域的婴儿死亡率

---

[1] World Bank,2012b.
[2] National Center for Health Statistics,2011,124.
[3] World Bank,2012b.
[4] World Bank,2012a.

《纽约时报》(New York Time)专栏作家尼古拉斯·克里斯托弗(Nicholas Kristof)曾报道:

> 1996年对柬埔寨农民严延(Nhem Yen)的采访令我最为难忘。她40岁,但看上去要苍老许多。她和家人住在柬埔寨丛林的一片空地上。这个地区因疟疾而臭名昭著,但一家人都雄心勃勃,勤奋努力,他们认为值得冒这样的风险,于是在林子里砍伐木材来赚钱。
>
> 严延的大女儿,当时24岁,怀着二胎,很快就感染了疟疾。家里没钱给她治疗(有效药价格不到10美元),所以她在产后第二天就去世了。严延要照顾自己的5个孩子,还要照顾2个孙辈。
>
> 这家人有一顶蚊帐,约可容纳3人。这种蚊帐对抗疟疾很有效,但要花费5美元。严延买不起更多的蚊帐。所以每天晚上,她都在为把哪个孩子放进蚊帐而犯愁。
>
> "很难选择",严延告诉我说,"但我们没钱再买一顶。我们别无选择。"
>
> 这就是贫困的真实面目:与其说是饱尝食不果腹之苦,遭受衣不蔽体之辱,不如说是没有选择的余地。如果你只负担得起部分孩子的学费,那么你会送谁上学?如果你非得在给养家糊口的父亲治病和供成绩优异的女儿读书之间选一个,你会做何选择?如果把积蓄用作大女儿的嫁妆,她就能嫁给一个体面的丈夫,你会用积蓄投资一辆或许能赚钱供她弟妹读书的食品车,而眼睁睁看她嫁给一个会殴打她的酒鬼吗?[①]

这残酷地揭示了于那些缺乏社会保障、所在国没有强大安全网的人来说,贫困是如何迫使他们作出艰难选择的,如果确实存在选项可选的话。

全球化和发展中国家的财富增加可能会加剧那些经济上落后的人内心的怨恨。评论员约翰·吉松戈(John Githongo)在描述许多非洲穷国的动荡局面时写道:

> 非洲的中产阶级近年来有所增加,但他们无论是政治上还是经济上都很脆弱,生活可能会被作为统治者而非治理者的精英的突发奇想所颠覆。与此同时,穷人每天受到日益严重的不平等的有力象征的冲

---

① Kristof,2007.

击:高档购物中心充斥着名牌商品和能提升地位且价格10倍于月最低收入的小玩意……信息时代的工具加剧了穷人的不满,提醒他们,新贵们公然拿政府资产发家致富,自己却被排除在外;新贵们在电视媒体、推特(Twitter)、脸书(Facebook)和万维网上显摆这种生活方式,个中细节令人恼怒。全球化改变了穷人的志向,他们的期望也随之改变。①

与贯穿本书的一个主题相一致,我们看到参考群体的变化如何改变人们对经济福利和生活满意度的普遍看法。过去几十年里(很可能是几个世纪里),远距离通信相对少见,生活在温饱线之上的群体靠对比社区中的其他人来衡量自己的富裕程度。如今,通过通信技术和社交媒体,人们越来越清楚地意识到他人的富裕程度,并想知道为何自己没有机会过上同样的生活。这就是我们如今在全球很多地方看到动荡的原因。

如何解决全球贫困问题,自然取决于能否准确诊断致贫原因。各国持续贫困的原因大相径庭。《贫困的终结》(*The End of Poverty*)一书的作者杰弗里·萨克斯(Jeffrey Sachs)总结了发展中国家,尤其是撒哈拉以南非洲国家,持续贫困的一些原因②:

(1)贫困和财政陷阱。贫困导致缺少资金来投资未来发展所需的基础设施。因此,贫困成为一个被加固的陷阱。穷国的许多社区缺乏公路、电站等实体基础设施,缺乏教育机构,比如面向广大学生、培养人力资本的有效学校。没有一技之长的人只能勉强维持生计。穷国可能也没有医疗设施和公共卫生服务来保持全民健康和现有生产力。诸如艾滋病这样的传染病通常在穷国感染更为严重,这并非巧合。

(2)自然地理。许多穷国地处内陆,山脉环绕,或缺乏便利的长途(如河流或海岸线)运输方式。这类国家包括玻利维亚和吉尔吉斯斯坦。其他国家,如撒哈拉以南的一些非洲国家,气候干旱,农业生产率低。尽管可以利用技术手段克服这些因素,但它们往往阻碍了经济发展。

(3)治理失败。治理失败可能缘于政府,这是许多穷国的普遍现象。政府

---

① Githongo,2011.

② Sachs,2005,56—66.

不能创造一个利于经济增长的环境。监管环境可能不稳定、不透明。

（4）文化障碍。文化或宗教规范会阻碍社区中的一些成员参与经济活动。比如，文化或宗教规范可能会阻碍女性发挥作用，从而削弱她们对经济发展的贡献，这可能有助于提高生育率，而生育率的提高通常会减少在子女身上的投资（另见原因6，人口因素）。文化障碍也可能影响宗教或少数民族可以获得的机会，并妨碍他们获得公共服务。团体之间的敌对可能导致内部动乱和暴力。

（5）地缘政治和冲突。内部政治不稳定和外部战争会加剧社区贫困，比如，通过毁坏物质财产或阻碍经济活动和贸易。冲突毁损了基础设施，吓跑了投资者，机会就更加难得了。[1]

（6）人口因素。发展中国家的生育率往往很高。如果贫困家庭有很多孩子，那就很难负担得起让每个孩子都接受教育。家里人口众多，作为母亲的女性也就无法进入劳动力市场。让女童接受教育，让女性出去工作，可以赋予她们更多权利，有助于减少贫困。

由上述总结的发展中国家致贫原因可以看出，萨克斯主张富国向穷国提供更多的财政援助，穷国自己也要努力，将更多的国家资源用在减贫上，而非投到战争、腐败和内斗中。[2] 然而，保罗·科利尔（Paul Collier）认为，外部财政援助往往是无效的。相反，在他看来，现在需要的是富国和穷国相互协调，施行贸易优惠政策，制定新的反腐法律，甚至要对失败国家进行有针对性的军事干预。[3] 值得注意的是，数年来，发展中国家的经济增长速度已经超过了许多经济增长缓慢的富裕国家，从长远来看，这或许有助于减少全球贫困和不平等。[4]

与萨克斯重点关注发展中国家的内部情况相反，在一些人看来，全球机构当前服务于富国及其内部精英，这让穷国一直不能脱贫。他们谴责"新自由主义"经济秩序，这种秩序将利润凌驾于民众之上，导致许多人被抛在后面。因此，一些国家已经尝试通过采取保护主义做法（如促进国内工业和制成品发展，

---

[1] 另见 Collier, 2007。
[2] Sachs, 2005, 266.
[3] Collier, 2007.
[4] Economic Research Service, 2011.

限制进口,严格管制或禁止外商投资,或将外资企业国有化,从而让利润留在国内)来抵消负面影响。尽管全球化和新自由主义继续招致许多批评,但总的来说,各国反对全球资本主义体系的大规模努力正在消退,虽然确实有许多国家采取了一些政策来保护国内经济。

近年来,出现了一种在市场体系中行之有效且引起广泛关注的政策途径,即"小额信贷"(microfinance)。小额信贷指向传统上无法获得银行贷款的低收入个人或团体提供金融服务。小额信贷被认为可以为个人创业提供帮助,从而减轻他们的贫困。小额贷款之所以如此被看重,是因为世界上有许多人无法获得正规的金融服务,而这个问题在发展中国家尤为严重。[①] 尽管小额信贷的边界很难厘定,但据估计,截至 2007 年 12 月,小额信贷机构约有 1.55 亿客户,其中女性客户超 1 亿。[②]

世界银行等许多组织已推进小额信贷工作,使其成为促进发展、减少贫困、推动两性平等和赋予女性权利、降低儿童死亡率、改善孕妇健康的一种方式。然而,也有人指出,小额信贷可能带来一些消极影响。尽管许多人无疑通过更广的信贷渠道得到了帮助,但借贷也可能导致过度负债。比如,不明智(通常指掠夺性)贷款是导致美国房地产泡沫积累和破裂,以及随后 2007—2009 年经济衰退的一大原因(见第六章)。同样,许多人担心小额信贷放款人有时会剥削脆弱的借款人。对小额信贷效果进行仔细的实证评估往往会发现,它的确减少了贫困。[③] 与许多项目一样,其效果在一定程度上可能取决于为防止滥用而认真实施和监管的程度。总的来说,小额信贷仍然很受欢迎,且很可能在未来几年继续增长。

富裕国家的贫困问题

从第二次世界大战刚结束到苏联 20 世纪 90 年代早期解体,美国和苏联一直分庭抗礼,而如今,美国成为唯一的超级大国。美国是世界最大经济体,军事

[①] World Bank,2011.
[②] Banjerjee 等,2010。
[③] Khandker,2005;Imai,Arun 和 Annim,2010;Noreen 等,2011;Biosca,Lenton 和 Mosley,2011;Banjerjee 等,2010。

力量也最为雄厚,它是经济和艺术创新的中心,并将继续扮演移民灯塔的角色。尽管许多人认为美国实力已达巅峰,其他国家(尤其是中国)正在各个领域发起挑战,但美国当前仍是全球秩序的主导者。在许多美国人看来,这种情势证实了"美国例外主义"的概念。该概念由亚历克西·德·托克维尔(Alexis de Tocqueville)于19世纪30年代首次提出,此后其他人对此进行了详细阐释。该观点认为,美国有一种以自由、平等主义、个人主义、民粹主义、放任自由主义为基础的独特意识形态。[1]

然而,不管是由于美国例外主义,还是说即便存在美国例外主义,美国的贫困状况都比大多数富裕国家严重。因此,虽然美国生活水平较高,贫困本质与大多数发展中国家有所不同,但贫困问题仍比其他发展水平相似的国家更为普遍。

图4—3采用相对贫困标准对所选国家21世纪头十年中期的贫困率进行了比较。该标准是相对的,因为其采用的贫困阈值是各国可支配家庭收入中值的50%。因此,贫困阈值考虑了各国不同的生活水平。由图4—3可见,富国的贫困阈值要远高于穷国的贫困阈值。比如,可支配收入中值由卢森堡的35 000美元、美国的29 210美元和瑞士的28 291美元到哥伦比亚的2 186美元、危地马拉的2 917美元和巴西的4 195美元不等。东欧国家相应的收入中值也相当低(平均略高于9 000美元),但在其他大多数发达国家,收入中值一般在20 000美元左右。[2]

美国的相对贫困率(17.7%)仅次于拉美国家。拉美的收入不平等现象一直很严重,许多国家中产阶级规模很小(虽然还在扩大),很多人生活在贫困的农村,或在城市的非正式经济领域工作。[3] 北欧国家的相对贫困率极低,如丹麦和瑞典(均为5.6%),还有一些国家的相对贫困率也相当低,如英国(11.6%)、德国(8.5%)和爱沙尼亚(12.8%)。

这些研究结果可能并不令人惊讶,因为众所周知,相比于欧洲,美国的不平等程度更高。令人意想不到的也许是,美国的绝对贫困率也要高于其他大多数

---

[1] De Tocqueville,1840;Wood,2011;Wikipedia,2012a.
[2] Gornick 和 Jantti,2011,表1。
[3] Gornick 和 Jantti 2011,表1。

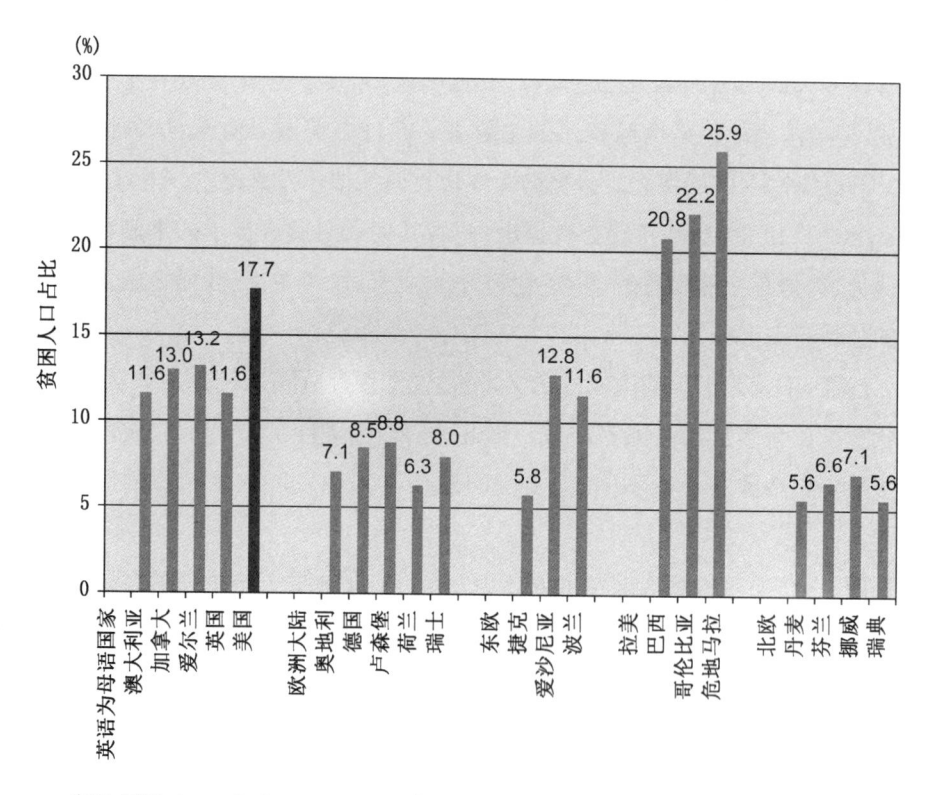

资料来源：Gornick 和 Jantti，2011，表1。

注：贫困阈值定义为各国收入中值的50%。

图4—3　21世纪头十年中期所选国相对贫困率

发达国家,即便其收入中值要高得多。图4—4采用不因地区而异的贫困线,比较了同组国家的贫困率。具体来说,戈尼克(Gornick)和扬蒂(Jantti)采用美国官方贫困线,并通过购买力平价汇率(purchasing power parity),将其转化为相关国家的货币。[①]

图4—4中,美国的绝对贫困率为9.4%,高于除澳大利亚(14.7%)以外的其他英语为母语的国家、欧洲大陆和北欧。贫困率最低的是卢森堡(仅0.9%)、丹麦(2.9%)和瑞士(3.4%)。然而,我们可以看到,采用美国贫困阈值后,生活水平很低的国家贫困率很高,拉美三国均高于80%。这同样导致东欧的贫困率

---

① Gornick 和 Jantti 2011，表1。

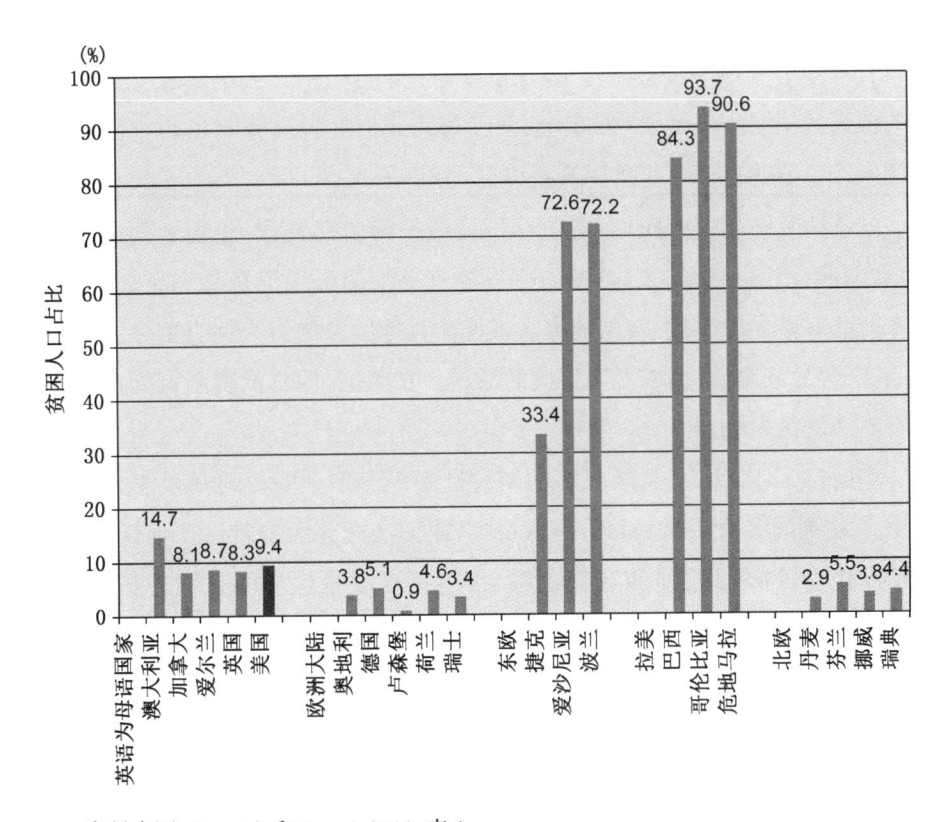

资料来源：Gornick 和 Jantti，2011，表1。

注：各国贫困率计算采用美国贫困阈值。

图4—4 21世纪头十年中期所选国绝对贫困率

抬高。在这些国家，采用美国的贫困线并不合理，因为这些国家的总体生活水平远不如美国。

为什么美国的贫困率（无论是绝对贫困率还是相对贫困率）要高于许多最为富裕的发达国家？家庭结构的不同似乎不是主要原因。即使只考虑单亲家庭，美国的贫困率也要高于其他富裕国家。确切地说，罪魁祸首是美国减少了对低收入家庭的政府转移支付。如果我们考虑政府转移支付前的贫困率（即基于家庭通过工资、个体经营获得的市场收入的贫困率），那么美国的绝对贫困率和相对贫困率都是极低的。比如，仅考虑市场收入，美国的绝对贫困率为

20.6%，仅高于卢森堡(19.5%)和瑞士(20.3%)。① 转移后贫困率较低的国家在很大程度上依赖于政府项目，如儿童津贴、食品援助，以及为单亲父母提供的更为慷慨的子女抚养费。② 事实上，西欧国家政府在社会福利项目上的支出占国民生产总值的比例要比美国高得多。③

这些研究结果提醒我们，着眼于困境结果的研究发现，相较于其他富裕国家，如瑞典、德国和加拿大，美国的穷人拥有更多的耐用消费品和更大的房子。由于有些财富无法衡量，美国的穷人或许比其他国家的穷人拥有更多的耐用消费品，更容易获得信贷，或者有不同的品位。在美国，拥有消费品可能比其他国家有更高的优先级。④

然而，许多人认为，美国较高的相对贫困率令人不安。阿马蒂亚·森将贫困定义为"能力不足"(capability failure)，或无法充分参与社会。他认为，没有政治发言权、物质和经济得不到保障、没有机会改善生活的人缺乏基本能力。虽然商品和服务是有价值的，但它们所拥有的价值只是工具价值——能帮助人们过上满意生活的价值。在高度不平等的社会里，那些处于社会底层的人往往缺乏这样做的能力。从这个视角来看，贫困可能比用家庭收入衡量时更为严重。⑤

这种想法与其他注重内在幸福的衡量标准一致。图4—5比较了经合组织国家的儿童死亡率。由图4—5可见，在28个国家中，只有葡萄牙的儿童死亡率(每10万1—19岁儿童中有34.6人死亡)高于美国(32.7人)。卢森堡的儿童死亡率还不到美国一半(14.8人)，其他人口大国的儿童死亡率也很低，如日本(18.2人)和德国(21.2人)。即使在一些生活水平低得多的国家，儿童死亡率也低于美国，如匈牙利(25.8人)和斯洛伐克共和国(30.2人)。⑥ 这些普遍模式导致婴儿死亡率、预期寿命等也有相似结果。⑦

---

① Gornick 和 Jantti 2011,表1。
② 见 Rainwater 和 Smeeding,1995；Rainwater 和 Smeeding,2003。
③ 见 Mayer,1996,109。
④ Mayer,1996,127—40. 另见 Bergstrom 和 Gidehag,2004。
⑤ 见 Sen,1999。
⑥ National Center for Health Statistics,2011。
⑦ World Bank,2012b；World Bank,2012a。

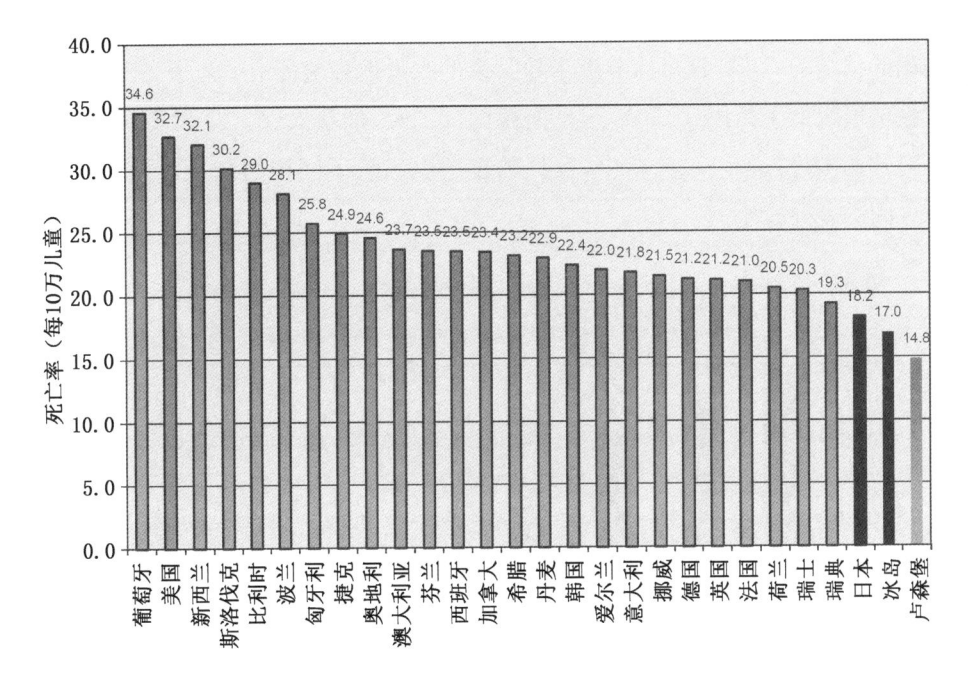

资料来源：国家卫生统计中心，2011，图 26。

图 4—5　21 世纪头十年中期经合组织国家 1—19 岁儿童死亡率

经济流动性

尽管有这些经济指标，但有人认为，如果一个社会能提供足够的机会和经济流动性，那么收入不平等和贫困本身可能不会造成麻烦。美国人有一个核心信念：美国是一个充满活力的精英社会，人们有机会凭借一技之长和努力工作获得成功。许多故事都证明了这一点，比如亨利·福特（Henry Ford），他出生于密歇根州的一个农场，后来创立了福特汽车公司。更近一些，史蒂夫·乔布斯（Steve Jobs）在加州库比蒂诺市的工薪阶层家庭长大，作为苹果电脑公司的联合创始人和后来的负责人，他取得了惊人的成就。尽管美国显然可以提供这样的机会，但一些研究提出了疑问，至少对普通人而言，美国的经济流动性是否比其他国家大。

图 4—6 显示了父子之间收入的相关性估值。高相关性表明由父母背景可

以准确预测子女收入。在一个阶层严明、经济不流动的社会,这种相关性为 1。美国的估值为 0.47,这意味着近半数父亲的收入优势遗传给了儿子。美国的相关性估值仅低于英国(0.50),远高于德国(0.32)、加拿大(0.19)和北欧各国。[①] 在对所选国进行的一项分析中,女性的排序也出现了同样的结果,尽管不同国家之间的差异较小。[②]

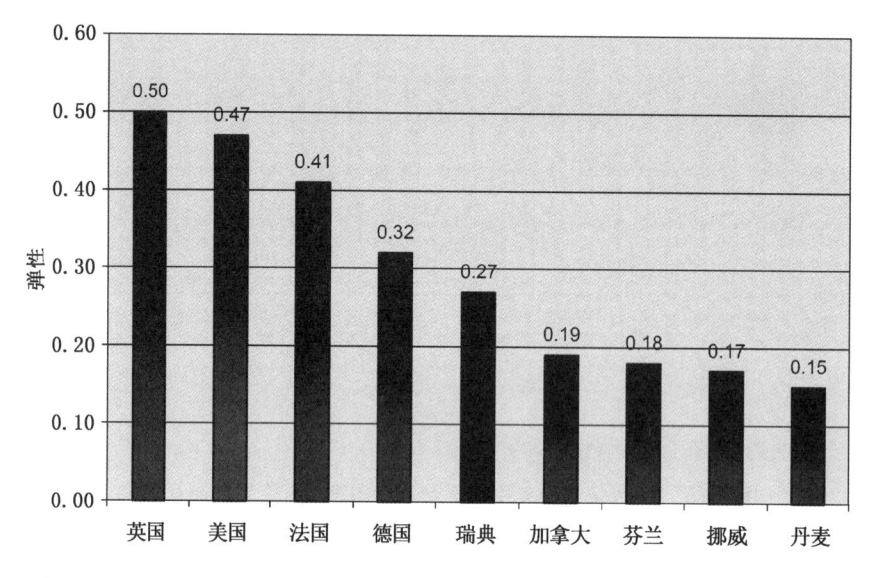

资料来源:Corak,2006,表 1。

图 4-6　不同国家父子收入弹性

另一种判断流动性的方法是考察子女与其父母收入同处某个 1/5 区间的可能性。表 4-1 显示了一些富裕国家父子之间的这种关系。与上述发现结果一致,我们看到,在美国,如果父亲的收入处于收入分配最末的 1/5(即低收入),那么他儿子的收入处于这一区间的可能性较高(0.42),而其他 5 个国家中,最低为 0.25(丹麦),最高为 0.30(英国)。虽然美国父子收入处于同一 1/5 区间的可能性总体较高,但最末 1/5 的可能性与其他国家差异最大。换句话说,虽然美国中等收入和高收入群体与其他国家一样具有代际流动性,但美国最低收入群体似乎很难向上流动。所有国家的高收入群体都具有一定的黏性;收入处

---

① Corak,2006,表 1。
② Jantti 等,2006,16—17。

于前 1/5 区间的父母似乎比处于其他区间的父母更有能力给予子女特权。

表 4—1　　　　　　　　　　收入分配的代际流动性

父子收入处于同一 1/5 区间的可能性						
	丹麦	芬兰	挪威	瑞典	英国	美国
前 1/5	0.25	0.28	0.28	0.26	0.30	0.42
第 2 个 1/5	0.25	0.22	0.24	0.23	0.23	0.28
第 3 个 1/5	0.22	0.22	0.22	0.22	0.19	0.26
第 4 个 1/5	0.22	0.23	0.22	0.22	0.25	0.25
末 1/5	0.36	0.35	0.35	0.37	0.35	0.36

资料来源：D'Addio，2007，表 1。

美国收入末 1/5 的群体之所以难以流动，可能有几个原因。在美国，收入不平等程度和贫困严重性可能起到了一定作用，让贫困儿童的起点远远落后于他人。税收政策和社会安全网强度反过来又会影响不平等。总体而言，收入不平等程度较高的国家（如美国），代际社会流动性通常较低。[1] 另一个原因可能是美国的教育质量和学生成绩大相径庭，而高等教育往往带来高经济回报。事实上，在预测学生表现方面，相比其他国家，美国的父母背景起到了更大作用，这可能是因为学校发展很大程度上依赖于地方税基，而美国社区之间存在巨大差异。[2] 美国的种族不平等和单亲家庭增多可能也发挥了一定作用。[3] 这些研究结果挑战了美国例外主义在经济流动性方面的观点。[4]

这些研究结果也给了我们一些重要提醒。首先，上述研究衡量的是相对流动性，即子女在总体收入分配中与父母同处一个区间的可能性。有些人更倾向于考察绝对流动性，重点关注子女收入是否普遍高于父母，而非在收入分配中所处的位置。如第三章所述，至少 2/3（可能至多 4/5）的美国人子女收入高于父母收入。这是因为美国人的生活水平（如不断提高的家庭收入中值所示）随

---

[1] Organization for Economic Cooperation and Development，2010，17。
[2] Organization for Economic Cooperation and Development，2010，10，另见 Beller 和 Hout，2006，30。
[3] DeParle，2012。
[4] 另见 Jantti 等，2006。

时间的推移而提高①,目前还没有关于各国绝对流动模式的比较研究。

上述研究还忽略了移民(只在一个国家生活了一代人)。移民及其子女被认为流动性很强。在其他一些国家,收入压缩加剧(反映出收入不平等程度下降)可能也发挥了作用。比如,一个丹麦家庭可以通过额外的 4.5 万美元收入从第 10 百分位移到第 90 百分位,而一个美国家庭则需要额外的 9.3 万美元收入。② 尽管与其他国家相比,美国的收入流动性较低,但变动仍然很大,因为无论出生于哪一个 1/5 收入区间,大多数人成年后都会移到另一个区间。在职业流动性方面,美国人排在中间位置。③

对个人一生(而非几代人)经济流动性的研究表明,如果以 5—10 年的时间跨度来衡量,美国的相对流动性比率与其他几个国家非常相似。就收入的绝对变化而言,有研究发现,美国全职工人收入的绝对增长通常比欧洲更大,尽管低收入工人的涨幅要小些,这进一步证明了美国低收入群体流动性水平较低。④

尽管与欧洲人相比,美国人往往不太关心收入不平等这个社会问题,但他们一直将经济流动性看得很重要。然而,经济衰退阻碍了这种流动性,至少在短期内如此。占领华尔街抗议运动开始于 2011 年,可以看出人们感到竞争环境不再公平,认为"1%"最富有的人改写了规则,以便他们能继续积累财富。

抗议运动期间,评论员法里德·扎卡里亚(Fareed Zakaria)曾指出,"我认为民众挫败感的背后是对一种相当非美国式状态(即社会流动性丧失)的绝望。到目前为止,美国人一直在忍受不平等,因为他们觉得自己可以改变所处地位。他们不介意别人有钱,只要自己也有上升渠道。美国梦说的其实就是社会流动性——人人都能成功的感觉。"鉴于上述研究的发现,他又补充道:

> 现在我们经常谈到史蒂夫·乔布斯的天赋,这是无可非议的,因为他就是个天才。但他的成长环境对他也不无助益。1972 年,他高中毕业,当时,加州公立学校体系在全国排名第一,美国的公立教育为全世界欣美。乔布斯在库比蒂诺上的公立学校办学质量很高,文科和理

---

① Isaacs,2007,30,另见 DeLeire 和 Lopoo,2010。
② DeParle,2012.
③ Beller 和 Hout,2006,30。
④ Isaacs,2007,5—6,另见 Organization for Economic Cooperation and Development,1996;Sastre 和 Ayala,2002。

科都很突出。如今,加州公立学校简直就是一场灾难,州政府在监狱上的支出是教育的两倍。[①]

简而言之,虽然许多美国人或许对社会上收入不平等的某种衡量标准不那么在意,但他们对经济流动性可能不像过去那样普遍,这一发现深感不安。

总　结

在对比美国和世界其他国家的贫困问题时,研究表明,发展中国家的贫困问题(极其广泛和严重)和美国及其他发达国家的情况有本质区别。穷国的穷人难以满足最基本的需求,容易受到不良事件(如意外疾病)的影响,并通常难以控制自身所处环境。因此,发展中国家的婴儿死亡率要高得多,预期寿命要更短。全球化很可能降低了世界范围内的绝对贫困率,特别是中国、印度等快速工业化国家。然而,全球化也加剧了一些国家内部的不平等,对一些高贫困率国家的民众几乎没有什么帮助,并且通过互联网等技术手段让更多人意识到不平等的存在。一些国家之所以贫困,是因为贫困和财政陷阱(如果你一开始没钱,就很难对未来进行投资)、自然地理(如地处内陆)、表现为腐败的治理失败、文化障碍、地缘政治和冲突,以及人口因素(如高生育率和缺乏对子女的投资)。近年来,发达国家经济增长乏力,而许多发展中国家高速发展,这有助于减少国家之间的不平等。

本章第二个主题是,尽管美国确实拥有全世界最高的人均国民生产总值,但其绝对贫困和相对贫困程度均高于北欧和西欧其他富裕国家,其相对贫困程度甚至高于更广泛的国家。美国较高的贫困率是政府减少对低收入家庭转移支付的结果。与传统观点相反,美国的经济流动性也低于欧洲许多富裕国家,如瑞典、德国和丹麦。低收入群体的经济流动性似乎也特别低。日益严重的经济不平等加上有限的经济流动性,可能是许多美国人近来感到忧虑和不安的原因。

---

① Zakaria,2011.

第五章

致贫原因

人们普遍认为,个体的失败和价值观的偏差导致人们陷入贫困。20世纪60年代,人类学家奥斯卡·刘易斯(Oscar Lewis)曾写道:"贫民窟的孩子六七岁时通常吸收的是亚文化的价值观和态度,心理上并没有准备好去充分利用人生中可能出现的不同环境和更多机会。"[1]当被问及致贫原因时,约半数的美国人认为贫困是个人过错,而近乎同比例的人觉得环境发挥了主要作用。富人更有可能认为穷人在自力更生方面做得不够,而穷人则更容易归咎于环境。约2/3的美国人认为穷人和其他人有同样的价值观,而约1/5的美国人觉得穷人的道德感更低。[2]

经济学家往往通过强调人力资本在个人经济状况中发挥的作用来关注个人特征。人力资本是指帮助人们做好工作的知识、技能、性格和经验。许多研究确实表明,在教育和技能上投资的人有望获得更高收入。然而,这种强调个人特征是贫困的主要决定因素的做法通常忽略了社会、经济和政治制度在影响民众福祉方面所起的作用。[3] 我将在本章中讨论贫困潜在的结构性原因,包括

---

[1] Lewis,1966b,引用于 Schiller,2001,127。
[2] Lichter 和 Crowley,2002,19。
[3] O'Connor,2001,143.

为什么贫困在某些群体中更为普遍。我首先会简要探讨有关社会分层的社会学一般性理论。然后，我考察了经济和低工资工作在解释贫困模式方面的作用，分析了种族和民族分层的变化模式，并在最后讨论了性别规范、家庭结构、文化，以及它们对贫困的影响。

社会分层

"社会分层"一词指的是催生不平等和贫困的一套社会和经济制度。随着时间的推移，不平等在不同社会制度中以不同方式显现出来。大卫·格鲁斯基（David Grusky）认为，现代工业社会拥有平等主义的意识形态，这与在种姓制度、封建制度和奴隶制度中发现的极端分层形式背道而驰。然而，不平等仍是大多数社会的一个突出特征。[1]

如今用来理解社会分层的许多概念来自19世纪和20世纪早期的社会学理论家。卡尔·马克思关注的是经济制度在造成不平等方面发挥的作用。简而言之，他认为，工业社会的分层是由资产阶级和无产阶级这两个对立阶级之间的冲突造成的。前者是生产资料的所有者，即资本家，后者则是工人。[2] 资产阶级榨取无产阶级的剩余价值，即他们劳动所产生的利润。[3]

马克斯·韦伯（Max Weber）的主要著作可以追溯到20世纪早期，他认为，仅凭阶级概念不足以理解分层。他提出了三个概念：阶级、地位群体和政党。他将地位群体定义为社区，通常以特定的生活方式和价值体系来区分。如果群体之间的界限是严格的，那么一个地位群体就是一个封闭的"种姓"。地位群体通过垄断商品或决策社会制度来获得权力。第三个概念政党指的是政治权利。韦伯对这三个概念做了如下区分："虽然'阶级'的真正位置在经济秩序中，但'地位群体'的真正位置在社会秩序中……'政党'生活在'权力'的房子里。"[4]

阶级、地位群体和政党的概念继续在现今有关致贫原因的讨论中引发共鸣。接下来我将讨论市场体系（与"阶级"相关的因素）在创造繁荣和滋生贫困

---

[1] Grusky,1994,11.
[2] Marx,1994a,69—78.
[3] Marx,1994b,80—82.
[4] Weber,1994a,121.

方面发挥的作用,以及在不同群体中造成不平等结果的社会力量("地位")。政策("政党")的影响将在第七章中加以讨论。

经济进程对贫困的影响

经济进程以两种方式影响贫困趋势:第一,经济增长决定了平均生活水平的绝对提高和下降。第二,经济不平等影响了收入分配。这就好比经济增长决定饼的大小,而不平等影响每个切片的大小。现在,我将就这些因素对贫困的影响进行更深入的探讨。

这里的"经济增长"指的是国民总体收入水平的提高。经济增长是劳动力供应规模、人力和资本投资、技术改进的变化结果。过去两个世纪里,美国经济在这三个方面都有增长:首先,该国人口从1790年不足400万增至1900年的7 600万,再到2010年的3.09亿。[①] 随着一个国家人口增长,经济通常也会增长。其次,随着时间的推移,人力资本投资有所增加。比如,尽管1940年(人口普查局收集数据的第一年),25岁及以上的人中只有25%的人读过4年高中,但到2006—2010年,受过高中教育的比例已达85%。[②] 更高的人力资本与更高的生产率及由此带来的经济增长相关。最后,以工业革命形式出现的技术变革,以及近来计算机和相关技术的进步,也促进了生产率的提高和经济增长。

图5—1显示了1929—2011年间的贫困率(采用绝对标准)和国内生产总值(美国国内劳动力和财产所产生的商品和服务的产值)的趋势。[③] 由图5—1可见国内生产总值增长和贫困之间的负相关关系,尤其是在1947—1973年间。据估计,1947年的贫困率远超30%。到了1973年,这一数字已降至11.1%。在此期间,按2005年定值美元计算,国内生产总值从1.8万亿美元增至4.9万亿美元。这里要注意,当我们观察到国内生产总值在1973—1974年、1981—1982年、1991—1992年的经济衰退期间有轻微下降时,我们看到了贫困率的相应峰值。世界各地发展中国家也有证据表明,经济增长和绝对贫困率之间存在

---

① U. S. Census Bureau,1993;U. S. Census Bureau,2010a.
② U. S. Census Bureau,2011b.
③ 尽管贫困统计的官方时间序列始于1959年,但研究人员采用莫利·奥尔山斯基在20世纪60年代中期定义的固定官方阈值(仅对通货膨胀进行了调整),将时间序列进行了倒推。

非常密切的关系。①

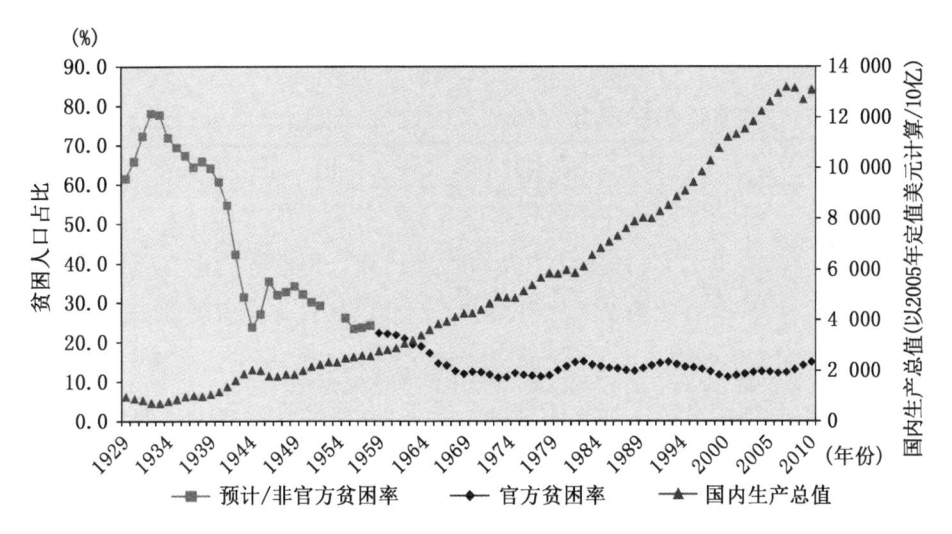

图 5-1 1929—2011 年间的贫困率和国内生产总值

资料来源：国内生产总值数据来自经济分析局（2012）。1947—1958 年的贫困率来自 Fisher（1986），并被 Plotnick 等人于 1998 年转载，见附录 D。1959—2011 年的贫困数据来自美国人口普查局，2012j。

从图 5-1 还可以看出，收入增长和贫困之间的关系从 20 世纪 70 年代开始减弱。有人认为，日益加剧的不平等可能是 1970 年后贫困率居高不下的一个原因。② 即使在 21 世纪头十年的大部分时间里，虽然国内生产总值有所增长，但贫困率仍然明显持平。只有在这十年后半段的大衰退时期，国内生产总值急剧下降，我们才看到贫困率的显著变化。也许比国内生产总值增长更重要的是失业的影响。据估计，随着时间的推移，失业率每上升 2 个百分点，贫困率就会上升 0.9 个百分点。③ 这种关系在最近的经济衰退中也保持了下来。

这些研究结果也提醒我们，采用相对或主观贫困标准所得到的经济增长与贫困之间的关系，不如我们在这里用绝对贫困标准得出的关系直接。采用相对贫困标准时，我们发现，随着总体生活水平的提高，贫困阈值也在提高，导致收

---

① World Bank, 2001.
② 比如, 见 Haveman 和 Schwabish, 1999; Blank, 1997a; Blank, 1997b。
③ Blank, 2009, 82.

入增长和贫困之间的关系大大减弱。因此,不平等往往与相对贫困率的趋势关系更密切。①

收入不平等是由经济制度造成的,经济制度推动了社会上一部分人金钱和资产的积累,这通常以另一部分人的利益为代价。借用马克思的话来说,企业喜欢用廉价劳动力来实现利润最大化(榨取剩余价值)。然而,需要指出的是,市场未必是一场零和博弈;经济增长有可能造福社会上的大部分人。美国的平均生活水平在 20 世纪大幅提高(按人均收入计算),预期寿命也显著延长。此外,市场催生的社会分化和不平等引起了美国和国外许多观察者的担忧。尽管有些人对不平等仍然漠不关心,比如,觉得机会平等比结果平等要重要得多,但其他人认为,任何经济制度都要能抑制不平等,以便继续得到民众拥护并保持其合法性。

除资本分配问题外,在市场体系中很常见的经济混乱也会导致经济不稳定和不平等。20 世纪 40 年代早期,经济学家约瑟夫·熊彼特(Joseph Schumpeter)推广了资本主义固有的"创造性破坏"(creative destruction)理念。该术语指的是资本主义高度重视经常打破传统秩序的创新。② 比如,19 世纪,美国大部分地区都是农村,大多数人从事与农业相关的工作。工业化伴随着城市化,改变了这种状况;农村和小镇的许多工作者,如农民、非技术工人和技术手工业者,都被农业机械化和其他商品的大规模生产所取代。这些工人几乎没有相关技能,他们到处找寻稳定工作,却经常一无所获。因此,美国许多城镇普遍都陷入了贫困。③

20 世纪之交,美国经济持续不稳定。这是大公司合并的时代。虽然这些公司为核心产业(如汽车工业)的许多工人提供了稳定工作,但边缘产业的工人极易受到低工资、失业和贫困的冲击。④ 20 世纪早期,资本和劳动之间的冲突达到了白热化程度。许多制造业的工人试图成立工会,以提高工资和改善工作条件,但却遭到企业主的强烈反对。

诸如西奥多·罗斯福(Theodore Roosevelt)总统这样的改革家对财富和权

---

① Iceland,2003.
② Schumpeter,1994[1942].
③ Sugrue,1993,87.
④ Sugrue,1993,88—91.

力集中在某些实业家和大企业手中深感担忧,因此支持更公平的资源分配。第一次世界大战让关注点由政策转向其他问题,资本和劳动之间的紧张关系在20世纪上半叶趋于激化。然而,工会渐渐获得更广泛的认可,成员人数也一路增加。[1] 此外,大多数人经历了第二次世界大战后的经济繁荣。[2]

20世纪70年代,情况再次发生了变化。除经济增长放缓外,不平等也开始加剧。图5-2按收入群体分析了1979—2007年平均税后收入的增长情况。收入处于末1/5区间的群体收入有小幅上涨(增长了18.3%)。与此同时,中等收入群体的收入增长了37.8%,收入处于前1/5区间的群体收入增长了65%,收入处于前1%的群体收入足足增长了277.5%。因此,收入不平等问题愈加严重。[3]

图5-3进一步说明了这一点,它显示了不同1/5区间收入份额的变化。1979年,收入处于末1/5区间的群体收入占比7.1%,而到了2007年,这一比例降至5.1%。收入处于后4个1/5区间的群体收入占比有所下降。相比之下,第81—99百分位的收入群体收入占比略有增长,从35.1%增至35.6%,而收入处于前1%的家庭收入占比经历了大幅增长,从7.7%增至17.1%。[4] 最近的数据表明,尽管收入不平等在2007年经济衰退之初可能稍有缓解,但在随后几年收入差距继续拉大。[5]

更笼统地说,为什么经历了20世纪中叶那几十年不平等减少后,20世纪最后25年不平等又加剧了呢?这里存在几个相互重合的原因,包括因技术变化而对高技能工人需求增大,全球化和国际贸易发展,联邦主义衰落,"超级明星"工资上涨,以及牺牲穷人利益来造福富人的政府政策变化。现在我们将依次讨论这些问题。

随着经济结构的变化,受教育程度高的工人比低技能的工人更受青睐,这显然是不平等加剧的一大原因。具体来说,有人认为,20世纪80年代的技术进步导致"以技能为导向的技术变革",工人越来越被要求熟悉计算机或高科技设

---

[1] Sugrue,1993,95—97.
[2] Bluestone 和 Harrison,2000,183。
[3] Congressional Budget Office,2011,3.
[4] Congressional Budget Office,2011,x—xii.
[5] U. S. Census Bureau,2011g.

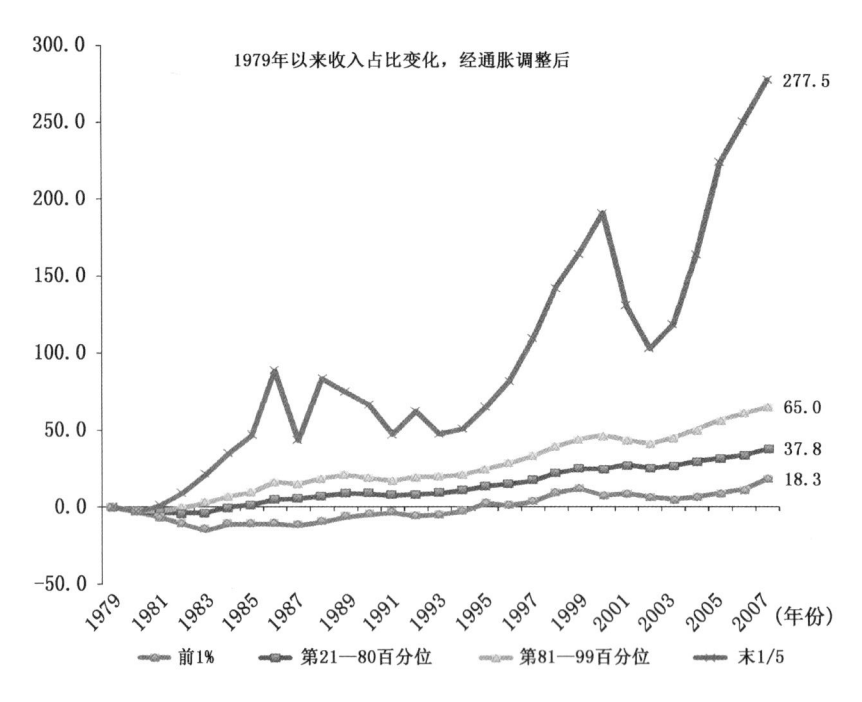

图 5-2 1979—2007 年不同收入群体平均税后收入累计增长

资料来源：国会预算办公室，2011。

备和机器。对高技能工人需求的增大抬高了高技能工人的工资，而对低技能工人的需求也在下降。① 因此，与以前相比，现在更多的工作要求或更适合大学毕业生来做。

这一假设的大部分证据来自因受教育程度不同而日益拉大的就业和工资差距。尽管 1979 年和 2007 年至少受过一些大学教育的男性劳动力参与率约为 90%，但仅有高中文凭的男性劳动力参与率从 92% 降至 83%，无高中文凭的参与率从 79% 降至 73%。女性的这种模式有所不同，1979 年和 2007 年，无论何种受教育水平，女性劳动力参与率都有所提高，而受教育程度最高的女性参与率最高。②

同样，1979—2010 年，低技能男性周薪下降了 31.2%，而拥有学士或更高

---

① Blank，2009，76.
② Blank，2009，64—68.

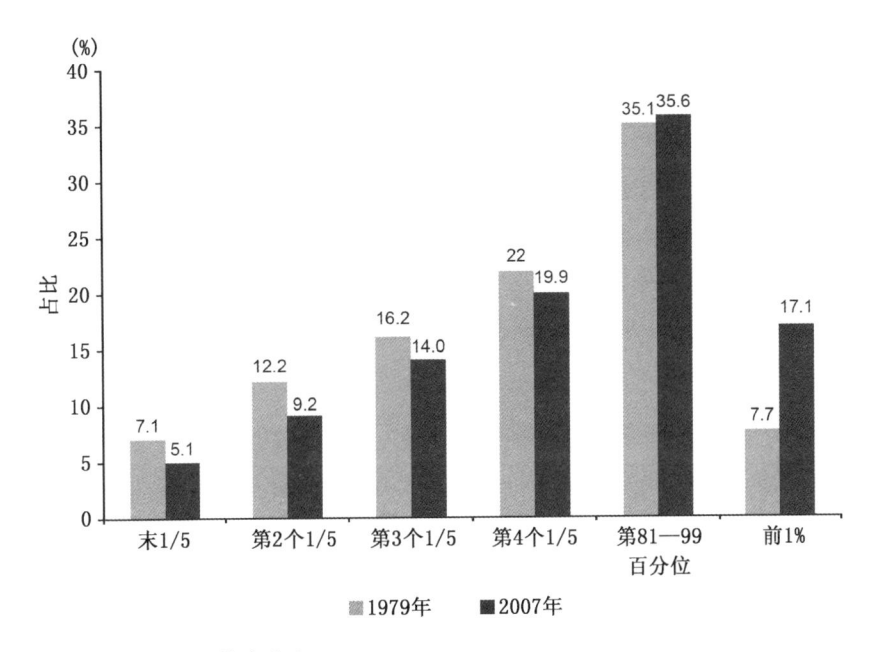

资料来源：国会预算办公室，2011。

图 5-3 1979 年和 2007 年转移支付和联邦税后收入份额

学位的男性周薪上涨了 19.9%（见图 5-4）。高中辍学的女性周薪下降没有那么明显（下降了 8.9%），拥有学士或更高学位的女性周薪涨幅甚至高于男性（上涨了 33.4%）。[1]

全球化和国际贸易可能加剧了工资不平等。美国工人和世界各地的工人竞争越来越激烈。美国的高技能工人在全球经济中往往具有比较优势，这得益于美国高质量的高等教育，加之许多跨国公司的总部设在美国，这些公司的利润都流向美国；相反，考虑到全球其他地区成本和工资较低，许多受教育程度低的美国工人处于不利地位[2]，这在一定程度上促成了美国自 20 世纪下半叶开始的持续地去工业化。[3] 许多这样的工作都转移到国外工资更低的地方。[4]

以苹果公司为例，2012 年，该公司在美国本土有 4.3 万雇员，海外有 2 万雇

---

[1] Bureau of Labor Statistics, 2011, 7.
[2] Bluestone 和 Harrison, 2000, 190—197。
[3] Harrison 和 Bluestone, 1990。
[4] Krugman, 2008.

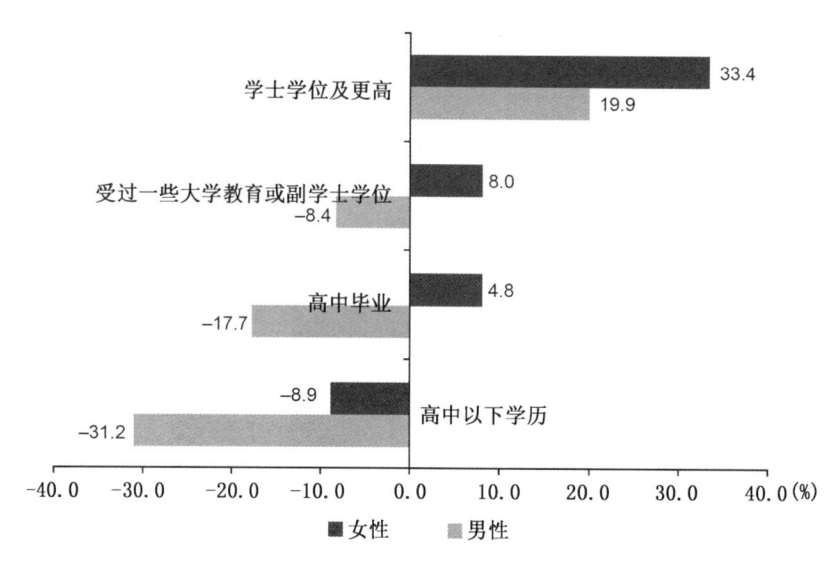

	女性	男性
学士学位及更高	33.4	19.9
受过一些大学教育或副学士学位	8.0	-8.4
高中毕业	4.8	-17.7
高中以下学历	-8.9	-31.2

资料来源：劳工统计局，2011，第三章。

图 5—4 1979—2010 年不同受教育程度和性别周薪中值的占比变化

员，然而，这只相当于 20 世纪 50 年代通用汽车公司在美国本土 40 万余雇员中的一小部分。还有 70 万人为苹果公司的承包商工作，负责设计、生产和组装各种苹果产品，如 iPhone、iPad。这些工作岗位几乎都在亚洲、欧洲和美国以外的其他地方。[①]《纽约时报》(New York Time) 上的一篇文章解释了为什么许多工作会流向国外：

苹果公司高管表示，进军海外是他们目前唯一的选择。一位前高管描述了公司是如何在 iPhone 上市前几周依靠一家中国工厂改进 iPhone 产品的。苹果公司在最后一刻重新设计了 iPhone 的屏幕，迫使生产线对产品进行重大改版。午夜时分，新屏幕开始运抵工厂。

据这位高管说，一名工长立即叫醒了工厂宿舍里的 8 000 名工人，将他们带到了操作间。他们在半小时内开始了 12 小时的轮班，将玻璃屏安装到斜面框中。在 96 个小时内，这家工厂日生产量超 1 万台。

"速度和灵活性令人惊叹"，这位高管说，"没有一家美国工厂能与

---

① Duhigg 和 Bradsher，2012。

之匹敌。"①

此外,这些工厂日薪 17 美元,只占美国雇员工资的一小部分。渐渐地,不只是越来越多的低技能工作在国外完成,而且许多中产阶级的工作,如为苹果产品做的许多工程工作,也在国外完成。上面引用的那篇关于苹果公司的文章也举了公司前雇员埃里克·萨拉戈萨(Eric Saragoza)的例子:

> 当埃里克·萨拉戈萨第一次踏进苹果公司位于加州埃尔克格罗夫的制造厂时,他觉得自己仿佛进入了一个工程仙境。
>
> 那是 1995 年,萨科拉门托附近的工厂雇用了 1 500 余名工人。工厂里到处都是机械臂、运送电路板的传送带,还有在不同组装阶段的糖果色 iMac。萨拉戈萨是位工程师,很快就得到了升职,并加入了一个精英诊断团队。他的工资涨到 5 万美元。他和妻子有 3 个孩子。他们买了一栋带泳池的房子。
>
> "我感觉读书终于有了回报",他说,"我知道这个世界需要能造东西的人。"
>
> 然而,与此同时,电子业正在发生变化,苹果产品不再像以前那么受欢迎,公司努力想要重整旗鼓。改进生产是主要任务。在萨拉戈萨工作几年后,他的老板解释了加州工厂是如何与海外工厂竞争的:在埃尔克格罗夫造一台售价 1 500 美元的电脑,刨去材料费,成本是 22 美元。在新加坡,成本是 6 美元,在中国台湾,成本是 4.85 美元。造成差异的主要原因并非薪资水平,而是诸如库存、工人完成一项任务所需时长等成本。
>
> "我们被告知每天必须工作 12 个小时,周六也要继续工作",萨拉戈萨说,"我有家庭,我想看孩子们踢足球。"②

与就业机会流向海外的趋势不无关系的是,过去几十年里,工会减少也可能加剧了美国的不平等。自 20 世纪 50 年代以来,加入工会的劳动力比例一直在下降,并在 20 世纪 70 年代中期以后加速下降。③ 2011 年,只有 12% 的工人

---

① Duhigg 和 Bradsher,2012。
② Duhigg 和 Bradsher,2012。
③ Danziger 和 Gottschalk,1995,130—31。

加入了工会,而在 1975 年,这一比例是 29%。[1] 与加入工会的工人相比,没有加入工会的工人通常工资更低,工作更没保障。[2] 关于移民是否加剧了不平等,一直存在很多争议。但总的来说,研究表明,移民只是小幅压低了当地低技能工人的工资。[3]

目前尚不清楚为何收入处于前 1% 的群体近年来收入大幅增长。"超级明星",如演员、运动员和音乐家,似乎比以前挣得更多,或许是因为生活水平提高和全球化增加了消费需求和相关利润。管理人员薪酬管理和结构变化、企业规模和复杂性普遍扩大,以及金融部门活动范围扩大可能也起到了作用。[4]

导致不平等的最后一个更为普遍的因素是,近年来,政府转移支付和税收对家庭收入的平衡效应不如从前。比如,富人比上一代缴纳的税款要少得多。政府政策对贫困的影响将在第七章做更详细的讨论。[5]

社会分层:种族、民族、性别和文化

尽管上述经济力量决定了经济增长和不平等的总体水平,但在资源有限的情况下,跨社会("地位")群体的社会分层决定了谁会变得更穷。当今社会,民族、性别和阶级关系的交集定义了主要社会群体。[6]

当社会群体试图通过限制他人获得资源和机会来最大化个人回报时,跨地位群体的社会分层就会出现。马克斯·韦伯指出,一个社会群体通常"以另一个群体的某个外部可识别特征(如种族、语言、宗教、本土或社会出身、血统、居住地等)作为企图排斥他们的借口"。[7] 种姓制度是阶层封闭制度的一种极端形式,这种制度(如以吉姆·克劳种族隔离的形式)直到 20 世纪中叶还在美国部分地区盛行。

---

[1] Bernstein 等,2000;Bureau of Labor Statistics,2012c。
[2] 见 Osterman,1999;Blank,2009,77—78。
[3] Duncan 和 Trejo,2011。
[4] Congressional Budget Office,2011,xi.
[5] Congressional Budget Office,2011,x—xii.
[6] 感兴趣的读者如果想深入探讨这些观点,可参考 Grusky's edited volume *Social Stratification in Sociological Perspective*。
[7] Weber,1994b,128.

社会分层通常是一个积累的过程。一个人可能一出生就处于不利地位，劣势在生命周期的每个阶段都可能扩大，如通过对教育机会的歧视性限制，之后是对工作的限制，再之后是其他限制。① 当社会分层根深蒂固时，削弱其影响就变得异常困难。随后对贫困趋势的分析表明，尽管美国跨种族、民族和性别的社会分层剥夺了某些群体的机会，并加剧了贫困，但这些群体的分层程度在过去半个世纪里已大幅减弱。

种族和民族分层

根据一些社会和经济指标，一些少数群体的现状比白人糟糕。通常来说，相较于白人，少数族裔的教育、就业、工资水平更低，更有可能出现慢性健康问题，所有这些特征都与高贫困率相关。②

歧视少数群体成员历来在造成社会不平等方面发挥着关键作用。更笼统地说，歧视脱胎于对稀有资源的竞争，并有助于维护群体团结。③ 在教育系统中，歧视导致学校实行隔离，教室实行隔离，导致无法平等地享有高质量的设施。④

存在严重歧视的社会通常也有高度隔离的劳动力市场，不同的群体同工不同酬。⑤ 处于劣势的群体成员可能完全被排除在许多高薪工作之外，只得接受一些不合心意的工作，而这些工作的工资反过来又因与处于相似情况的其他人激烈竞争而被压低。⑥

在劳动力市场上，一种不太明显但可能更为常见的偏见是统计歧视，即雇主的雇佣行为存在泛化倾向。雇主通过容易识别的特征（如性别或种族）而非实际能力来预测工作表现，从而降低招聘成本。这种对刻板印象的依赖本质上就是不公平的，因为对个体的判断取决于外表，而非能力。谢莉·朗德伯格

---

① Blau、Duncan 和 Tyree,1994,317—29。
② O'Hare,1996.
③ Price,1969.
④ Schiller,2001,159—66.
⑤ Bonacich,1972;Becker,1971.
⑥ Hogan 和 Pazul,1982;Piore,1994,359—61。

(Shelly Lundberg)和理查德·施塔茨(Richard Startz)指出,如果少数群体成员在教育或培训上投资较少,那么这样做可能会导致技能的实际差异,因为他们觉得这种投资不会得到回报。[1]

在全球多文化国家中,少数种族和少数民族群体往往难以平等享有各种资源,如就业、教育和医疗服务。在美国,这些冲突有着悠久历史,不过它们的范围和性质随时间的推移而变化。非裔美国人、亚裔美国人、西班牙裔美国人、美国原住民,甚至许多白人族群,如犹太人和爱尔兰人,都不得不应对有限的机会,尽管他们的经历在本质上有所不同。下面我将更详细地讨论其中一些群体的经历。

非裔美国人的贫困问题

2011年,非裔美国人的官方贫困率为27.6%,高于2000年的历史低点22.5%。2011年的贫困率也远高于15.0%的国家贫困率(见图5—5)。黑人的低就业率、低工资以及家庭结构差异(这一点将在下面讨论)导致其贫困率相对较高。比如,2012年1月,黑人失业率为13.6%,几乎是白人失业率7.4%的两倍。[2] 全职工作的黑人男性和女性的收入中值分别为633美元和592美元,远低于全职工作的白人男性和女性的850美元和684美元。[3] 财富差距进一步拉大。2009年,白人家庭的净资产中值为113 149美元,而黑人家庭仅有5 677美元。[4]

2010年,非裔美国人占美国人口的近13%,从历史上看,他们不得不同各种严重歧视的形式作斗争,包括19世纪和20世纪严格受限的劳动力市场。美国内战期间,奴隶制被废除,之后南方黑人常以做佃农为生,这主要是因为法律或习俗禁止他们从事黑人社区以外大部分的全职工作。此外,在吉姆·克劳隔离制度下,大多数居住在城市的黑人受雇为普通劳工,或是家庭和私人仆役。从事这些或其他职业的黑人鲜少会有晋升机会。[5]

---

[1] Lundberg 和 Startz,2000,273。
[2] Bureau of Labor Statistics,2012d。
[3] Bureau of Labor Statistics,2011,6。
[4] Taylor 等,2011。
[5] Jones,1993,31;Trotter Jr.,1993,60。

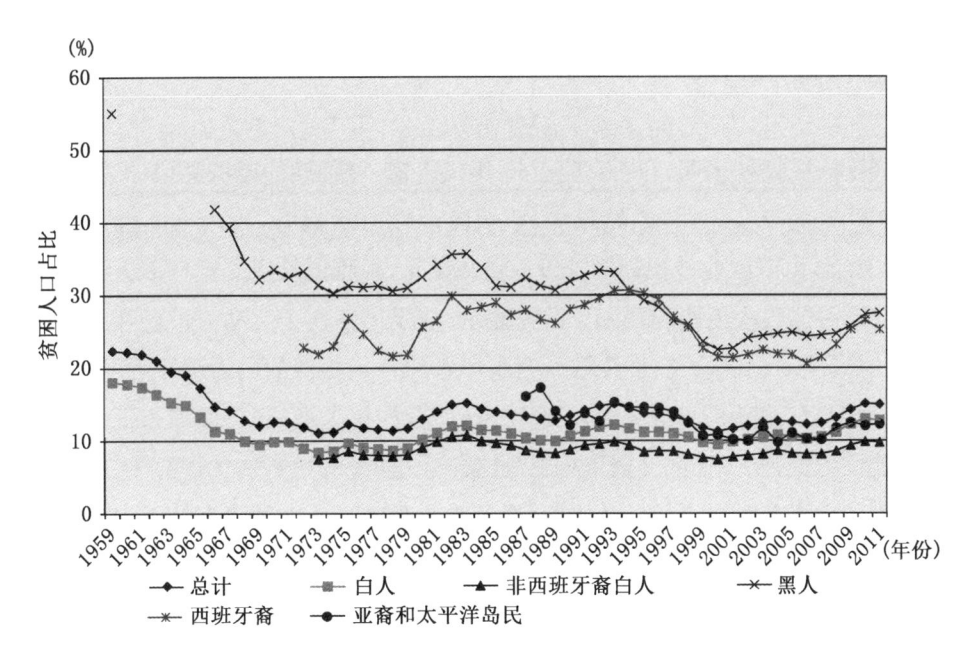

图 5—5　1959—2011 年按种族和是否西班牙裔统计的官方贫困率

资料来源：美国人口普查局，2012f。

威廉·朱利叶斯·威尔逊等人认为，近几十年来，非裔美国人和白人在劳动力市场上的传统互动模式已经发生了根本转变，经济地位比种族更能决定非裔美国人能否取得成功。[1] 内战前到 20 世纪上半叶，种族压迫都是蓄意的、公开的、易观察到的，如奴隶制和种族隔离；到了 20 世纪下半叶，民权时代的政治、社会和经济发生变化，许多传统的壁垒被打破。威尔逊强调，种族隔离和歧视并非已经消除，而是变得不那么猖獗，而经济状况越来越能决定黑人的地位优劣。他认为，去工业化和阶级隔离尤为阻碍了低技能黑人在劳动力市场上的经济流动性。[2]

格伦·劳瑞（Glenn Loury）认为，虽然合同歧视（正式交易中基于种族的不平等待遇）自 1965 年以来急剧下降，但接触歧视（contact discrimination）仍然愈演愈烈。后者强调，个人在社会生活中充当向上流动的媒介，人与人之间的

---

[1]　Wilson，1978。
[2]　Wilson，1987。

交往和关系至关重要。接触歧视意味着非裔美国人被排除在许多有用的社会关系之外，这导致社会资本水平较低，而社会资本往往是实现经济成功的关键。①

实证研究往往表明，自 20 世纪 60 年代以来，对种族的经济惩罚（尤其是对非裔美国人的经济惩罚）已然减少，职业流动性有所提升，收入分配也更为平等。② 然而，由于就业歧视程度难以衡量和量化，很难说歧视究竟在多大程度上直接导致种族收入差距和贫困。研究显示，歧视仍存在于劳动力市场和其他领域。比如，配对测试研究（即少数族裔求职者和背景相似的白人求职者配对）表明，少数族裔，尤其是非裔美国人和有外国口音的拉丁裔，获得面试和工作机会的可能性更低，至少在低工资市场上是这样。③ 据经济学家估计，约 1/4 的黑人和白人的工资差距是由偏见造成的，这说明非裔美国人在经济上处于劣势地位依然与种族主义脱不开关系。④

非裔美国人较高的贫困水平还与其他因素相关，有些因素有关种族，如种族居住隔离，有些则无关。道格拉斯·马西和南希·丹顿认为，种族隔离和经济力量相互作用，限制了少数族裔获得大都会区广泛的就业机会，从而加剧了贫困。⑤ 由于学校资金很大一部分来自当地税收，种族隔离也会加剧教育不平等。高度的种族隔离可能会造成对种族的刻板印象，从而造成雇主招聘模式上的歧视，并形成种族隔离的就业转介网络。⑥ 近几十年来，黑人种族隔离程度下降，黑人郊区化快速发展，这很可能削弱了种族隔离在过去几十年里对种族不平等造成的影响。然而，许多城市，特别是东北部和中西部的一些城市，如芝加哥、纽约、底特律和密尔沃基，黑人的种族隔离程度仍然很高。⑦

工会力量的减弱和去工业化是导致黑人处于劣势的两个与种族无太大直接关系的经济因素。黑人女性之前从公共部门的工会主义中受益良多，黑人男

---

① Loury,2000,60。
② Hout,1994,531—42；Farley,1984；Sakamoto,Wu 和 Tzeng,2000,8—9；Farkas 和 Vicknair,1996。
③ 见 Pager,2009；Cross 等,1990；Turner,Fix 和 Struyk,1991。
④ Charles 和 Guryan,2008。
⑤ Massey 和 Denton,1993,2—3。
⑥ 比如，见 Johnson 和 Oliver,1992,113—47；Massey 和 Denton,1993,2—3；Mouw,2000。
⑦ Iceland,2009；Iceland,Sharp 以及 Timberlake,2013。

性则在第二次世界大战后受益于产业工会主义。① 非裔美国人受去工业化影响最为明显,因为直到 1968—1970 年,70% 以上在大都会区工作的黑人还在从事蓝领工作,与此同时,大都会区从事白领工作的工人已逾半。②

另一个导致非裔美国人贫困率上升的因素是人力资本技能的差异。这里指的是平均受教育水平、教育机会质量,以及随之而来的工作经验和技能差异。过去几十年里,平均受教育水平的差距已经缩小。然而,美国儿童接受的教育质量差别很大,非裔美国人更有可能上那些资源极为有限的学校。非裔年轻人就业水平低,收入差异由此产生。黑人高监禁率(黑人男性被监禁的可能性是白人的 8 倍)意味着有犯罪记录的年轻黑人男性进入劳动力市场的比例较高,这进一步制约了他们的就业能力。③

因此,有人强调,由于累积的不利条件,贫困往往会代代相传。这意味着没有解决贫困问题的"万能药",也有助于解释为何非裔美国人的贫困率下降缓慢。④ 虽然种族在美国社会中的重要性有所减弱,可经济不平等和阶级背景却变得更加重要。因此,尽管近几十年来我们看到黑人中产阶级增长可观⑤,但贫困的非裔美国人面临的经济挑战仍然令人生畏。

其他少数群体的贫困问题

阻碍非裔美国人经济福利的一些因素,如歧视、种族隔离和人力资本差异,长期以来也影响了其他少数群体,包括拉丁裔、亚裔美国人和美国原住民。

西班牙裔在美国有着悠久历史,至少可以追溯到 19 世纪初美国吞并佛罗里达州的时候。1848 年,墨西哥的大片土地从得克萨斯州向西延伸到加利福尼亚州,墨西哥裔美国人在这些领土上常被看作二等公民。近几十年来,来自波多黎各、古巴和多米尼加共和国等拉丁美洲其他地区的西班牙裔人口有所增长。

① Bound 和 Freeman,1992;Bound 和 Holzer,1993;McCall,2001;Iceland,1997;Bound 和 Dresser,1999,61—104。
② Kasarda,1995,215—67.
③ Western 和 Wildeman,2009。
④ Lin 和 Harris 2008,1—17。
⑤ Landry 和 Marsh,2011。

亚裔在移民政策上一直遭受歧视。1882年,美国签署的《排华法案》(Chinese Exclusion Act)禁止中国劳工移民。1924年,美国全面禁止日本人移民。20世纪头几十年里,日本和中国移民被剥夺了公民身份和投票权,并且无法加入大多数工会。白人靠恐吓和歧视阻碍了亚裔美国人取得经济成就。[1] 如今的亚裔美国人来自很多国家,包括中国、菲律宾、印度、越南和韩国。

因此,拉丁裔和亚裔美国人有一些共通之处:他们在历史上都曾受过歧视,自20世纪60年代以来,其人口都因移民而大幅增长,而且原籍国都非常多样。美国1965年通过的《移民与国籍法案》(Immigration and Nationality Act)[又名《哈特—塞勒法案》(Hart-Celler Act)]直接带来了非欧洲国家移民的增长,尤其是亚洲和后来的非洲移民。该法案根除了有利于北欧和西欧人的歧视性国家配额制度,并向更广泛的国家开放了移民。法案通过后,亚洲移民激增。几年后,来自更多国家和非洲的移民也有所增长。拉丁美洲的移民在法案通过前从未受到正式配额的限制,人口却在第二次世界大战后逐步增长,这种增长从20世纪60年代一直持续到之后的几十年。[2]

结果,2010年,来自欧洲的移民占比仅为12%,而1900—1920年,这一比例高达86%。同期,来自亚洲的移民占比从4%升至28%,来自拉丁美洲的移民占比从10%升至53%。尽管来自非洲的移民在2010年占比相对较小(4%),但其数量近年来一直在快速增长。[3]

如图5—5所示,这些种族和民族群体的贫困率大相径庭。2011年,拉丁裔贫困率为25.3%,是亚裔贫困率(12.3%)的两倍。移民不同的特征,同一群体中的移民和本土出生的人之间不同的受教育水平解释了这些差异。无论是对亚裔还是西班牙裔而言,移民都扮演了重要角色,因为近2/3的亚裔美国人出生在国外,而西班牙裔的这一比例为40%。[4] 国外出生的移民二代越来越多。

移民的劳动力产出通常不同于本土美国人。一方面,移民往往是"精挑细选"出来的一群人,普遍具有雄心勃勃、勤于学习等有助于取得经济成功的品质;另一方面,移民语言能力有限,对美国习俗和劳动力市场不熟悉,经济流动

---

[1] Sakamoto 和 Furuichi,1997。
[2] Marti 和 Midgley,2003,16。
[3] U. S. Immigration and Naturalization Service,2002,19—21;U. S. Census Bureau,2011e。
[4] Grieco,2010,6—8。

因而受到很大阻碍,尤其是在刚到美国的那几年。总的来说,移民家庭比非移民家庭面临更大的贫困风险。然而,随着时间的推移和后代的繁衍,劳动力市场的壁垒变得不再那么重要。移民及其子女在美国待得越久,在就业、薪金、语言、生育以及贫困状况方面就与本土美国人越相似。[1] 这一过程通常被称为"同化"。近几十年来,移民数量一直居高不下,给国家贫困率带来了一定的上行压力,至少短期内是这样,因为移民本身的贫困率很高。尽管移民几乎不会对其他人的工资造成影响,但通过劳动力市场的竞争,移民可能给受教育程度较低(无高中文凭)的本土美国人施加了一定的下行压力。[2]

表5—1按种族、民族和出生地说明了贫困模式。虽然2011年的总体贫困率为15.0%,但本土出生人口的贫困率(14.4%)略低于国外出生人口的贫困率(19.0%)。由该表可见,按是否有公民身份看,国外出生人口的贫困率差异很大:归化公民的贫困率仅为12.5%,而非公民的贫困率达到24.3%。[3] 归化公民贫困率之所以低有以下几个原因。他们在美国生活了至少5年(通常更久),因此他们更容易适应英语、美国习俗和美国劳动力市场的工作方式。他们的贫困率甚至低于本土美国人。这或许是因为,同更普遍存在的移民一样,他们往往胸怀壮志,勤于学习,这些品质有助于他们取得成功。此外,归化入籍的移民的受教育水平也高于本土人口。比如,2010年,25岁及以上的本土人口中拥有学士或以上学位的比例为30%,而归化公民的这一比例为35%。相比之下,非公民的贫困率高于其他人,因为他们中许多是新移民,对美国还不熟悉,可能没有合法身份,无法享有公民享有的所有经济机会和政府福利。他们的受教育水平也较低:2010年,只有24%的人拥有学士或以上学位。[4]

表5—1　　2011年按出生地、种族和是否西班牙裔统计的贫困率　　单位:%

	贫困人口占比
总人口	15.0
本土出生	14.4

---

[1] 见White和Glick,2009;Kasinitz等,2008;Alba,2009。
[2] Raphael和Smolensky,2009,123—24。
[3] U. S. Census Bureau,2012a。
[4] U. S. Census Bureau,2011d。

续表

		贫困人口占比
国外出生		19.0
	归化公民	12.5
	非公民	24.3
白人		12.8
	本土出生	11.9
	国外出生	20.8
	归化公民	13.5
	非公民	25.8
黑人		27.6
	本土出生	28.0
	国外出生	23.5
	归化公民	19.8
	非公民	26.9
亚裔		12.3
	本土出生	11.6
	国外出生	12.7
	归化公民	8.1
	非公民	18.2
西班牙裔(不分种族)		25.3
	本土出生	25.8
	国外出生	24.4
	归化公民	15.6
	非公民	28.7

资料来源:美国人口普查局,2012a。

这些通用模式尤其适用于亚裔和西班牙裔,他们中非公民的贫困率最高,归化公民的贫困率最低。这两个群体的主要差异在于,在所有亚群体中,西班牙裔的贫困率都远高于亚裔。按出生地和是否有公民身份来看,白人的模式略有不同。本土出生的白人的贫困率(11.9%)略低于归化公民(13.5%)。然而,黑人的模式并非如此。与亚裔和西班牙裔一样，在黑人中，国外出生的归化公民的贫困率（19.8%）低于非公民（26.9%）。然而，就黑人而言，即使是国外出生的非公民的贫困率也低于本土出生的黑人（28.0%）。这背后有几个原因，黑人移民受教育水平更高，相较于本土黑人，他们不太可能生活在单亲家庭中，这有助于降低国外出生的黑人的贫困率。[1]

回到种族、民族群体贫困差异这个更宏观的问题上来，这些数字表明，相较于拉美裔移民，亚裔移民往往是更为优秀的群体。韩国、印度和菲律宾移民的平均受教育水平高于拉丁裔和本土白人。比如，印度 4/5 的移民拥有学士或以上学位，而墨西哥只有 6%。[2] 造成如此差异的一个原因在于，尽管许多亚裔移民因具备工作相关技能而符合移民美国的条件，但更多拉美裔移民美国是因为有亲戚是美国公民。[3]

当然，必须指出的是，移民的贫困程度也因原籍国不同而大相径庭；并非所有亚裔和西班牙裔亚群体都处于有利或不利地位。比如，在国外出生的西班牙裔中，2007 年（大衰退期间贫困率激增前），多米尼加人（28%）和墨西哥人（22%）的贫困率较高，而古巴人（16%）和哥伦比亚人（11%）的贫困率较低。亚裔移民群体中，韩国人的贫困率略高（17%），日本人（9%）、印度人（7%）和菲律宾人（4%）的贫困率较低。[4] 这些差异主要源于移民本身的平均特征（尤其是受教育程度），尽管每个群体都有独特的移民美国的历史。

正如上面所讨论的那样，最初的劣势往往会随时间的推移和代际的传递而持续存在。本土出生的西班牙裔平均受教育水平高于西班牙裔移民，但仍落后于本土出生的白人，主要原因在于其家庭资源的起始水平较低。[5] 相比之下，本土出生的亚裔美国人往往受教育水平较高，这意味着他们有更好的工作、更高的收入和更低的贫困率。2010 年，亚裔家庭收入中值为 64 208 美元，远高于非西班牙裔白人（54 620 美元）、西班牙裔（37 759 美元）和黑人（32 068 美元）。[6]

---

[1] Thomas,2011。
[2] Camarota,2007,23。
[3] Chiswick 和 Sullivan,1995,211—70。
[4] Camarota,2007,18。
[5] White 和 Glick,2009,111,另见 Bean 和 Stevens,2003。
[6] DeNavas-Walt 和 Smith,2010,8。

亚裔美国人也更容易进入高层次的技术和专业领域。一旦将家庭特征考虑在内，本土出生的亚裔和本土出生的非西班牙裔白人之间的贫困率就几乎没有差别。① 然而，拉丁裔拥有大学文凭的可能性较小，往往从事低技能、低工资的工作。

亚裔和拉丁裔在劳动力市场上面对何种程度的种族、民族歧视，研究文献并未给出一个明确答案。对亚裔而言，几乎可以肯定的是，歧视还没有普遍到足以影响他们的贫困水平。对拉丁裔而言，尤其是肤色较浅的人来说，家庭背景特征（如教育和收入）可能发挥着最为重要的作用，而种族因素则相对次要。在解释黑人和肤色较深的拉丁裔为何工资较低、贫困率较高时，种族似乎继续发挥着重要作用。②

美国原住民的经历不同于其他任何一个群体。除历史上被迫从自己的领土迁移到保留地外，美国原住民还不得不克服保留地及其周边缺乏工作机会以及受教育水平低的问题。2011年，美国原住民的贫困率为29.5%，略高于非裔和拉丁裔美国人的贫困率。③ 有证据表明，20世纪下半叶，美国原住民身份对工资的净负面影响在下降。④ 然而，相比白人，美国原住民的受教育水平和收入水平仍然较低。目前，尚不清楚这些差异背后是歧视还是其他难以观察到的与美国原住民身份相关的因素。⑤ 对美国原住民的定量研究往往比对其他群体的定量研究更为有限，部分原因在于美国原住民人口相对较少。对美国原住民的进一步研究，将有助于进一步阐明种族和贫困之间复杂的相互关系，更不用提对其他群体深入研究的重要性了。

总的来说，我们看到了不同种族、民族群体贫困率的显著差异。一些持续存在的差异，尤其是黑人（或许还有美国原住民）同其他群体的差异，可以用偏见、刻板印象和歧视来解释。然而，大多数研究表明，近几十年来，种族身份在决定能否获得机会方面的重要性已经大幅下降。民权运动废除了种族和民族

---

① Isao Takei 和 Arthur Sakamoto,2011。
② White 和 Glick 2009,148。
③ U. S. Census Bureau,2012h。
④ Sakamoto,Wu 和 Tzeng,2000；Sandefur 和 Scott,1983。
⑤ Huyser,Sakamoto 和 Takei,2010。

歧视的法律形式,白人不再像过去几十年里那样公然表露种族主义态度。① 然而,随着种族的决定性下降,社会经济背景的重要性有所提升。比如,虽然20世纪40年代,黑人和白人在阅读能力上的差距比穷人和富人的差距要大得多,但到了21世纪头十年,情况却截然相反。② 不幸的是,社会经济背景的重要性日益提升,减缓了种族差异缩小的进程,因为群体间最初的劣势会持续影响几代人(更多有关贫困代际转移的内容见第三章)。

性别与贫困

黛安娜·皮尔斯(Diana Pearce)在1978年发表的一篇文章中首次提出了"贫困女性化"(feminization of poverty)一词。她在文章中指出,贫困"正迅速成为一个女性问题"。③ 这个词在20世纪80年代和90年代早期变得愈加流行。1968年,女性贫困率比男性高55%;1978年,差值达到72%的峰值。之后,男女贫困差异逐渐缩小,到了2011年,女性贫困率(16.3%)仅比男性贫困率(13.6%)高20%。1966—2000年,女性占贫困人口的比例为57%至58%,2011年降至56%。④ 总体而言,尽管女性贫困率仍然高于男性,但经验主义对"贫困女性化"加速的断言并无说服力。⑤

女性贫困率往往高于男性,主要有两个原因:(1)女性就业水平和工资较低;(2)女性更有可能在单亲家庭当家(见下文讨论)。⑥ 步入老年后,女性陷入贫困的可能性大于男性,一方面是因为经济资源更少,如社会保障收入更少,另一方面是因为女性预期寿命更长,因此较男性更有可能独自生活。⑦

许多人认为,女性较低的经济地位反映出社会权力分配不平等。从历史上看,男性将女性排除在各种工作之外,普遍限制了女性在社会中扮演的角色。劳动力市场歧视是权力不平等的一种体现。一方面,男性和女性同工不同酬,

---

① Schuman 等,2001。
② Reardon,2011。
③ Pearce,1978.
④ U. S. Census Bureau,2012d.
⑤ 另见 Lichter 和 Crowley,2002,7。
⑥ Bureau of Labor Statistics,2011,62;Cancian 和 Reed,2009,109。
⑦ Bianchi,1999.

歧视由此出现；另一方面，歧视导致职场上的性别隔离，男性和女性高度集中的工作类型大有不同。结果，女性的工作无论是在地位上还是在收入上，都要低于男性集中的职业。[①]

劳动力市场不平等可能还源于进入劳动力市场前共同的社会实践或歧视，如个人受教育系统或家庭的影响。比如，女性历来被社会化到以家庭为导向的角色中，而男孩和年轻男性则肩负着开拓事业、养家糊口的期望。[②]

随着时间的推移，性别规范已然发生了改变。20世纪60年代兴起的女性权利运动为女性在工作场所争取更平等的待遇，要求同工同酬，放宽对影响女性在社会中获得机会的性别角色的限制。此前，无论是在私企还是在政界，女性几乎不可能居于位高权重的职位，且广泛的专业性职业都不以女性为代表，如律师、法官、医生、教授或科学家。有段时间，减少不平等似乎进展缓慢。图5—6显示了1960年以来男女收入比例的变化。它取决于性别工资差距的一个常见指标，即全职全年工作者中女性的年收入中值占男性的百分比。虽然1960—1980年间，收入比例没有明显变化（保持在近60%），但之后开始提高。到了2011年，女性收入占男性收入的77%。[③]

为什么收入差距仍然存在？相较于过去公然表露的性别歧视，如今收入差距背后可能是性别社会化和由此造成的女性对劳动力市场的依附关系减弱。为了生养子女、照顾老小，女性往往比男性更容易离开劳动力市场。2009年，约1/4已婚有子女的家庭母亲全职在家，而1969年这一比例达到44%。[④] 即便到现在，全职父亲还未被广泛接受，且这样的家庭分工仍相对少见，这导致人力资本积累减少，女性薪酬因此降低。同样，职场母亲通常更看重施行"家庭友好型"政策的工作场所；许多这样的工作薪酬较低，但附加福利更好。有研究估计，一旦将这些因素考虑在内，性别工资差距就会缩小到4.8%—7.1%（而非20%左右）。[⑤] 目前尚不清楚性别工资差距背后的其他原因。当然，这可能反映出劳动力市场上的性别歧视继续存在，或者有其他难以衡量的因素。

[①] England, 1994, 590—603; Hartmann, 1994, 570—76.
[②] Polachek 和 Siebert, 1994, 583—89; Daymont 和 Andrisani, 1984。
[③] U. S. Census Bureau, 2012n.
[④] Kreider 和 Elliott, 2010。
[⑤] CONSAD Research Corp., 2009.

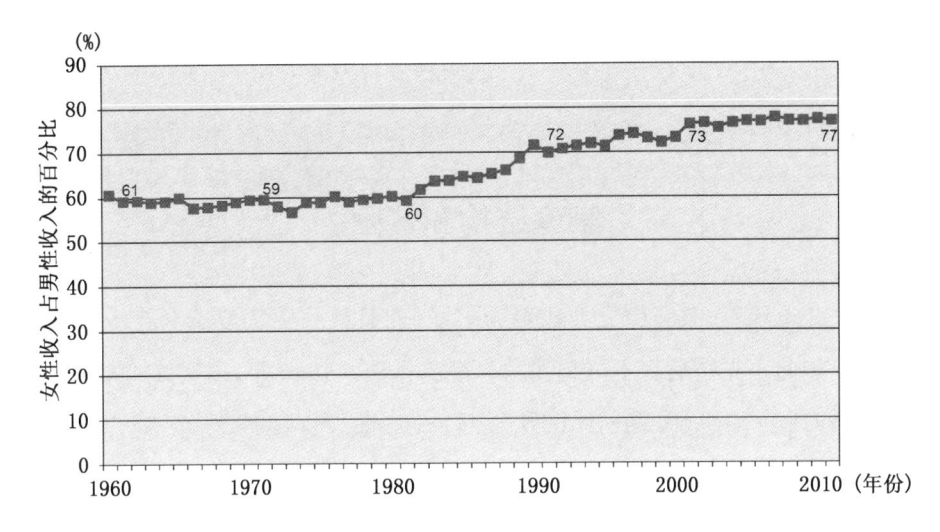

资料来源：美国人口普查局，2012n。

图 5—6　1960—2011 年全职全年工作者中女性的年收入中值占男性的百分比

值得注意的是，研究指出，年轻男女的工资平等程度高于年长者。比如，一项研究发现，即便不考虑上述各种因素，16—34 岁的女性收入也是男性的 91%—95%。相比之下，35 岁以上的女性收入只有同龄男性的 75%—80%。[1] 性别不平等在一定程度上也是"群组替换"（cohort replacement）渐进过程的结果，即年轻女性正在扮演新的角色，在劳动力市场上比自己的母亲要挣得多。[2]

最近的一些趋势表明，性别收入差距还会进一步缩小。事实上，有人已对男性教育和就业结果的恶化发出了警告。1969—2009 年间，在 25—64 岁的男性中，不工作的男性占比上升了 11.8 个百分点（从 6% 升至 18%）。在高中辍学者中，这一比例上升了 23 个百分点（从 11% 升至 34%）。[3] 此外，如图 5—4 所示，在过去 30 年里，只有受过大学教育的男性收入有所增加。在高中辍学的男性中，周收入中值暴跌了 38%。

女性现在占劳动力的一半。在美国，58% 的学士学位、59% 的硕士学位和约半数的博士学位授予女性。同样，女性获得了约半数的法律和医学学位。女

---

[1] Bureau of Labor Statistics, 2011, 62—76.
[2] 见 Bianchi, 1995, 107—54。
[3] Looney 和 Greenstone, 2011。

性的学历优势普遍存在于各种族和民族群体中,但在黑人中尤为明显。比如,黑人中,66%的学士学位授予女性。[1] 这些趋势有力地表明,未来几年女性的相对经济地位将会上升。

家庭结构和贫困

过去几十年里,家庭构成方式更为多样(而且往往更为复杂),个人的生活轨迹也是如此。先婚后育不再是尤为合规的做法。1940年,仅有2%的新生儿母亲未婚,到了2009年,这一比例升至41%(见图5—7)。此外,30岁以下的女性非婚生育率过半。各种族和民族群体的这一比例都在攀升。过去20年里,白人未婚女性的生育率急剧上升,从1990年的20%升至2009年的36%。黑人女性非婚生育的比例更早上升:1970—1990年,黑人未婚女性的生育率从38%升至67%,然后在2009年逐步升至72%。2009年,超半数(53%)的西班牙裔新生儿母亲未婚。只有亚裔的相应比例要低得多,2009年,这一比例为17%。[2] 在美国社会,阶级背景的重要性日益凸显,受教育程度对非婚生育的影响甚至比种族要大:获得学士及以上学位的女性中,约92%的人先婚后育;而受过中等教育以上的女性中,这一比例为62%;高中及以下学历的女性中,这一比例为43%。[3]

然而,让情况更为复杂的是,近年来,增加的非婚生育主要出现在同居伴侣身上。事实上,超过一半的非婚生育发生在同居关系中,而在20世纪90年代早期,这一比例为29%。[4] 因此,自1995年左右以来,由独居单身女性(没有任何同居伴侣)当家的家庭的实际占比并无多大变化。截至2010年,26%的家庭、21%的白人家庭、29%的西班牙裔家庭和55%的非裔家庭由单身女性当家,家中没有配偶或同居伴侣。[5] 尽管同居伴侣在很多方面与已婚家庭并无二致,

---

[1] Buchmann,DiPrete 和 McDaniel,2008。

[2] Ventura 和 Bachrach,2000;Martin 等,2011. 另见 Wildsmith,Steward-Streng 和 Manlove,2011;DeParle 和 Tavernise,2012。

[3] DeParle 和 Tavernise,2012。

[4] Smock 和 Greenland,2010。

[5] U. S. Census Bureau,2011f。

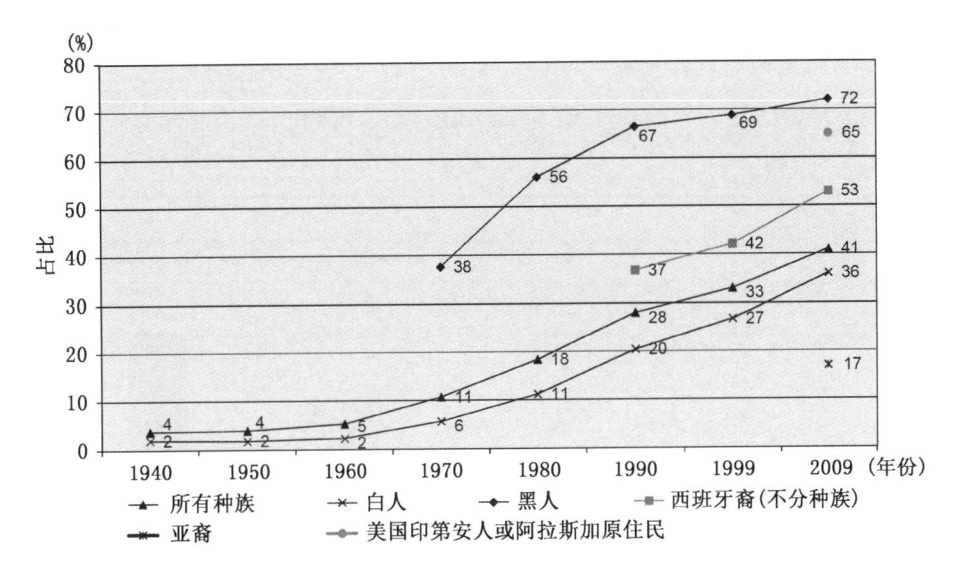

资料来源：Ventura 和 Bachrach，2000；Martin 等，2011。

图 5—7　1940—2009 年按种族和是否西班牙裔统计的未婚女性生育率

但这种结合分道扬镳的可能性是已婚的两倍多。约 2/3 的同居伴侣在孩子 10 岁前分开，而已婚夫妇的这一比例为 28%。①

E. 富兰克林·弗雷泽（E. Franklin Frazier，1932 和 1939）、冈纳·米达尔（Gunnar Myrdal，1944）、丹尼尔·帕特里克·莫伊尼汉（Daniel Patrick Moynihan，1965），以及自那以后的许多人都探讨过单亲家庭对非裔美国家庭高贫困程度的影响。② 近年来，未婚白人女性生的孩子数量不断增加，越来越多的人对此感到担忧，其中尤具代表性的是保守派评论员查尔斯·默里（Charles Murray）在 2012 年出版的《分崩离析》（Coming Apart）一书。③ 家庭构成模式变化的背后有许多原因，包括社会规范的变化和男性经济财富的减少，这些问题将在下一节详细讨论。

这一普遍趋势的症结在于，女性当家的单亲家庭更有可能陷入贫困。2011 年，已婚有子女的家庭贫困率为 8.8%，而有子女的女性当家的家庭贫困率为

---

① Manning，Smock 和 Majumdar，2004。
② Frazier，1939；Frazier，1932；Myrdal，1944；Moynihan，1965；Bianchi，1990；Hogan 和 Lichter，1995，93—139；Lichter，1997。
③ Murray，2012.

49.1%（见图5—8）。① 贫困率也因种族而异,白人已婚家庭的贫困率为8.3%,有子女的西班牙裔女性当家的家庭贫困率为49.1%。女性为户主的家庭贫困率已经下降,从1959年的60%到1970年的44%,再到2000年的33%,之后又有小幅上升。②

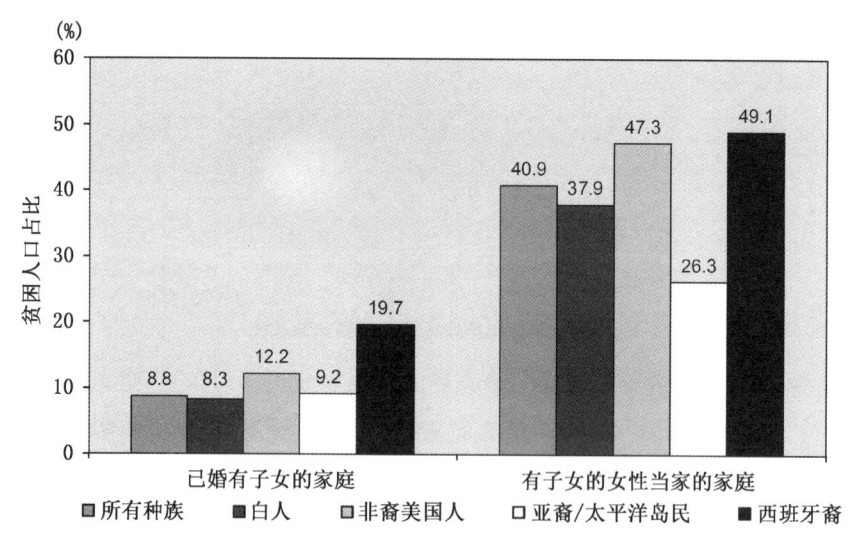

资料来源:美国人口普查局,2012e。

图5—8　2011年按家庭结构、种族和是否西班牙裔统计的家庭贫困率

女性当家的家庭贫困率很高,背后有几个原因。单亲母亲（和父亲）往往面临着种种挑战:靠一份收入养家糊口,外出工作时寻求保育员并支付保育费用,回到家后又要独自操持家务。孩子增加了生活成本,但通常无助于家庭收入。这类家庭当家的女性平均受教育水平较低,这也是她们收入不高的重要原因。③ 此外,如上所述,女性一般比男性挣得少,母亲积累的工作经验也不如职场上的其他人。④ 许多这样的家庭没有从缺席的父亲那里得到足够的抚养费。⑤ 然而,

---

① 需要注意的是,表3—1呈现的按家庭类型统计的贫困率是指不同家庭类型中家庭成员的贫困率,不考虑有无子女,而图5—8呈现的贫困率仅限于有子女的家庭。有子女的家庭通常比无子女的家庭贫困率更高。
② U. S. Census Bureau,2012e.
③ O'Hare,1996,18,21.
④ CONSAD Research Corp. ,2009.
⑤ Bianchi,1999.

研究往往表明,即使所有家庭都得到了应得的全额子女抚养费,贫困率也只会稍许下降。许多父亲故意逃避对孩子的抚养义务,还有些父亲只是因收入太少而付不出太多钱。① 应该指出的是,甚至同居伴侣的贫困率也远高于已婚夫妇家庭,这主要是因为他们的受教育水平较低,且更为年轻。比如,有研究称,和已婚亲生父母生活在一起的儿童贫困率为7.6%,而和同居亲生父母生活在一起的儿童贫困率为23.2%。②

低收入的单亲父母(如果不说所有低收入家庭的话)经常不得不做出权衡,特别是儿童保育提出了很多令人生畏的挑战。一些单亲父母通过从事允许在家办公或带孩子办公的工作来解决这个问题。正如凯瑟琳·艾丁(Kathryn Edin)和劳拉·莱因(Laura Lein)在一项人种志研究中报道的那样:

> 我之前有份更好的工作,坐办公室的那种,但我放弃了,去做了一家化学品制造商的销售员,这份工作堪称完美,因为没人监督我。我老板在亚特兰大,而我在这里。所以如果孩子病得严重,我就待在家里陪他们;如果他们病得不重,我可以把他们放在车里,开着车四处转。等他们开始上学了,我每天都在这里等他们的公交车。无论什么文书工作,我都是晚上完成。虽然这挣得不多,只有5美元左右,但它给了我一个机会,不让我的孩子感觉遭到抛弃。③

同样,大卫·希普勒(David Shipler)在他有关工薪阶层穷人的书中描述了卡罗琳(Caroline)面临的挑战,她收入很低,还带着女儿安布尔(Amber):

> 一个月后,(临时就业)机构劝诱卡罗琳回丹碧丝工厂工作,时薪10美元,这是她有生以来最高的薪水。她接受了,但这份工作有个问题:宝洁公司在工厂里实行轮班制。第1周,她早上五点半离家,下午2点半归家;第2周,她下午一点半离家,晚上10点半归家;第3周,她晚上9点半离家,早上6点半归家。抛开睡眠、精力和有序生活的基本要求不谈,这种被称为"摇摆班"的工作让卡罗琳把安布尔的生活安排得一团糟。她偶尔会把房间租给寄宿者,或者收留无家可归的家

---

① Sorenson,1994,21—23.
② Manning,2006.
③ Edin 和 Lein,1997,126。

庭,这样安布尔就不会孤单了。但这些情况不会持续太久;卡罗琳发现这些人要么侵扰他人,要么专横跋扈,要么言不由衷……然而,要是没有寄宿者,就没有人帮卡罗琳照顾安布尔,所以碰到晚班和夜班,她只得极不情愿地把女儿留在家里。卡罗琳在工厂一边操作着打包卫生棉条的机器,一边担心着安布尔,这是无可厚非的。[1]

一些研究表明,家庭结构的变化对20世纪70年代早期至20世纪90年代中期儿童贫困率的上升起到了重要作用,因为这段时期生活在已婚家庭中的儿童比例有所下降。[2] 然而,女性当家的家庭贫困率在20世纪90年代有所下降,主要是由于单亲母亲的就业率大幅提高,这与福利政策的变化相吻合,不工作就更难获得福利。未婚母亲最有可能没受过什么教育或没什么工作经验,长期依靠福利生活,她们的就业率也从1992年的43%升至1999年的65%。[3] 不过,经济大衰退后,单亲母亲的就业率从2000年的76%降至2007年的73%,再降至2009年的68%,反映出近来女性当家的家庭贫困率的上升。[4]

跨国研究表明,虽然单亲家庭较其他家庭更容易陷入贫困,但他们极高的贫困率并非必然。以瑞典为例,按相当于全国收入中值50%的相对贫困线计算,21世纪头十年中期,单亲母亲家庭儿童的贫困率为10.4%,单亲父亲家庭儿童的贫困率为5.9%,双亲家庭儿童的贫困率为3.3%。在美国,按这一相对标准衡量,相应的比例分别为50.5%、19.5%和13.1%。[5] 女性的高就业率,劳动力市场中较低的工资不平等,以及政府慷慨的转移支付政策,有助于解释瑞典单亲家庭贫困率低的原因。[6] 然而,就该研究涉及的20个国家而言,单亲母亲家庭的贫困率往往比双亲家庭高得多。在以英语为母语的国家(澳大利亚、加拿大、爱尔兰、英国和美国)中,单亲家庭的相对贫困率均值为41%,而双亲家庭的相对贫困率均值为10%。即便是欧洲大陆贫困率较低的国家(奥地利、德国、卢森堡、荷兰和瑞士),单亲母亲家庭的相对贫困率均值为27%,而双亲家庭

---

[1] Shipler,2004,68.
[2] 见Cancian和Reed,2000;Eggebeen和Lichter,1991;Lerman,1996;Hernandez,1993;Bianchi,1990;Lichter,1997。
[3] Cancian和Reed,2009,105;Haskins,2001。
[4] Legal Momentum,2012.
[5] Gornick和Jantti,2011,表3。
[6] UNICEF Innocenti Research Centre,2000.

的相对贫困率均值为 8%。[1] 那么,如何解释美国和世界上许多富裕国家单亲家庭日益增多的现象呢?我们现在转到这一辩题上。

文化与贫困

在讨论贫困时,文化通常是一个带有政治意味的术语。它有时被用来"指责受害者",或因所谓的任性的价值观和生活方式而将贫困归咎于穷人。文化很难定义,也很难衡量。如今,认为文化行为导致贫困差异的观点常和保守派评论员联系到一起,不过事实并不总是如此。

20世纪20年代,芝加哥大学的一些社会学家及其学生开始更系统地关注社会解组对穷人的影响。城市和工业城市的许多移民社区以及非裔美国人移居社区中发生的暂时性"文化崩溃"(cultural breakdown),被认为是贫困背后的原因。社会控制和习俗的崩溃导致犯罪、非婚生育、家庭破裂和经济依赖增加。[2]

在布克·T.华盛顿(Booker T. Washington,1902)的引领下,冈纳·米达尔(1944)、E.富兰克林·弗雷泽(1932、1939)等社会学家在采纳这些观点时,推翻了穷人,尤其是贫困的非裔美国人,在基因上就低人一等的观点。[3] 他们将种族不平等的根源追溯到更广泛的因素,包括种族主义和歧视,这些因素造成了一种反常的文化反应。比如,在费雷泽看来,"黑人母权制"是对奴隶制度和黑人男性失业的迁就,因此是下层阶级文化和贫困的共同特征。[4] 同样,20世纪初的其他进步派通过主张移民需要美国化,并适应美国主流价值观和文化,从而弱化南欧和东欧移民在基因上低人一等的观点。[5]

然而,第二次世界大战后的20年里,对贫困文化的讨论越来越多,却并未参考更广泛的社会和经济条件。这些观点呼应了19世纪认为穷人"不值得帮助"的观点。本章开头引用了奥斯卡·刘易斯的话,他是贫困文化理论的有力

---

[1] Gornick 和 Jantti,2011,表3。
[2] 进一步讨论,见 O'Connor,2001,74—123。
[3] Washington,1902;Myrdal,1944;Frazier,1939;Frazier,1932。
[4] O'Connor,2001,81。
[5] Cherry,1995。

推动者。刘易斯认为贫困与穷人自身相关,并发现了辨别穷人的 70 种行为特征。[1] 20 世纪 50 年代晚期,爱德华·班菲尔德(Edward Banfield)曾断言:"下层阶级的人要么无法或不愿考虑未来,要么控制不住冲动……由于缺乏远见和不负责任,他们很有可能缺乏专业技能,频繁地从一个没有前途的工作跳槽到另一个没有前途的工作,成为贫困的丈夫和父亲。"[2]

最近的观察人士认为,穷人本质上是不同的,受自己的价值观和行为准则支配,他们往往强调,旨在帮助穷人的任性的政府政策通常要对穷人地位的下降负责。这种观点认为,20 世纪 60 年代的后"伟大社会"(Great Society)时代,高福利水平抑制了就业,鼓励了依赖。由此产生的贫困文化包括工作道德败坏、依赖政府计划、缺乏教育抱负和教育成就、单亲家庭和私生子增多、犯罪活跃、滥用毒品和酗酒。[3] 政策没有奖励良好行为,也没有惩罚有害行为。所有这些问题反过来又对收入和贫困模式造成了不利影响,导致多代依赖的恶性循环在贫困程度高的社区尤为如此。查尔斯·默里是这一观点最有效的支持者,对这些问题的辩论促成了 20 世纪 90 年代中期福利改革的通过,结束了一种只要女性为户主的家庭一直贫困就保证现金转移的制度。[4]

关于这个问题的辩论还远未结束。冒着被过度简化的风险,围绕这个问题,存在两大基本阵营:第一个群体是那些继续援引文化优越性来解释单亲母亲占比大,从而导致一大批美国人处于劣势地位的人。查尔斯·默里在其最新出版的《分崩离析:美国白人的处境(1960—2010 年)》一书中将关注点放在了白人身上,部分原因是想避免潜在的种族色彩的争论,关注近来引人注目的未婚白人女性的生育趋势(见图 5—7)。他认为,自 20 世纪 60 年代早期以来,美国的文化规范已经急剧分化。

具体来说,如今我们有一个由富裕的、受过高等教育的白人组成的群体,他们中绝大多数决定先婚后育,他们周围的邻居都有类似想法。他们看重婚姻、勤奋、诚实和虔诚,这让他们能够享有安定和富裕的生活。他们的选择源于他们更高的认知能力,这让他们能提前计划并预见行动的结果。第二个群体是受

---

[1] Schiller,2001,127.
[2] Banfield,1958,引用于 Katz,1989,31—32。
[3] 见 Murray,1984;Rector,1993。
[4] 见 Murray,1984。

教育程度较低的下层阶级,他们经历了家庭和社区生活的侵蚀,非婚生育已成常态。默里将下层阶级财富的减少归因于强调婚姻、诚实、勤劳和虔诚的传统价值观的衰落。这一群体发现自己处于或近乎处于经济阶梯的底部,群体成员平均认知能力较低,很难抵制性革命和自我实现理论的诱惑。他们与精英阶层生活在不同的社区,缺乏合适的榜样。因此,他们面临更高的家庭解体率、非婚生育率、无业率和犯罪率。默里进一步指责自由派精英,因为他们在公开捍卫和肯定自己持有的传统价值观方面还做得不够,这加剧了日益严重的阶级分化,如果不扭转这种不健康的态势,美国将不可避免地走向衰落。[1]

有些人强烈反对默里的分析,转而关注经济趋势,认为这是非婚生育增长的基础。具体来说,婚姻历来是家庭(而不只是个人)之间的经济或社会布局,通常是为了保障生存。在19世纪和20世纪的大部分时间里,工业化国家典型的家庭分工已趋向专业化:丈夫在外工作赚钱,妻子则将重心放在家庭生产、操持家务和抚养子女上。[2]

近几十年来,这种观点认为,低技能工人工作机会减少(去工业化、全球化和工会减少的结果),是美国结婚率下降、收入不平等加剧的主要驱动因素,与文化变化无关。受教育程度低的男性,工资在近几十年里确实大幅下降,他们受经济转型的冲击尤为严重,这导致"适婚"男性数量减少。女性受教育程度和劳动力参与率持续提高,她们感受不到什么非结婚不可的理由。[3]

在阐明这一观点时,作为对默里的回应,专栏作家尼古拉斯·克里斯托弗写道:

> 在我的高中同学中,80%的人辍学或没上大学,因为过去在炼钢厂、手套厂或锯木厂工作可以有稳定的生活。他们的父母就是这样做的。但是,手套厂关门了,工人阶级的工作机会大大减少,非技术工人发现自己要和移民竞争……让我们面对现实。随着美国收入不平等加剧,一场危机正在白人工人阶级中酝酿。这些社会异常极为真实。但解决办法不是指手画脚,也不是视而不见,而是机会。[4]

---

[1] 对默里著作更深入的评论,见 Edsall,2012。
[2] Cancian 和 Reed,2009,106。另见 Becker,1991。
[3] 该观点的相关例子,见 Krugman,2012。
[4] Kristof,2012。

公平看待这两个观点,一个是从经济角度,一个是从文化角度,两者都有事实的成分。下面,我将从长期从事家庭研究的帕梅拉·斯莫克(Pamela Smock)及其合著者菲奥娜·罗斯·格林兰(Fiona Rose Greenland)撰写的一篇关于非婚生育率上升原因的社会科学文献综述中广泛摘录。[①] 她们指出,有孩子的未婚伴侣对婚姻至少有3个感知障碍:担忧经济稳定性、顾虑人际关系质量以及害怕离婚,对经济问题的忧心通常最为突出。[②] 女性(和男性)重视婚姻,也渴望婚姻,但出于对离婚的担心,她们认为,应该等到经济稳定后再结婚。低收入女性的收入预期较低,早育和非婚生育的损失较小;她们也非常重视孩子,觉得孩子赋予了生活新的意义。[③] 此外,在这个群体看来,母亲的悉心照顾并不需要太多资源,因为只要在孩子身边给予陪伴,这是一种不同于中产阶级的育儿理念。[④]

社会学家安德鲁·切尔林(Andrew Cherlin)指出,随着时间的推移,婚姻的象征意义越来越重要,如今它代表着成就和声誉。现在,美国人对婚姻的期许更多,他们认为,婚姻是情感上的一种满足,是自我实现的一种手段,而以前,婚姻通常被视作为得到实际支持的一种安排。从本质上看,虽然婚姻初期经济上的困难是早些年的一种规范性假设,但现在大家普遍认为,应该先实现经济目标,再步入婚姻,在这个高离婚率的时代,这或许有助于确保婚姻的稳定性。结果,在低收入女性看来,婚姻是值得向往的,不论经济稳定性或婚姻状况如何,都可以生儿育女。[⑤] 低技能男性经济财富减少,收入不平等加剧,导致婚姻似乎更难实现。

斯莫克和格林兰还指出,同居提供了一种类似婚姻的关系,同居伴侣享有婚姻带来的许多好处,如陪伴、费用共担、生育和抚养子女等。随着同居日益成为一种合乎规范的选择,结婚动机已经减弱,这有助于解释为何近年来同居关系日益增多。

一篇关于美国非婚生育增加的新闻故事,似乎可以支撑这一观点,它既强调了经济条件、价值观和规范的重要性,也凸显了文化的重要性:

[①] Smock 和 Greenland,2010。
[②] Gibson-Davis,Edin 和 McLanahan,2005。
[③] 见 Edin 和 Kefalas,2005。
[④] 见 Lareau,2003。
[⑤] Cherlin,2004.

过去几十年里，洛雷恩市失去了两家钢铁厂、一家造船厂和一家福特工厂，能让蓝领工人供养得起中产阶级家庭的工作机会减少。更多的女性出去工作，婚姻对她们而言不再是保障经济的必需品。同居变得司空见惯，单亲母亲也不再要背负从前送情侣奔向圣坛的耻辱。这里说的女性通常将婚姻描述为达成目标的标志，而非达成目标的途径。

与此同时，孩子到来了。

27岁的安布尔·斯特拉德(Amber Strader)几年前发现自己怀孕时，和西尔斯百货的职员有过一段分分合合的恋情。斯特拉德以前学的是护理专业，如今在酒吧做侍应。她说，男友太依赖别人了，连烟都要给他买。她从没想过要嫁给他。她说："就像和个孩子生活在一起。"

3年后，斯特拉德和新男友生了第二个孩子，她说自己的节育措施失败了，男友是个兼职房屋油漆工，不愿意结婚。

斯特拉德喜欢结婚这个想法。她将父母的结婚照挂在厨房墙上，还说男友是个好父亲，但她暂时结不了婚。

"我想结婚，但我只是觉得当下无法实现"，她说，"我大多数朋友都说婚姻不过一纸空文，无论如何都行不通。"[①]

简而言之，许多研究表明，美国人对婚姻，尤其是对非婚生育的看法已经发生了文化上的转变。虽然成为单亲父母并不为人推崇，大多数人希望彼此忠诚、彼此成就的婚姻，但这种情况一旦发生，还是能为社会普遍接受。如今，人们更重视自我表达和自我实现，而非集体和从众。然而，结婚率的下降和非婚生育率的上升也根植于经济变化，在女性就业和收入增加的同时，没有大学学历的男性就业和收入减少。婚姻的传统经济基础似乎不那么适用于现在。因此，尽管各收入水平的人仍然重视婚姻，但对许多人而言，尤其是对那些贫困或生活拮据的人而言，婚姻似乎遥不可及。

总　结

人们往往认为个人特征是经济福利的唯一决定因素，而忽略了经济和社会

---

① DeParle 和 Tavernise, 2012。

环境的影响。这并不奇怪,因为通常很难认识到结构力量是如何影响我们的日常生活的。阶级、地位(社会群体差异)和政党(政策)等社会学概念有助于我们理解分层体系的演变。本章通过考察经济和社会因素如何决定美国的贫困水平和模式,将关注点放在了前两个概念上。

经济增长往往会压低绝对贫困率。随着生活水平的提高,越来越多的人的收入超过了贫困线,然而,收入不平等有时可能会阻碍经济增长的积极影响。收入不平等背后通常是以积累资产为目标的市场体系的正常运作,以及经济转移和不稳定。如果经济增长只惠及富人,那么它对贫困的影响就微乎其微。自20世纪70年代以来,不平等的加剧阻碍了消除贫困的进程。

按种族和性别划分的社会分层有助于解释为什么某些群体更容易陷入贫困。然而,值得注意的是,在过去半个世纪里,这些群体受社会分层的影响显著下降,这很大程度上要归因于歧视的减少,尤其是公然表露的歧视。如今,贫困过往、经济错位、贫富差异和家庭不稳定,在造成非裔美国人、西班牙裔和美国原住民的高贫困率方面,至少与种族主义和歧视同等重要(亚裔的贫困率与白人相似)。不过,尽管取得了这些进步,对种族和民族的反感和歧视,特别是对非裔美国人的反感和歧视,并没有完全消失。此外,考虑到家庭社会经济背景对个人生活机会的影响日益重要,简单消除许多机会障碍并不意味着平等会直接或自动出现。

家庭构成模式的变化也影响了美国的贫困趋势。女性当家的家庭更有可能陷入贫困,因为作为户主的她们面临着种种挑战:要靠一份收入养家糊口,还常要在外出工作时支付儿童保育费用。这类女性受教育程度较低,这也是她们收入较低的一个原因。此外,女性往往挣得比男性少,母亲积累的工作经验也不如职场上的其他人。最后,许多这样的家庭没有从缺席的父亲那里得到足够的抚养费。近几十年来,美国社会的文化变迁和男性财富的减少也是结婚率下降、同居率上升、非婚生育增加的原因。

第六章

大衰退

距 2007—2009 年的大衰退正式结束已有一段时间。但不幸的是,这次衰退不同于近年来发生的其他衰退。首先,这次衰退持续了 18 个月,是自 20 世纪 30 年代大萧条以来持续时间最长的一次衰退。[①] 其次,这次衰退期间的失业率比以往任何一次都要上升得快。2007 年 12 月,也就是经济衰退之初,失业率达到了 5.0%。到了 2009 年 10 月,失业率翻了一番,达到 10.0% 的峰值。因此,失业率从开始到达到峰值上升了 5 个百分点,而前四次衰退的升幅区间为 2.0—4.2 个百分点。[②] 最后,最近一次衰退结束后的复苏步伐要缓于之前的一些衰退,高失业率持续了相当长的时间。许多人在重新进入劳动力市场时遇到了困难,这对他们终生收入和家庭福利都造成了严重后果。本章会回顾经济衰退的前因后果。

大衰退的原因

大衰退是自大萧条以来最严重的一次经济衰退。2007—2009 年的经济衰

---

① National Bureau of Economic Research,2010.
② Bureau of Labor Statistics,2010. Bureau of Labor Statistics,2012a 的数据显示,2009 年 10 月的失业率略有下降(降至 10.0,而非 10.1)。

退背后有很多原因,房地产泡沫的破裂是最重要的诱发因素,震动了银行体系,几乎导致一场彻底的经济崩溃。2007年的危机有很多潜在的结构性原因,我重点关注了其中三个原因:日益加剧的不平等、银行贷款政策的放宽和消费者债务的相应增加,以及几乎不受监管的抵押贷款证券化的兴起。后两者是紧密关联在一起的,下面我会将它们放在一起讨论。

拉古拉迈·拉詹(Raghuram Rajan)在其极具洞察力的《断层线》(*Fault Lines*)一书中总结道,引发危机的第一个结构性原因是日益加剧的不平等。① 最为有趣的是,近几十年来,处于前1/5(尤其是前1%)收入区间的美国家庭收入上涨很快,即便大部分中产阶级的收入只是缓慢增长。我在前几章中反复强调的一个主题是相对贫困很重要:人们看到周围人的生活水平,并力求努力赶上。对于美国中产阶级而言,这意味着要试图跟上那些收入激增的人的消费模式。比如,房屋平均面积在1997—2007年短短10年间增长了15%,达到2 277平方英尺。② 配备令人印象深刻的门厅、超豪华的浴室和花岗岩厨房台面的大型开放式住宅风靡一时。很多决定不购新房的人借钱来大举翻修房屋。反过来,房价在此期间稳步上涨。这进一步推高了国内的信贷需求,因为人们需要向银行贷更多的款才能买得起房子。③

引发危机的第二个原因是银行贷款政策的放宽和消费者债务的相应增加。政治层面对日益加剧的不平等的一个回应(尽管可能并未有意识地运用这些术语)是扩大对家庭的贷款,特别是低收入家庭,以便他们能够达到中产阶级的生活水平。在美国买房并不总是件容易的事。20世纪30年代大萧条以前,想买房的人在贷款全部到期前面临的是可变利率、高首付,以及短还款期限(如5年)。房地产市场在大萧条期间崩盘,当时房产价值下跌了50%,这是改革的推动力。联邦政府通过建立房主贷款公司等方式参与了住房金融市场。房主贷款公司从金融机构购买违约的抵押贷款,然后将其恢复,改为固定利率的长期(20年)贷款,以便家庭能够负担得起还款。房主贷款公司于1936年解散。两年后,房利美(Fannie Mae,官方名称为联邦国民抵押贷款协会)被授权为联邦

---

① Rajan,2010.
② Financial Crisis Inquiry Commission,2011,5.
③ Rajan,2010,8—9.

住房管理局提供二级市场,以确保银行可以向购房者提供抵押贷款。[1]

第二次世界大战后,联邦住房管理局试图通过放宽抵押贷款条件来刺激住房建设。虽然抵押贷款的最长期限提高到30年,贷款规模也可以根据购买价格扩大,但贷款利率仍然固定。接下来的几十年里,住房拥有率迅速上升,从1940年的44%升至1980年的64%。[2] 20世纪60年代开始并一直持续到80年代早期的高且多变的通货膨胀率使得传统的固定利率住房贷款不那么受银行欢迎,他们不确定客户对固定利率抵押贷款的支付从长远看是否会产生足够多利息,从而产生大量利润。换句话说,银行需要利息支付率超过通货膨胀率才能盈利。

自20世纪80年代起,随着1982年《嘉恩－圣哲曼储蓄机构法案》(Garn-St. Germain Depository Institutions Act)的通过,银行业出现了相当大的放松管制。该法案再次准许可调利率抵押贷款。后来,1999年的《格雷姆－里奇－比利雷法案》(Gramm-Leach-Bliley Act)准许商业银行和投资银行合并。这一系列的法案让曾经古板的商业银行,也就是那些发行住房贷款的银行,得以越来越多地参与到传统上留给经纪公司(如华尔街的那些公司)的风险更高的投资中。20世纪80年代和90年代,商业银行还拓展了支付更高利息的高风险贷款业务。

这些变化为造成衰退的第三个因素奠定了基础:几乎不受监管的抵押贷款证券化的兴起。房利美和房地美(Freddie Mac)(后者创立于1970年)的行为让情势进一步恶化。回想一下,房利美通过从银行购买抵押贷款来支持抵押贷款市场,从而促进银行放贷。1968年,房利美转型为私营公司;1970年后,房利美和房地美可以选择组建一个抵押贷款池并发行贷款池支持的证券(称为"证券化")。这些证券将出售给投资者,投资者认为这种投资很安全,因为房利美和房地美都受到政府资助(尽管它们由私人管理)。因此,这两个组织既肩负着支持抵押贷款市场的公共使命,又肩负着实现股东证券收益最大化的私人使命。这些任务可能会在某一时刻发生冲突,因为私人收益并不总是与公共利益相符。无论如何,这两家公司提高美国住房拥有率的公共使命也得到了克林顿和

---

[1] Green 和 Wachter,2005。

[2] Rajan,2010,8—9。

乔治·W.布什政府的大力支持。① 他们指示公平住房委员会降低担保贷款的标准,如大幅降低借款人的最低首付金额,并提高其担保的抵押贷款的最高金额。

正如拉詹所言:"不幸的是,私营部门在机构资金的帮助和唆使下,将保障性住房授权背后的良好意图转化为金融灾难,并将所有权社会推向金融灾难。"②贷款政策放宽导致次级贷款市场迅速扩张。次级贷款通常放给那些可能难以维持还款计划的人。这些贷款利率更高、优惠条件更少,以补偿更高的信用风险。简而言之,"经过时间考验的30年期20%首付的固定利率抵押贷款,已经过时了。"③

到了20世纪头几年,房地产市场全面繁荣,房价迅速上涨,比如,2006年的平均房价比1997年高出60%,如此短时间里,涨幅之大前所未有。④ 企业继续出售不断增长的抵押贷款,创造抵押贷款支持证券的新形式。全球对抵押贷款支持证券的需求不断扩大,这些证券提供了貌似可靠、安全的回报。世界各地的投资者纷纷购买以美国房地产为基础的证券,似乎这是世界上最安全的投资之一。2003年,抵押贷款业务代表了一个4万亿美元的产业。同年,占劳动力约10%的金融业创造了美国经济40%的利润。⑤ 像摩根大通、贝尔斯登和雷曼兄弟这样的华尔街公司从出售抵押贷款证券的费用中赚得盆满钵满。许多个人投资者知道抵押贷款证券大多有风险。然而,金融领域的薪酬体系太过频繁地以年终分红的形式奖励大笔销售带来的短期收益,而不是质疑这些投资是否符合公司的长期利益,更不用说考虑经济和国家的利益了。⑥

与此同时,由于信贷宽松,房价不断上涨,买房似乎是个不错的选择。在艾伦·格林斯潘(Alan Greenspan)的领导下,美联储为保持低利率做了大量工作。这让买房看上去更容易负担得起,因为个人借款人向银行支付的月供较低。当然,相比靠安全的储蓄账户或存款单来赚取低利息,买房看起来显然是

---

① Financial Crisis Inquiry Commission,2011.
② Rajan,2010,39.
③ Financial Crisis Inquiry Commission,2011,6.
④ Fligstein 和 Goldstein,2011,23。
⑤ Fligstein 和 Goldstein,2011,21。
⑥ Financial Crisis Inquiry Commission,2011,xix.

更好的投资。这催生了房地产繁荣时期的淘金热。正如联邦委员会在调查金融危机原因的一份报告中所述,长期任美国国家金融公司首席执行官的安杰洛·莫兹罗(Angelo Mozilo)作证说:

> 在我从事房地产行业的 55 年里,我从未见过房价上涨如此之快,以至于人们,我说的是普通人,都陷入了买房、转售、赚钱的狂热中。这种情况正在发生。他们买了一栋房,赚了 5 万美元……在鸡尾酒会上谈论此事……房屋突然从让家人安顿下来的美国梦的一部分变成了一种商品。这是文化上的改变……事发突然,出人意料。①

一些次级贷款的还款时间表非常复杂。比如,对于购房者而言,他们可能只需要两三年的低月供就负担得起,但之后需要一笔巨额还款。2003—2007 年,新抵押贷款中次级贷款占比从 30% 升至近 70%。② 有些借款人可能不理解借贷条款,有些人可能被狡诈的掠夺性贷方所蒙骗,还有些人认为,随着房屋价值的持续上涨,他们可以调整还款时间表(即再融资)。实际上,随着房价上涨,许多人用房屋净值(房屋估值减去欠银行的金额)贷款。简而言之,许多人陷入举债支撑的消费狂欢。

与此同时,典型的投资者可能只是模糊意识到抵押贷款证券带来的风险,这些证券由许多捆绑在一起的抵押贷款组成。不同的抵押贷款证券本应具有不同的风险水平,但实际上许多证券都混到了一起。穆迪等信用评级机构在危机中也扮演了重要角色。他们将许多证券评估为安全投资,但实际上这些证券含有高风险的次级贷款,而投资者往往盲目依赖这些评估。信用评级机构做得如此糟糕,要归咎于有缺陷的计算机模型、支付评级费用的金融公司施加的压力(这通常会带来利益冲突)、进行彻底评估所需资源的缺乏(尽管获得了创纪录的利润),以及重要的公共监督的缺失。③

随着抵押贷款违约率攀升(也就是说,许多人不再支付得起每月的抵押贷款账单),投资者再也不能无视房价不可能继续疯狂上涨的事实。实际上,房价过高,需求正在萎缩。2006 年,房价涨势大幅放缓,次级抵押贷款违约率达到

---

① Financial Crisis Inquiry Commission,2011,5—6.
② Fligstein 和 Goldstein,2011,24。
③ Financial Crisis Inquiry Commission,2011,xxv.

20%。① 同样,考虑到许多抵押贷款证券包含高风险抵押贷款,其本身的价值也显然被高估了。一些持有这些估值过高的证券的大公司深陷困境,因为它们手头往往没有足够的现金来弥补损失。因此,2007年底,购买了大量抵押贷款支持证券的贝尔斯登公司,持有股本118亿美元,负债3 836亿美元。②

2008年9月,雷曼兄弟公司宣告破产,包括保险业巨头美国国际集团在内的许多其他公司也行将破产,这场危机终于到了紧要关头。在人们试图弄清楚谁欠谁多少钱时,恐慌蔓延到整个金融行业,局面一片混乱。人们非常担心,如果太多公司破产,尤其是那些被认为"大到不能倒"的大公司破产,经济就会直线下滑。事实上,信贷市场陷入了停滞。没人能从别人那里借钱,因为许多银行和企业需要大量现金来弥补自己的潜在损失,而贷款给其他摇摇欲坠的企业要冒巨大风险。结果,交易停止,股票市场暴跌,经济严重衰退。③

此时,在乔治·W. 布什执政的最后几个月里,政府决定出手干预。美国国会通过了名为《问题资产救助计划》(Troubled Asset Relief Program)的法案,授权动用高达7 000亿美元来扶持许多被认为是"大到不能倒"的公司,如银行、大型保险公司和汽车业。这一努力总体上看相当成功,因为大多数经济学家都认为,它阻止了一场更严重的危机和衰退。此外,从通过该计划获得资金的机构收回全部资金后,该计划的最终成本可能不到300亿美元。剩余的损失大部分来自提供给汽车业的资金,如果没有政府干预,汽车业则可能不可避免地走向破产。④

随后出台的一揽子经济刺激计划,即《2009年美国复苏与再投资法案》(American Recovery and Reinvestment Act of 2009),通过在基础设施、教育、卫生保健、税收抵免等各领域的支出,向经济注入了约7 870亿美元。许多人认为,像《问题资产救助计划》这样的经济刺激方案,阻止了严重的经济衰退。比如,尽管州和地方税收收入急剧下降,但州和当地政府能在衰退后的好几个月里保持衰退前的就业水平。政府福利有助于增加失业者和穷人的支出,减税有

---

① Fligstein 和 Goldstein,2011,25—26。
② Financial Crisis Inquiry Commission,2011,xx.
③ Financial Crisis Inquiry Commission,2011,xvi.
④ Burtless 和 Gordon,2011,250—52。

助于减轻许多中产阶级家庭因房屋净值下降而遭受的财富损失。① 经济学家艾伦·布林德(Alan Blinder)和马克·赞迪(Mark Zandi)估计,刺激计划为2010年的GDP贡献了3.4%,增加了270万个工作岗位。②

然而,公众仍然怀疑刺激计划是否真的对经济帮助很大,还是说这些钱打了水漂。③ 经济衰退已经够棘手了,所以很难想象,如果没有刺激措施,局面则会有多糟糕。过去(和现在),人们普遍对政府行动深表怀疑。那些对经济衰退负有重大责任的人,是否该被追究相应责任,这仍然是一个悬而未决的问题。许多人认为,美国普通民众已经为这些不端行为付出了代价,如失业、对面临止赎的家庭的有限支持,当然还有保障刺激计划所需的税收,而随着股市反弹,富人们迅速恢复元气,首席执行官的薪酬也恢复到衰退前的水平。正如加里·伯特莱斯(Gary Burtless)和特蕾西·戈登(Tracy Gordon)所指出的那样,"不幸的是,对那些赞助或支持刺激计划的政策制定者而言,'情况本会更糟'鲜少是赢得政治竞选的口号"④。

大衰退的后果

大衰退对美国个人和家庭的福祉产生了广泛影响。下面,我将回顾这场衰退对失业、贫困,以及相关福利措施(如财富、食品安全和家庭构成模式)的影响。最后一部分会讨论大衰退的政治局势及其催生的运动。

大衰退的宏观经济影响

经济衰退的影响并不局限于金融业,也不局限于那些轻率发放大量贷款的人。迈克尔·豪特(Michael Hout)及其合著者这样描述抵押贷款和银行危机的连锁反应:"房地产泡沫破裂,华尔街崩溃,银行停止放贷,建筑工人失业,建筑材料和家用电器销量暴跌,卡车司机和码头工人失业,商店和餐馆受到冲击,

---

① Burtless 和 Gordon,2011,286—88。
② Blinder 和 Zandi,2010。
③ Burtless 和 Gordon,2011,288—89。
④ Burtless 和 Gordon,2011,289。

税收收入减少,警察和老师被迫休假,事态进一步恶化。"① 从 2007 年末到 2009 年中,国内生产总值(GDP)下降了 8%。这两年里,家庭损失了 1/4 的财富,其中 1/3 源于房价的下跌(对许多家庭而言,房屋是最有价值的资产)。② 美国经济损失了 850 万份工作,从 2007 年 12 月的 1.381 亿份工作减少至 2010 年 2 月的 1.296 亿份工作。③ 失业率达到 10.0% 的峰值。即便到了 2012 年 8 月,失业率也仅降至 8.1%。④

男性最初受到经济衰退的沉重打击,因为在衰退行业,如建筑业、运输业和制造业,男性数量超过女性数量。比如,2010 年 11 月,处于最佳工作年龄的男性就业率为 80%,低于衰退前的 88%。经济衰退对女性的直接影响较小,因为女性更有可能在卫生保健等不断扩大的经济领域就业,而且女性的受教育水平也高于同龄男性。然而,随着国家从经济衰退中缓慢复苏,男性就业率比女性恢复得更快,因此,到了 2012 年,衰退影响并不因性别而大相径庭。⑤

即使在官方宣布经济衰退结束后,失业率下降速度仍然缓慢,这意味着许多家庭经历了漫长的艰难困苦。经济衰退既有物质上的影响,也有精神上的影响。美联社 2012 年的一篇报道中写道:

> J. R. 奇儿德雷斯(J. R. Childress)天还没亮就起床了,在自己建的法国殖民地风格的砖房里忙碌着。他帮妻子打包午餐,他自己吃了点鸡蛋或麦片当早餐,浏览网上或报纸上的招聘信息,希望,甚至是祈祷,这一天可以时来运转。
>
> 为了保持头脑清醒,他决定不管有无工作,都要一直忙着。他或是给邻居帮忙,或是自己锻炼,或是看看北卡罗来纳州温斯顿—塞勒姆周边建筑项目的计算机蓝图,从而和自己生活了 30 年的世界保持联系。自 2009 年晚期以来,奇尔德雷斯已被解雇了两次,最近一次是 10 个月前。

---

① Hout,Levanonhe 和 Cumberworth,2011,60。
② Bosworth,2012.
③ Bosworth,2012.
④ Bureau of Labor Statistics,2012a.
⑤ Hout,Levanonhe 和 Cumberworth,2011,60—64;Smeeding 等,2011,86;Hartmann,Fischer 和 Logan,2012,3。

"每天都是一场斗争",他轻吞慢吐道,"斗争是未知的。你一步一步爬上更高的职级,在生活和工作中达到了一个让你舒适的位置……然后,突然之间,一切都消失了。这就像被扔进一个洞里,你爬起来,但上面涂满了油,没有办法再出去了。"①

尽管2012年的失业率处于3年来的最低水平,但与2007年晚期经济衰退开始时相比,2012年早期的就业岗位仍减少了560万个。超40%的失业者已失业逾6个月。②

大衰退对贫困的影响

大多数人口群体感受到了经济衰退的影响,但冲击绝不是均匀的。表6-1显示了2006年和2011年的贫困率,2006年的贫困率是2007年晚期经济衰退开始前整整一年,2011年的贫困率是经济衰退结束后两年。表6-1还显示了不同群体的贫困人口占比变化情况。

表6-1　　2006—2011年按群体和大衰退前后统计的贫困率

	2006年	2011年	贫困人口占比变化
总计	12.3	15.0	22
种族			
白人	10.3	12.8	24
非西班牙裔白人	8.2	9.8	20
黑人	24.3	27.6	14
亚裔	10.3	12.3	19
西班牙裔(不分种族)	20.6	25.3	23
年龄			
18岁以下	17.4	21.9	26
18—64岁	10.8	13.7	27
65岁及以上	9.4	8.7	—7

---

① Cohen,2012.
② Cohen,2012.

续表

	2006年	2011年	贫困人口占比变化
性别			
男性	11.0	13.6	24
女性	13.6	16.3	20
出生地			
本土出生	11.9	14.4	21
国外出生	15.2	19.0	25
受教育程度（25岁以上）			
高中学历以下	22.9	25.4	11
高中学历	10.6	14.9	41
受过一些大学教育，四年制以下学位	7.5	11.1	48
四年制或以上学位	3.6	5.1	42
有子女的家庭，按类型			
已婚家庭	6.4	8.8	38
男性为户主的家庭，没有妻子	17.9	21.9	22
女性为户主的家庭，没有丈夫	36.5	42.9	18
地域			
东北部	11.5	13.1	14
中西部	11.2	14.0	25
南部	13.8	16.0	16
西部	11.6	15.8	36

资料来源：美国人口普查局，2012c。教育数据来自美国人口普查局，2012b。

总体而言，我们看到官方贫困率从2006年的12.3%升至2011年的15.0%，增长了22%。所有种族、民族群体都感受到贫困的加剧。儿童和适龄劳动人口的贫困率出现了类似增长（26%至27%），老年人是表6-1中贫困率唯一下降的群体。许多老年人从社保或养老金中获得固定收入，这些收入受经济衰退的影响较小。如上所述，尽管一开始受经济衰退影响的男性多于女性，但到了2011年，对两性的影响已经趋于平衡。本土出生和国外出生的群体，以及不同受教育程度的群体都受到经济衰退的影响。经济衰退对东北部和南部地区的影响较小,西部地区受影响最为严重,比如,2011年12月,失业率最高的州是内华达州(12.6%)和加利福尼亚州(11.1%)。[①]

如果政府没有采取行动,那么2011年的贫困率将会大幅提高。具体来说,联邦政府在2009年和2010年实施了6项临时性举措,旨在刺激经济和缓解困境:扩大劳动所得税抵免(Earned Income Tax Credit)、儿童税收抵免(Child Tax Credit)、工作薪酬(Making Work Pay)税收抵免,延长失业保险期限,提升失业保险水平,扩展补充营养援助计划(Supplement Nutrition Assistance Program)。这6个项目中有5个(除失业保险外)未被上面引用的官方统计数据覆盖,因为第二章详细描述的衡量方法存在缺陷(官方衡量方法不计算非现金转移和税收抵免收入)。

研究人员阿洛克·谢尔曼(Arloc Sherman)采用美国国家科学院推荐的贫困标准发现,2010年,这6项举措让690万人(包括250万儿童)生活在贫困线以上。图6—1更笼统地显示了政府援助的效果,特别是这6项举措对贫困率的影响。如果将所有类型的政府援助都从家庭收入中剔除,2010年,28.6%的家庭会被归入贫困行列,高于2007年的24.4%。然而,如果考虑政府转移支付(现金和非现金),但不包括6项临时举措,贫困率要低得多,2010年为17.8%。如果考虑这些临时举措,贫困率同年将再下降2.3个百分点,达到15.5%。总的来说,2007—2010年,如果将所有的政府转移支付都包括在内,贫困率仅提高0.6%(14.9%—15.5%),这表明额外的福利可以抑制经济衰退对民众福祉的负面影响。在这些举措中,延长失业保险期限让340万人摆脱贫困,3项税收抵免让310万人摆脱贫困,扩展补充营养援助计划又让100万人摆脱贫困。[②]

尽管安全网提供了一些帮助,但从许多指标来看,人们的幸福感有所下降。比如,食物愈加得不到保障。2011年第四季度,对"过去12个月里,你是否有过钱不够给你或家人买所需食物的时候?"这个问题,19.4%的家庭作出了肯定回答。这较2008年第一季度经济刚开始衰退时的16.3%有所上升。[③] 2007—2011年,尽管接受补充营养援助计划的人数增加了70%,但食物短缺还是愈演

---

① Bureau of Labor Statistics,2012b.
② Sherman,2011.
③ Food Research and Action Center,2012,3.

图 6—1 2007 年和 2010 年采用美国国家科学院的
贫困标准按有无考虑政府援助统计的贫困率

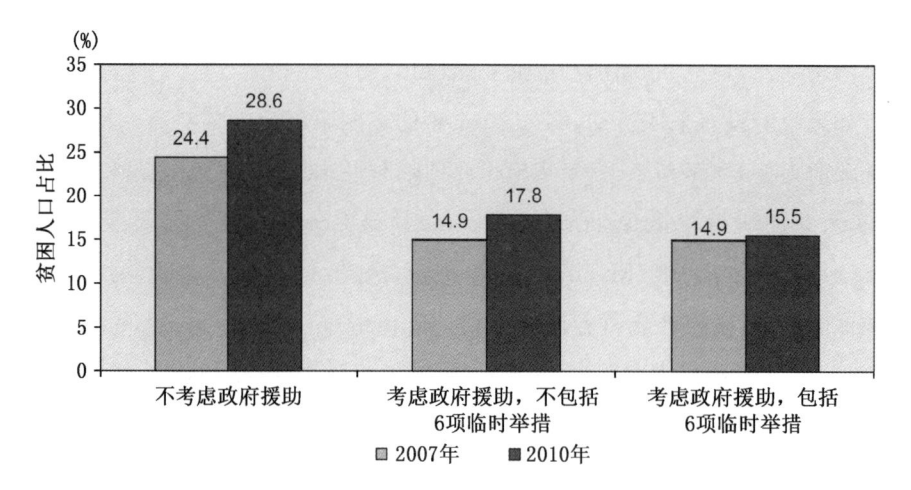

不考虑政府援助：2007年 24.4%，2010年 28.6%
考虑政府援助，不包括6项临时举措：2007年 14.9%，2010年 17.8%
考虑政府援助，包括6项临时举措：2007年 14.9%，2010年 15.5%

资料来源：Sherman，2011，图 2。

愈烈。2011 年，1/7 的美国人领取了补充营养援助计划补助，在密歇根州、密西西比州、新墨西哥州、俄勒冈州、田纳西州和哥伦比亚特区，这一比例高达 1/5。[1]

经济衰退大大减少了美国人的财富。2007—2009 年，美国家庭的房屋净值平均下降了 39%。少数族裔家庭受到的冲击更大：非裔和西班牙裔家庭的房屋净值分别下跌了 48% 和 45%（相比之下，白人家庭的房屋净值仍大幅下跌了 37%）。许多房主还发现，他们的房屋净值变成了负值，这意味着他们欠银行的贷款超过了房屋价值。到了 2009 年底，16%—20% 的房主处于这种情况。因此，2009 年，5% 的房主拖欠抵押贷款。在白人、黑人和西班牙裔中，这一比例分别为 3%、11% 和 15%。经历了止赎的家庭占比从 2006 年的 0.5% 升至 2009 年的 2%，增长了 4 倍，此后这个数字很有可能继续上升。[2]

即将退休的工人也受到了经济衰退的影响。股票市场的下跌导致养老金财富显著减少，尤其是 401(k)s 计划实施后。2007—2009 年，退休账户资金减少了 34%，尽管随着股票市场复苏，这些账户的价值有所反弹。[3] 更为普遍的

---

[1] Isaacs，2011。
[2] Wolff，Owens 和 Burak，2011，134，150—51。
[3] Wolff，Owens 和 Burak，2011，152。

是,2008—2010年这三年里,超过1/5的美国人发现他们的可用家庭收入减少了1/4或更多,并且缺乏足够的金融资源(如储蓄)来应对这种减少。[1]

大衰退也对生育率和家庭构成模式造成了重大影响。2003—2007年的生育率稳步上升后,2008年和2009年的生育率小幅下降了2%—5%。这种下降可能源于人们对自己的工作或财务状况缺乏安全感。对这一时期的女性进行调查发现,许多女性表示,由于经济原因,她们想减少或推迟生育。[2] 经济衰退似乎并没有对结婚或离婚造成很大影响。经济衰退前,结婚率和离婚率都在缓慢下降,这些趋势或多或少地延续到2008年和2009年。同样,经济衰退前同居人数逐渐增加的趋势也延续到2008年和2009年。[3]

然而,经济衰退期间,与父母同住的年轻人比例有所上升。这与一种观点相一致,即艰难的就业市场导致更多的年轻人回家(或从未离家),与亲属共同居住,从而度过经济困难时期。[4] 具体而言,2007—2011年,25—34岁与父母同住的年轻人数量从470万上升至590万。这一增长主要是因为与家人同住的年轻男性比例不断上升。2011年,25—34岁的男性中,有18.6%与父母同住,高于2007年的14.2%。在此期间,女性的这一比例一直稳定在10%左右。[5]

虽然有人可能会认为,大衰退或许对人们看待商业、政府和社会公平的态度产生了深远影响,但有研究表明,这种影响并不大。表示自己"对大公司几乎没有信心"的人占比仅提高了几个百分点,不过表示对银行和金融机构越来越没信心的人占比大幅飙升,从经济衰退前的略高于1/10到后来的约4/10。人们对政府的态度在21世纪头十年总体变差了,但在经济衰退期间并无太大变化。经济衰退似乎也没有对人们看待社会公平的态度造成多大影响。人们对政府是否可以和是否应该有更多行动来缓解困境看法不一。总的来说,他们确实赞成政府采取行动,但对那些增加机会、帮助穷人或主张财富再分配的政策却没有明确支持。[6]

---

[1] Hacker 等,2011。
[2] Morgan,Cumberworth 和 Wimer,2011,222—25;Guttmacher Institute,2009。
[3] Morgan,Cumberworth 和 Wimer,2011,233—36。
[4] Morgan,Cumberworth 和 Wimer,2011,237。
[5] Jacobsen 和 Mather,2011,6,另见 Mykyta 和 Macartney,2011。
[6] Kenworthy 和 Owens,2011,203,216—17。

经济衰退对健康有何影响的统计数据目前还难以获得,但不难找到一些故事,表明经济衰退对个人心理健康的影响无疑是巨大的。杰尔姆·格林(Jerome Greene)在描述3年多来没有稳定薪酬的生活时,并没有拐弯抹角。

"就像地狱一样",他说,"看到别人晨起去上班,晚上再回来,真的特别难受。别人花钱、外出、玩乐,而你却不能。压力真的非常大。但还有些人处境比我更糟糕,我为他们感到难过。"

即将50岁的格林曾在甲骨文公司做了16年的软件开发工作,最近在宾夕法尼亚州的一家制造汽车电子元件的公司工作。2008年6月,他被解雇时,经济衰退刚刚开始,但仍有工作面试。到了秋季,随着经济自由落体式下滑,他的电话不再响了。

格林希望这只是短暂的经济低迷,他可以靠失业救济金渡过难关。

但失业率仍然徘徊在9%以上,他的99周失业救济也到期了。他失眠、抑郁。由于没有医疗保险,他外出办事时随身携带洗手液和笔,以免生病,不得不支付65美元的诊费。

"没有犯错的余地",他们,"没有多余的钱。"[①]

大衰退的政治局势

大衰退结束后,美国国内爆发了两场值得关注的政治运动:茶党和占领华尔街运动。两场运动参与者宣扬的观点并不新奇,但经济危机引发的事件和情形似乎证实了部分观点,因而在公众中引起了更广泛的共鸣。

2008年,共和党在总统选举中落败,民主党在国会两院获多数席位,之后,茶党运动兴起。茶党运动在2009年发展壮大,并在2010年中期选举中获得巨大成功。许多茶党候选人进入国会,共和党在众议院获多数席位。茶党的意识形态代表了美国长期以来的保守主义。茶党支持者普遍反对"大政府"。他们憎恶税收和政府对商业的管制。他们强烈反对奥巴马的医疗改革计划(国会于2010年通过),该计划旨在扩大医疗保险的覆盖范围,惠及更多美国人,并加强

---

① Cohen,2012.

联邦政府在该计划中发挥的作用。茶党支持者并不反对所有政府支出,因为其中许多人都是领取社保和医保的美国老年人(主要是白人),他们不赞成取消这些项目。茶党支持者倾向于区分哪些是惠及努力工作为社会做出贡献的人的项目,哪些是给不值得帮助的人的"施舍"。[1]

因此,许多茶党支持者对华尔街救助计划和之后的经济刺激计划付出的代价感到担忧。茶党运动的开始有时会和2009年2月美国消费者新闻与商业频道记者里克·圣泰利(Rick Santelli)在电视直播中对奥巴马政府抵押贷款计划的抨击联系到一起,该计划旨在帮助那些面临止赎的人。当圣泰利在芝加哥商品交易所大厅内报道时,他喊道:"政府正在为不良行为推波助澜!"片刻之后,他把脸从电视镜头前移开,问大厅里的人:"你们中有多少人想为有额外浴室却付不起账单的邻居支付抵押贷款?请举手。(观众嘘声)奥巴马总统,你在听吗?!"[2]对茶党运动的支持在2010年达到顶峰,尽管其意识形态的许多方面在保守派中仍然很受欢迎。[3]

从政治层面看,占领华尔街运动带有左翼色彩。该运动最开始是2011年9月在纽约华尔街金融区祖科蒂公园举行的抗议活动,后来蔓延到其他城市。参与者抗议社会和经济不平等、贪婪、腐败,以及企业,尤其是金融业对政府的不当影响。这些抗议活动与100年前针对公司和裙带资本主义的抗议活动如出一辙。[4]

占领华尔街运动的根源是家庭收入停滞不前和收入不平等加剧。经济危机来袭,失业率飙升,许多想进入劳动力市场的年轻人发现经济机会突然消失了。他们对处于危机中心的大银行得到救助也深感不满。2011年的调查显示,61%的美国人认同"这个国家的经济体系偏袒富人"这一说法。[5] 企业继续豪掷数十亿美元进行游说,更不用说总统和国会竞选了,这让人们更加怀疑政治制度的公平性。

此外,尽管许多美国人接受了一定程度的社会不平等,但也感觉到经济流

---

[1] Williamson,Skocpol 和 Coggin,2011。
[2] Williamson,Skocpol 和 Coggin,2011,26,另见 www.youtube.com/watch? v=zp-Jw-5Kx8k。
[3] Williamson,Skocpol 和 Coggin,2011,36。
[4] Stucke,forthcoming。
[5] Stucke,forthcoming,3—12,另见 Kohut,2012。

动性是有限的,而且现在可能比过去更难实现。实现经济流动性的一个主要手段是获得大学学位;然而,近年来大学花费的增长远远超过了通货膨胀。因此,许多大学生最终背负上巨额的学生贷款。占领华尔街运动的参与者认为,我们的政治和经济机构需要更加公平,担负起更多责任。尽管这场运动有效地揭示了这些问题,但它在阐明具体目标和解决方案方面并没有那么成功。占领华尔街抗议活动在 2011 年底逐渐平息,但与茶党一样,占领华尔街运动的总体目标仍让许多美国人产生了共鸣。

总　结

大衰退是由 2007—2009 年的房地产泡沫破裂和随后的银行业危机造成的。这些冲击影响了整个经济,到 2009 年 10 月,全国失业率翻了一番,达到 10%。经济衰退在 2009 年底正式宣告结束,但在随后的几个月和几年里,高失业率下降非常缓慢。大衰退的根本原因是日益加剧的不平等(这让很多家庭越来越难过上中产阶级的生活)、银行贷款政策的放宽和消费者债务的相应增加,以及几乎不受监管的抵押贷款证券化的兴起。政府对"大到不能倒"的公司的救助,以及随后的经济刺激计划,尽管为许多人怀疑和怨恨,但很有可能阻止了一场更大的经济灾难。

经济衰退还造成了贫困率上升、财富大减(尤其是房屋净值)、食物严重短缺,以及更多的年轻人和父母同住。不同政治派别对这场危机的反应各不相同,保守派在 2009—2010 年发起了"茶党运动",自由派则在 2011 年发起了"占领华尔街运动"。虽然这些运动的风潮已然消退,但其背后的哲学仍然长盛不衰,继续影响着针对贫困问题的政治辩论。

第七章

贫困和政策

给需要帮助的人提供帮助和不促进社会"不良"行为之间的斗争,是当前贫困问题的中心争议。这并非一个新的议题。一个多世纪以前,也就是1904年,埃米尔·芒斯特伯格(Emil Munsterberg)就描述了这种进退两难的局面:

> 社会对贫困采取的行为继续在两种弊病之间摇摆不定,一种是对穷人关照不够,导致贫困问题愈演愈烈……另一种是不计后果地救济穷人,伴随而来的是影响深远的滥用和独立精神的削弱……贫困的历史很大程度上就是这些不断被观察到的弊病和为消除这些弊病或至少缩小其规模而努力的历史。没有一个时代能成功解决这个问题。[①]

美国历史上对穷人施行的一系列政策既反映出其市场导向,也反映出其个人主义价值观。与其他发达国家相比,这些政策的重点往往是刺激经济增长,而非确保收入平等,促进个人自由,推动集体福祉。政策通常也不保证向所有低收入者提供援助,一般要求他们通过工作获得援助资格。

本章探讨了当前政策辩论在美国的起源,描述了对穷人的现行政策,回顾了政府转移支付对贫困的影响的证据,最后讨论了相互矛盾的目标和价值观如何驱动对美国福利制度的规模、范围和方向的持续商讨。

---

① Munsterberg,1904,343.

美国当前政策辩论的起源

美国殖民地时期对穷人的政策很大程度上借鉴了英国的济贫法。英国于1601年通过的《伊丽莎白济贫法》(Elizabethan Poor Law)将多年以来的法律结合在一起,形成了一个地方资助和管理救济的民事制度。该制度的要点为许多殖民地所采用。根据该制度,援助包括对失业者的直接援助、对年轻人的学徒政策,以及对体格健全的成年人的工作救济。它赋予了地方政府帮助穷人的责任。这些穷人通常被分为三类:儿童,体格健全的成年人,以及丧失行动能力、孤立无援或"值得帮助"的穷人。①

按照如今的标准,该法律的一些特点可能会被认为是不寻常或苛刻的。不仅父母对子女负有法律责任,而且子女对贫困的父母和祖父母也负有法律责任。拒绝工作的流浪汉会被送进惩教院(house of correction),受鞭笞,打烙印,戴木枷,遭石头砸或被赶出社区。潜在的接受者也没有办法对这些决定提出申诉。② 有些地方的穷人甚至可以被拍卖给出价最低的竞标者,或者如果镇上有收容所的话,就把他们送到那里去。③

在美国的农村和城镇,领取公共援助的居住要求很普遍。各个城镇经常驱逐非居民的流浪汉和陌生人。殖民时期,美国印第安人或非裔美国人几乎没有社会福利。黑人奴隶由主人负责,新获自由的黑人有时也是如此,而其他自由黑人受到的待遇各不相同。④ 在一些地方,如宾夕法尼亚州,穷困的非裔美国人由他们的合法居住县负责⑤,而在其他地方,他们得不到援助,被迫自寻活路。总体而言,殖民者往往只会为那些他们视作社区成员的人承担责任。⑥

到了19世纪早期,美国迅速发展,一些地区开始了工业化和城市化进程。这些变化带来的社会紧张和混乱加剧,引发了人们对如何应对贫困的关注。居

---

① Trattner,1994,10—12.
② Trattner,1994,10—11;Katz,1996,13—15.
③ Katz,1996,14.
④ Trattner,1994,23—24.
⑤ DuBois,1899,269.
⑥ Trattner,1994,24—26.

住规定(即必须在一个社区居住一段时间后才有资格获得援助)被认为妨碍了劳动力流动。在许多人看来,贫困法可能会助长依赖性,让贫困问题更为严重。还有人认为,用于援助穷人的钱是以税收的形式从勤劳的工人那里拿走的。不屈不挠的个人主义是完美典范,而体格健全的穷人在他们眼里既懒惰又道德败坏。①

因此,越来越多的人相信,不要求受助者进入收容机构的"院外"救济会加剧这些问题。穷人证明了不辛勤劳动也可以过上不错的生活。到了19世纪20年代,"院内"救济运动开始兴起。院内救济包括广泛使用的收容机构,如救济院、济贫院、孤儿院和精神病院。20世纪30年代大萧条以前,它们一直是政策的一部分,尽管早有其他类型的救济措施对其进行了补充。②

收容机构旨在对穷人进行改造和道德教育。救济院条件差别很大,一些是堕落、疾病和濒临饥饿的地方,另一些则不然。大多数救济院实际用作个人危机或经济困难时期的临时住所,而非长期或永久居住之地。③ 这些机构越来越多地由州而非地方提供资金,即便它们仍由县一级管理。④ 部分原因在于许多救济院经营惨淡、管理不善、资金不足,随着时间的推移,未能达到赞助者预期的目标,也就是说,未能成为道德教育、改造和工作的场所,最终失去了普遍支持。⑤

在此期间,院外救济仍在继续,其中一些由私人慈善机构提供。即便是在院内救济最鼎盛的时候,救济院外得到援助的人也比救济院内的多。⑥ 有些城市的非裔美国人社区通常有自己的互助社团。比如,在19世纪初的费城,黑人互助协会的数量迅速增加,这些协会向许多成年非裔美国人收取会费,然后给穷人分发救济金。⑦

内战期间和之后不久,联邦政府通过自由民局的工作和援助联邦退伍军人政策的实施,在帮助获得自由的黑人男女方面发挥了作用。自由民局在1872

---

① Trattner,1994,47—56.
② Katz,1996,22—36.
③ Trattner,1994,60—61.
④ Monkkonen,1993,331—33.
⑤ Katz,1996,26—36.
⑥ Katz,1996,38.
⑦ Trotter Jr.,1993,64—65.

年解散前充当了职业介绍所的角色,也是南部非裔美国人的一个重要救济来源。[1] 然而,有人认为,自由民局在努力增加就业的过程中也带来了消极影响,因为从本质上来看,它把获得自由的奴隶捆绑在种植园里做佃农。[2]

在大多数情况下,非裔美国人和白人穷人被区别对待,而且前者通常低人一等。随着"重建计划"(1867—1876年)的结束,针对黑人的公共福利项目开始逐渐消失,迫使他们自立、互助或转向私人的黑人慈善团体。[3] 从积极的方面来看,数百万残疾和年老的联邦战争退伍军人,包括非裔美国退伍军人,获得内战补助金,到了1910年,超过1/4的美国老年男性收到联邦政府的定期补贴。[4]

除了退伍工人的福利,到了19世纪70年代,许多城市和地方减少了公共院外救济,而"科学慈善机构"变得越来越重要[5],这体现了将援助的管理和监督职责协调到由专人或私人管理的更大的慈善机构的趋势。有组织的慈善运动不仅旨在消除救济管理中的欺诈和低效,还旨在设计一种解决贫困问题的有建设性的方法。它包括让"友善访问员"(friendly visitor)调查每个案例,诊断致贫原因。调查是解决问题的基础。随后是富人和穷人之间的私下交往,其目的是传达建议和道德训练。这场运动背后的理念基于这样一种观念:贫困是个人的道德问题。19世纪末,纽约慈善组织协会的创始人约瑟芬·肖·洛厄尔(Josephine Shaw Lowell)表示:"人类本性就是如此,没有一个(工作的)人能在道德不沦丧的情况下接受他应通过自己劳动挣的钱作为礼物。没有人……如果能以自己乐于接受的方式谋生,会通过工作来获得生活资料。"[6]

然而,也有人批评科学慈善协会太不了解致贫原因,太家长式作风,有时冷酷而残忍。他们以为穷人需要友善访问员的道德引导,但实际上这种情况非常少见。这些协会也没能充分认识到致贫原因是多方面的,不仅包括个人缺陷,还包括意外事故、健康不佳、工资低廉、被迫失业等因素。然而,这些协会的专业定位鼓励在访问期间认真做好记录,并收集有关致贫原因的信息,这促进了

---

[1] Trattner,1994,83—84.
[2] Jones,1993,33—34;Katz,1993b,458.
[3] Trattner,1994,84—85。
[4] Skocpol,2000,25—26.
[5] 见Trattner,1994,77—103;Katz,1996,60—87.
[6] Trattner,1994,95.

社会服务和研究(个案工作)技术的发展,也推动了社会福利工作作为一种职业的发展。①

20世纪早期是一个持续快速工业化、城市化和移民的时代。经济不安全和贫困普遍存在。一些改革者认为,与这些进程相关的复杂问题所需的资金支持远超私人慈善机构能承担的范围。1909—1920年,43个州通过了一项法律,要求雇主为在工作中受伤的雇员提供工伤赔偿,这是美国最早组织起来和持续实行的社会保险项目之一。② 这一时期,还出现了许多旨在帮助母亲的项目,如母亲补助金,儿童相关项目也有所增加。③ 1912年,美国国会创建了儿童局,其任务是收集和交流有关儿童福利的看法和信息。在儿童局的敦促下,国会于1921年通过了《谢泼德—汤纳法案》(Sheppard Towner Act),为婴儿母亲的健康教育项目提供资金。④

这一时期的其他立法支持扩大对有子女的寡妇的援助范围,她们属于"值得帮助"的穷人。到了1919年,39个州颁布了这样的法令;到了1935年,仅有两个州没有颁布。寡妇抚恤金法是许多州福利政策的一个转折点,因为它为许多领取福利的人消除了被救济的污名。20世纪早期,慈善业继续向职业化发展;到了20世纪20年代,慈善工作者开始成为"社会工作者",社会工作学院的数量开始增长。志愿的"友善访问员"让位于那些领取工资、受过训练的社会工作者。⑤

1929年秋的股市崩盘和随后的大萧条极大地改变了经济、社会和政治格局。1929—1933年,失业率从3.2%攀升至24.9%。国内的私人慈善机构根本没有办法满足全国各地日益增长的需求。显然,至少有一部分新增贫困是由穷人无法控制的社会和经济因素造成的。⑥ 赫伯特·胡佛(Herbert Hoover)总统小心应对经济危机,由于情况未能改善,他在1932年的竞选中败给了富兰克林·德拉诺·罗斯福(Franklin Delano Roosevelt)。

---

① Trattner,1994,99—102.
② Katz,1996,197.
③ 比如,见Skocpol等,1993。
④ Katz,1996,148.
⑤ Trattner,1994,225,250.
⑥ Trattner,1994,273—74.

罗斯福采取了积极行动，制订了一个大规模的救济计划，以帮助恢复公众对国家制度的信心。20世纪30年代，政府采取了一系列措施，包括成立工程兴办署，为失业者提供就业机会；颁布《国家劳动关系法案》（National Labor Relations Act）[又称《瓦格纳法案》（Wagner Act）]，保障工会的组织权利；成立农业安全局，帮助小农和外来工；颁布《瓦格纳－斯蒂格尔法案》（Wagner-Steagall Act），成立美国住房管理局，为建造公共住房的地方官员提供低息贷款。1933年签署为法律的《联邦紧急救济法案》（Federal Emergency Relief Act）开启了联邦援助的时代，联邦政府拨出5亿美元作为财政补贴分发给各州。由于歧视和排斥，非裔美国人得到的经济援助往往少于白人。然而，新政计划与过去有明显不同，它们正式试图禁止歧视，而且最终确实帮助了许多非裔美国家庭。[①]

最重要的立法之一是《社会保障法案》（Social Security Act），该法案于1935年成为法律。它既以老年人养老金的形式提供社会保险，又为工人提供失业保险，还以受抚养儿童援助（Aid to Dependent Children）[后被称为受抚养儿童家庭援助（Aid to Families with Dependent Children）]和残疾儿童援助的形式提供公共援助。随着时间的推移，法案中的社会保险部分往往比公共援助部分更受欢迎，更少争议。[②] 老年保险最终扩大到覆盖几乎所有退休雇员，并为幸存者和伤残保障提供福利。《社会保障法案》标志着联邦政府开始永久性地向各州提供援助。它将权利的思想引入国家政策，并让联邦政府承担起为公民提供福利的责任。[③] 1932年，联邦政府在公共援助中的份额为2.1%；到了1939年，这一比例升至62.5%。[④]

第二次世界大战为大多数美国人带来了充分就业和收入增长。1944年的《退伍军人安置法案》（GI Bill）为1 600万第二次世界大战退伍军人提供了一整套残疾服务、就业福利、教育贷款、家庭津贴，以及家庭、企业和农场补贴贷款。[⑤]

20世纪40年代晚期和50年代是全面繁荣的年代，美国的总体形象是一个富裕的社会，享有全世界最高的生活水平。尽管取得了这些进步，但贫困仍然

[①] Katz,1996,224—54.
[②] Jackson,1993,437;Skocpol,2000,22—58;Katz,1996,242—55.
[③] Trattner,1994,294.
[④] Katz,1996,254.
[⑤] Skocpol,2000,26.

存在。此外,在一些群体中,贫困分布广泛,大多数情况下,这些人被排除在美国主流生活之外:迁移到北方城市的南方无业黑人,一些农村白人、墨西哥裔美国人、西部和西南部保留地的美国原住民以及波多黎各人。民权运动引起了国家对这些在社会、经济和政治上处于边缘地位的群体的状况的关注,他们中许多人从过去的政策措施中收益甚微。20 世纪 60 年代的城市暴力和社会混乱打破了美国作为无阶级或相对同质化社会的形象。[①]

肯尼迪政府倡导了许多旨在减少贫困和不平等的新政策,如 1962 年对《社会保障法案》的《公共福利修正案》(Public Welfare Amendments),该修正案加大了联邦政府对为公共援助接受者提供服务的各州的支持。肯尼迪的继任者林登·约翰逊向贫困大胆宣战,将减少贫困作为国内议程的中心议题。支持这一努力的立法包括:《经济机会法案》(Economic Opportunity Act),该法案为辍学者创建了就业工作团;开端计划(Operation Head Start),该计划为儿童提供学前培训;法律服务公司;社区行动计划,该计划支持创建和运作社区行动机构,以对抗贫困。最后的社区行动计划通过直接向当地社区组织提供援助,来解决社区"组织混乱"、高度贫困的问题,通常绕过当地当选官员。由于受到这些官员的普遍反对和抵制,该计划最终走向失败。拨出的钱有很大一部分没有送到需要的人手中。[②]

这一时期,还有其他立法催生了一些如今众所周知的计划,包括:《食品券法案》(Food Stamp Act,1964),该法案为低收入家庭提供购买食物的资金(现被称为补充营养援助计划);为老年人提供健康保险的医疗保险制度(1965);对低收入家庭也起到同样作用的医疗补助计划(1965)。1963—1966 年,联邦政府给各州用于社会服务的拨款不止翻了一番。此外,福利救济人员名册,尤其是受抚养儿童家庭援助计划,新添了约 100 万个公共援助案例,到 1970 年,又新添了 330 万个。[③] 1974 年,补充保障收入计划让盲人、残疾人和老年人享受到联邦福利。

尽管 20 世纪 60 年代的一些努力试图赋予社区更大的权力(如社区行动计

[①] Trattner,1994,313—19.
[②] 见 Jackson,1993,403—39;Trattner,1994,322—31;O'Connor,2001,166—95.
[③] Trattner,1994,304—31.

划),但自20世纪30年代以来,穷人政策管理方面的总体趋势是朝规模更大的官僚结构和更强的专业性发展。这两者相结合,有时会让扶贫项目对实际需求的响应没有那么积极,也就更难改革。随着时间的推移,很多政治派别对这些政策和制度更加不满。①

到了20世纪60年代晚期,越来越多的人开始谴责福利制度。此外,反战抗议、学生动乱和社会变革(如女性解放、公民权利和福利权利运动)也引起了保守派的不满。不过,尽管1968年当选总统的理查德·尼克松(Richard Nixon)批评联邦政府参与个人和社区服务(更倾向于自立),但他最终还是支持了许多扩大社会项目范围的提案。这些提案旨在帮助那些"值得帮助"的贫困公民,包括残疾人、老年人和有工作的穷人。这些项目包括为低收入工人提供退税的劳动所得税抵免,以及为失业者提供公共服务职位补贴的《综合就业和培训法案》(Comprehensive Employment and Training Act)。②

20世纪70年代中期,经济受到高失业率和通货膨胀的影响。到了20世纪70年代末,20世纪60年代的乐观主义明显已经让位于悲观主义和犬儒主义;自由主义者和许多社会项目受到攻击,罗纳德·里根(Ronald Reagan)领导了随后的运动,限制福利并减少社会支出,他认为,普遍存在的不劳而获现象困扰着这个体系。里根政府扩大了军事预算,削减了税收,还施行了一些社会项目,如《综合就业和培训法案》。其他方面的支出也遭到大幅削减,如受抚养儿童家庭援助计划、儿童保育补贴、失业保险、食品券、住房补贴、公共心理健康服务和法律援助。里根还推动许多政府职能从联邦一级转移到州一级。③

20世纪80年代早期的一些削减正值经济严重衰退之际。贫困率和失业率飙升到几年来的最高水平。到了20世纪80年代中期,经济危机有所缓解,尽管失业率和贫困率下降缓慢。另一项重大的福利立法是《家庭援助法案》(Family Support Act),由里根于1988年签署为法律,其核心就是就业机会和基本技能(Opportunities and Basic Skills)计划。该计划要求领取福利的单亲父母,如果子女超过3岁,就必须工作,才能获得援助。如果他们找不到工作,就必须参

---

① Katz,1993b,476.
② Trattner,1994,337—51.
③ Katz,1996,283—99;Trattner,1994,352—65.

加教育或职业培训课程,费用由州政府和联邦政府支付。此外,政府还为受助者提供儿童保育、交通和其他必要开支的资金,以便他们工作或参加职业培训。

20世纪90年代早期,美国又经历了一次严重的经济衰退,领取现金福利和食品券的人数急剧增加,对福利制度的不满仍然存在。曾在1992年竞选中誓要"终结我们所知的福利"的比尔·克林顿总统,于1996年签署了一项两党法案,即《个人责任和工作机会和解法案》(Personal Responsibility and Work Opportunity Reconciliation Act),帮助实现了这一目标。这是一项富有戏剧性和争议性的措施,它结束了持续60年确保向贫困人口至少提供最低水平援助的联邦社会政策。这项措施废除了受抚养儿童家庭援助计划,取而代之的是向各州提供更少补助的制度,该制度确立了资格规则,但要求在两年后终止受助者的福利,无论他们当时是否找到了工作。它还规定一生受援助的最长期限为5年。[①] 援助穷人的其他一些项目继续生效,如住房补贴、针对残疾人的医疗补助计划和劳动所得税抵免。

更笼统地说,《个人责任和工作机会和解法案》的基本目标是"改变贫困文化"和减少依赖。[②] 接受现金援助(更名为贫困家庭临时援助,来自受抚养儿童家庭援助计划)的人数在该法案通过后急剧下降,从1994年的500万家庭降至2000年6月的220万家庭。[③] 下降与该法案本身、当时强大的经济实力,以及劳动所得税抵免的扩大都有关,这使得工作更具吸引力。[④] 单亲母亲的就业率从1994年的60%升至1999年的72%,在如此短的时间里是个巨大飞跃。[⑤] 福利改革后,单亲母亲的收入和可支配收入也普遍显著增加,因为她们得到的公共援助减少了,这一趋势一直延续到21世纪头十年。[⑥] 然而,仍有相当多的弱势女性群体没有一技之长,很难找到工作或持续就业,身心健康状况都不佳。这些女性没有从福利改革中得到援助,而且在福利改革实施后境遇很可能更糟。[⑦]

---

① Trattner,1994,393—97.
② Thompson,2001,3.
③ Greenberg,2001.
④ Scholz,Moffitt 和 Cowan,2009。
⑤ Moffitt,2002,另见 Ziliak,2009,8。
⑥ Bollinger,Gonzalez,以及 Ziliak,2009,66。
⑦ Moffitt,2002,1,5;Frogner,Moffitt 和 Ribar,2009,167—70。

自1996年福利改革通过以来,惠及贫困和弱势群体的最重要的政府新项目是《患者保护和平价医疗法案》,该法案由国会通过,并于2010年3月由奥巴马总统签署为法律(有时被称为"奥巴马医改")。该计划规定分阶段(在4年时间里)引入一个综合性的强制健康保险制度,其主要目的是减少美国无健康保险的人数。该计划要求建立以州为基础的美国健康福利交流所(American Health Benefit Exchanges),个人和小企业可以通过它购买保险。它将医疗补助扩大到更多的低收入家庭,并允许子女在26岁生日前都享有父母的健康计划。该法律禁止保险公司因先前的医疗状况而拒绝承保和理赔。

提案中最具争议的部分是要求所有美国公民和合法居民购买健康保险,否则会受到严重处罚。[1] 该计划的反对者认为,这表明政府过多干涉医疗保险供应,进而过多干涉民众生活。有人还认为,该计划最终会耗费巨大,因为它为更多人提供了医疗福利。然而,个人强制医疗保险被认为是该计划必不可少的组成部分,因为未参保的个人将大头费用强加到其他人身上。他们不太可能获得预防保健,更有可能使用昂贵的急诊室服务,而这些服务基本由所有纳税人支付(急诊室不能拒绝对任何人的重伤援助)。此外,如果健康的人选择退出健康保险,其他留在保险池中的人就会面临价格上涨,这让整个体系更难负担和维持。由于医疗保险改革正在推进,为期4年,将持续到2014年,现在评估其影响还为时过早。然而,值得注意的是,2010—2011年,健康保险覆盖的人口比例有所增加,这是10年来个人健康保险的覆盖率首次没有下降。[2]

现行社会福利项目

试图减轻或预防贫困的政府项目有两种基本类型:社会保险和公共援助。社会保险政策范围广泛,"通用"政策通常不根据个人收入强加资格标准。社会保障和医疗保险也许是两个最为突出的社会保险项目。公共援助政策是针对低收入群体制定的。受助者需要接受"经济情况调查"(means tested)或"收入

---

[1] 医疗改革法的概要可见 Kaiser Family Foundation,2011。
[2] DeNavas-Walt,Proctor 和 Smith,2012。

调查"(income tested),这意味着个人或家庭收入必须低于一定数额才能取得资格。贫困家庭临时援助和食品援助是两个广为人知的公共援助项目。

图7—1显示了政府在各类社会保险和需要进行收入调查的福利项目上的支出趋势。由该图可见,除医疗补助计划外,在社会保险项目上的支出(社会保障、医疗保险、失业保险、工伤赔偿和残疾保险)往往高于在经济情况调查转移上的支出。自1970年以来,大多数项目的支出一直在增长(以2010年定值美元计算)。社会保障、医疗保险和医疗补助这3个最大项目的支出远高于其他任何一个项目。失业保险的支出是周期性的,在经济衰退时较高,在失业率低时较低。图7—1证实了这一点,2007—2009年,失业率飙升时,失业保险支出显著增加。在需要进行经济情况调查的项目中,我们看到现金福利(受抚养儿童家庭援助/贫困家庭临时援助)的实际支出自1990年以来大幅下降,因为福利领取者大幅减少。继医疗补助计划后,劳动所得税抵免和食品援助成为帮助低收入群体的最大项目。尤其是在大衰退开始后,食品援助支出迅速增加。[1]

图7—2比较了不同类型的联邦支出。三个占比最大的项目类型是社会保障(20%)、国防安全(20%)以及医疗保险、医疗补助计划和儿童健康保险计划(21%)。需要注意的是,这些数值仅代表联邦政府的支出,而州和地方政府通常会为这些项目或其他项目出资。不同于医疗补助计划,联邦政府在需要进行经济情况调查的项目上的支出相对较少,仅占预算的14%。图中的"其他"支出包括联邦退休人员和退伍军人福利(7%)、科学和医学研究(2%)、交通基础设施(3%)、教育(3%)和非安全性国际支出(如对外援助)(1%)。[2] 更笼统地说,这些数据佐证了这样一种观点:相较于需要进行经济情况调查的公共援助项目,社会保险项目(如社会保障和医疗保险)规模更大、成本更高(并惠及更多人)。这或许也反映出这些项目在普罗大众中更受欢迎。[3]

图7—3显示了2009年美国从各种项目中受益的人口比例,数据来自当期人口调查的一项家庭调查报告。尽管在家庭调查中,家庭往往会少报政府福

---

[1] 图7—1中1970年至2005年7月的数据来自Scholz,Moffitt和Cowan,2009,图8A.1。2009年的数据来自Ziliak,2011,图1。

[2] Center on Budget and Policy Priorities,2011.

[3] Skocpol,2000,22—58.

130 / 美国的贫困问题

图 7—1 1970—2009 年政府项目开支

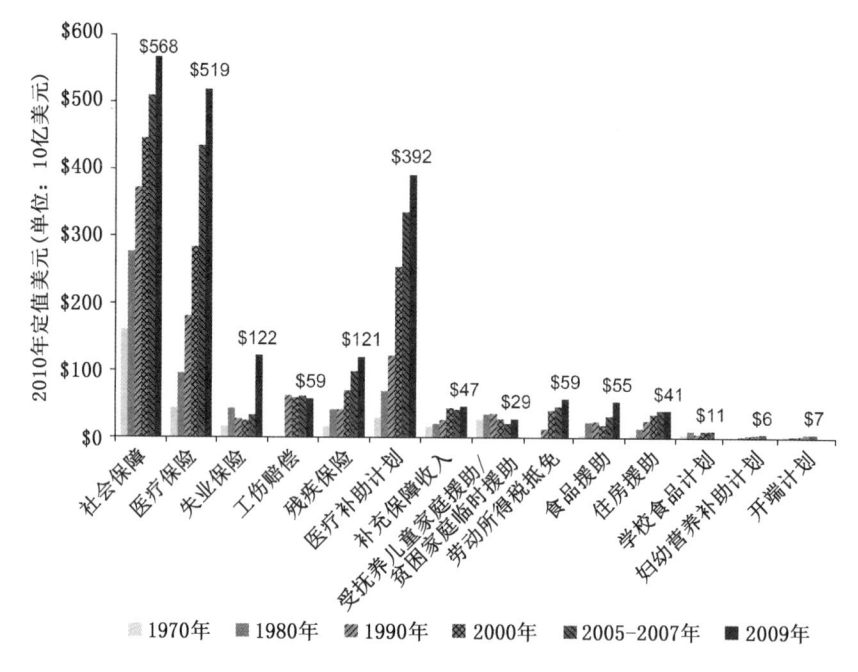

资料来源：1970 年至 2005—2007 年的数据来自 Scholz, Moffitt 和 Cowan, 2009, 表 8A.1。2009 年的数据来自 Ziliak, 2011, 表 1。

利，但由图 7—3 仍能看出大致收入。① 社会保障和医疗保险这种无需进行经济情况调查的项目使用最为广泛；超 1/4 的美国家庭表示从这些项目中获得了一些收入。如我们所料，其他项目使用没有那么广泛，2% 的家庭表示收到贫困家庭临时援助项目发放的现金，19% 的家庭表示收到医疗补助。不出预料，接受需要进行经济情况调查的项目的贫困家庭占比远高于非贫困家庭。有些非贫困家庭通过这类项目获得援助，这和其受助资格通常高于贫困线有关。比如，收入在贫困线 130% 以下的家庭有资格领取食品券。20 世纪 90 年代，另一个扩大福利的项目是劳动所得税抵免。2009 年，2 720 万个税务申报单位获得抵

---

① Roemer, 2000, 表 2b, 第 45 页, 报告说, 家庭援助估值的问题可能最为严重。家庭援助包括贫困家庭临时援助, 1996 年当期人口调查的总收入（所有调查对象的收入总额）占行政记录的估计基准总额的 67.7%。受助者（而非收入）少计问题可能没有那么严重, 由于上报收入的人更少, 且上报收入的人所上报的数额更少, 因此总收入往往被低估。1996 年 3 月, 当期人口调查的补充保障收入和社会保障收入总和分别是这两个项目估计基准的 84.2% 和 91.7%。

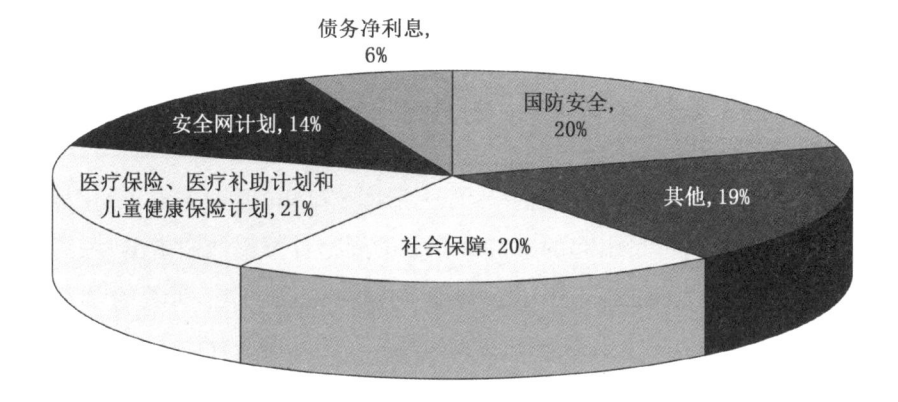

资料来源：2010年的数据来自管理和预算办公室(2012)，以及预算和政策优先中心(2011)。

图7—2　2010财年项目支出占联邦预算的比例

免(占纳税申报单的19.2%)，平均抵免金额为2 195美元。[1]

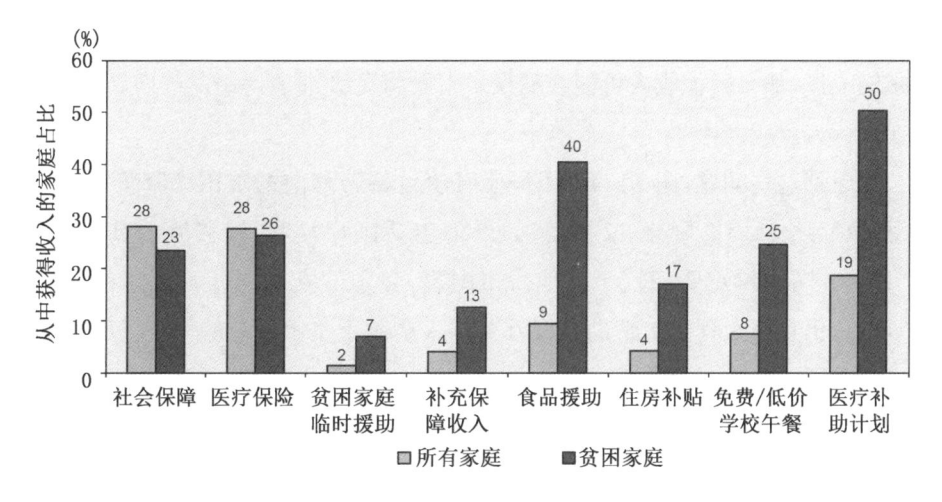

资料来源：美国人口普查局，2010d。

图7—3　2009年按贫困动态上报从选定项目中获得收入的家庭占比

根据当期人口调查数据，2009年，在上报收到补助的群体中，平均收入最高的是社会保障(每年17 373美元)，其他收入则相对较低，如医疗保险(7 455美

---

[1] Urban Institute，2011.

元)、贫困家庭临时援助/一般援助(3 392 美元)、补充保障收入(7 994 美元)、食品援助(2 999 美元)、住房补贴(2 769 美元)、医疗补助计划(3 696 美元),以及免费/低价学校午餐(833 美元)。① 尽管这些收入数额很大,但往往不足以将个人收入推到贫困线以上。

图 7—4 给出了经济学家约翰·卡尔·斯库兹(John Karl Scholz)及其同事对 2004 年各种政府项目引起的减贫百分点的周密计算。他们指出,尤其要对医疗福利在减贫中发挥的作用作出一些假设(如前一章所述,计算通常不会考虑这些假设)。比如,一个人需要做一个花费 3 万美元的医疗手术,如果医疗保险支付了这一费用,那么我们是否应该考虑将覆盖的部分纳入当年的个人收入? 目前尚不清楚是否应该这样做,因为这些钱不能用于满足其他基本需求,如食物、衣服和住所。图 7—4 中,医疗保险和医疗补助的价值大致是根据购买健康保险的费用计算出来的。② 还应当指出,图 7—4 中的计算只模拟了获得一项福利的"边际效应",而未考虑对这项福利潜在的行为反应。比如,领取现金福利可能会增加一个人的福利收入,但不难想象,如果一个人因领取现金福利而减轻工作,那么其他收入可能会减少。下文将更详细地讨论对政府转移支付潜在的行为反应。

考虑到这些问题,图 7—4 表明,政府项目将转移前的贫困率降低了 18.3 个百分点,从 30.3% 降至 12.0%(如果不包括医疗福利,转移后的贫困率为 14.1%)。③ 因此,尽管相较于其他富裕国家,美国的安全网并不理想(见第四章),但它仍在很大程度上帮助数百万美国人摆脱了贫困。总的来说,社会保险项目对贫困的影响(贫困率下降 11.5 个百分点)比需要进行经济情况调查的项目(下降 6.8 个百分点)更大。社会保障是单个最有效的项目,这当然有助于解释为什么 65 岁及以上的美国人贫困率相对较低。继医疗补助计划(贫困率下降 3.4 个百分点)后,最有效的需要进行经济情况调查的项目是劳动所得税抵免(下降 1.1 个百分点)。需要注意的是,传统的现金援助(贫困家庭临时援助)对帮助脱贫效果甚微(下降 0.1 个百分点)。④

---

① U. S. Census Bureau,2010d.
② Scholz,Moffitt 和 Cowan,2009,223。
③ Scholz,Moffitt 和 Cowan,2009,219—220。
④ Scholz,Moffitt 和 Cowan,2009,图 8.2。

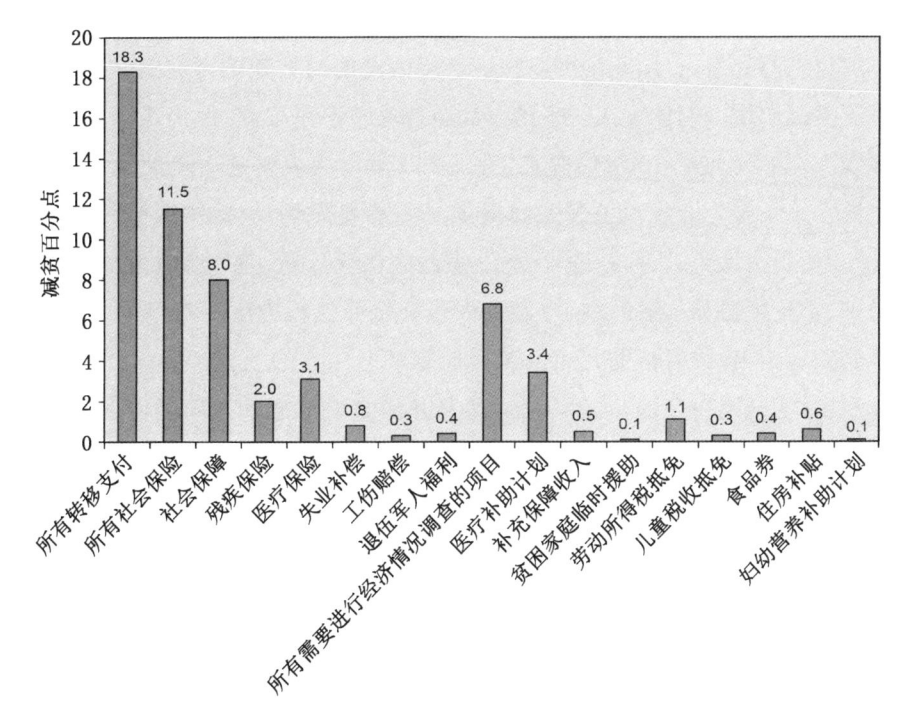

资料来源：Scholz，Moffitt 和 Cowan，2009，表 8.2。

注：转移前贫困率为 30.3%。加上所有转移支付后，贫困率为 12.0%，共下降 18.3 个百分点。

**图 7—4　2004 年政府转移支付（社会保险和需要
进行经济情况调查的项目）引起的减贫百分点**

总体而言，自 2004 年（图 7—4 所示年份）以来，具体项目的相对效果并无太大变化，因为国家安全网并无显著变化。2010 年通过的健康保险立法的许多条款将在 2013 年及之后生效。如第六章所述，大衰退期间，一些项目在减贫方面比以前贡献更多，如失业保险、食品援助（补充营养援助计划）、劳动所得税抵免，以及一些临时项目和税收减免。比如，2010 年，补充营养援助计划使贫困率下降了 1.7 个百分点（而非 2004 年的 0.4 个百分点），劳动所得税抵免使贫困率下降了 2.0 个百分点（而非 2004 年的 1.1 个百分点）。[①] 21 世纪头十年，支出确实有所增加，这是经济状况变化和人口结构变化的结果，与基本政策改革无

---

① Short，2011a，表 3a。

关。因此,自 2000 年以来,安全网一直相当有效。[1]

值得注意的是,美国安全网对减少老年人贫困的贡献尤为突出。社会保障发挥了关键作用。退休工人的平均福利虽然通常不是很高,但仍足以超过官方贫困线。[2] 自 20 世纪 70 年代以来,另一项政策上的成就是逐步建立了工作支持系统。该系统为低收入工薪家庭提供了一系列福利,包括住房补贴、食品援助、劳动所得税抵免、医疗补助计划、儿童健康保险计划、儿童税收抵免、儿童保育补贴、学校午餐和早餐计划,以及加大子女抚养执行力度。[3] 然而,诋毁者仍理所当然地指出,政府帮助儿童的项目比帮助老年人的项目少得多。[4] 其他人也注意到,安全网在帮助非老年无子女家庭和非工薪家庭方面做得很糟,这些家庭除了补充营养援助计划外,几乎不能从其他项目中受益。[5]

当前政策辩论

对政策的评判取决于我们的评判标准。有些人评估政策的依据是能否刺激经济增长和提高平均生活水平。还有些人更看重缩小不平等的政策。有些人希望政策能促进个人实现自给自足,还有些人更关心能否纾解物资困难。许多政策辩论的问题在于,需要对不同的潜在目标、优先事项和价值观有更清晰的认识和更深入的探讨,这是导致人们对什么政策有效、什么政策无效感到困惑的根源。

政策的基本目标应该是什么?美国人可能有三个方面的广泛共识。第一,美国人普遍认为,社会有责任帮助那些缺乏生活必需品的人。第二,如果情况允许,人们就应该努力自给自足;充满活力的社会依赖于个人的勤奋。[6] 前两个目标之间的紧张关系表明,大多数人认为义务是相互的,国家一方有义务提供服务,接受者一方有义务通过努力工作实现独立。第三,促进公平的政策不应

---

[1] Ziliak,2011,23.
[2] Plotnick,2011—2012,45—46.
[3] Haskins,2001;Thompson,2001. 另见 Currie,2006。
[4] Lindsey,2009. 另见 Plotnick,2011—12。
[5] Scholz,Moffitt,以及 Cowan,2009,225。
[6] 针对前两点的讨论,见 Heclo,1994,396—437. 另见 Jencks,1992,87—91。

过度阻碍经济增长。经济增长决定了长期的平均生活水平和个人物资福利。[1]当然,应该说并非所有美国人都赞同这些目标。有些尖锐的自由主义者认为,政府根本不应该提供公共支持,个人要对自己的福利负责。另外,有些人更喜欢不将规范价值强加于接受者的更强大的安全网,还有些人揶揄资本主义着眼于以经济增长和消费主义为目标,而非通向幸福的手段。然而,民意调查显示,美国人普遍对上述三个目标达成了广泛而坚定的共识。[2]

实际上,人们对于应该做什么来减少贫困仍然存在分歧。有些人(主要是政治上的左翼人士)担心政府福利太少,无法帮助许多人摆脱贫困。也就是说,绝大多数需要进行经济情况调查的福利旨在维持穷人的生活,而非帮助他们切实摆脱贫困。[3]在畅销书《另一个美国:美国的贫困》一书中,作者迈克尔·哈林顿认为,这反映出美国在人道主义方面努力不够:"穷人是威胁整个国家经济和社会走向的最痛苦和最引人注目的受害者……在道德和正义方面,每个公民都应该致力于废除另一个美国,因为人类历史上最富有的国家竟允许这种不必要的痛苦存在,这是无法容忍的。"[4]

另外,那些将减少依赖放在首位的人(往往是政治上的右翼人士)经常质疑政府在社会和经济事务中发挥的作用。有人担心福利项目会抑制个人的工作积极性。一些支持这种观点的人认为,抑制助长了一种"贫困文化",包括职业道德淡化、对政府项目产生依赖、教育志向和成就缺乏,以及单亲家庭增加。[5]如前所述,这些普遍观点在关于福利的辩论中由来已久。需要指出的是,人们不必认为政府的福利项目催生了一种独立的亚文化,从而觉得福利项目可能确实会抑制个人的工作积极性。

那些关注经济增长的人担心这种增长与旨在减少收入不平等的政府支出之间可能要有所取舍。比如,许多福利制度传统上扮演主要角色的欧洲国家,过去几十年一直在努力削减福利制度的开支。有人认为,通过限制灵活性和抑

---

[1] Bowles 和 Gintis,1998。
[2] Kenworthy,2011,106—8;Bane,2009,373。
[3] O'Hare,1996,33。
[4] Harrington,1981,xxviii—xxix。
[5] Murray,1984;Rector,1993。

制私人投资,政府支出拉低了经济效率,阻碍了经济增长。① 之所以削减社会转移支付,是因为社会转移支付或为其提供资金的税收会扭曲劳动力市场的运转。

有关福利的行为效应及政府支出与经济增长之间的潜在权衡的证据表明了什么?前者(福利的行为效应)的证据表明,各种项目确实对经济上"可取的"行为有一些负面影响,通常很小。这一说法得到证实。福利改革后,美国单亲母亲的就业人数增加,领取福利的人数普遍下降。经济学家罗伯特·墨菲特(Robert Moffitt)在一篇有关福利改革前抑制效应的文献综述中总结道:"计量经济学研究表明,受抚养儿童家庭援助和食品券项目减少了劳动力供应,而这些项目对家庭结构的影响通常很弱。"近来,有关约翰·卡尔·斯库兹及其同事进行的研究的一篇综述大致证实了这些结论。② 因此,福利似乎会在一定程度上减少就业,残疾保险也是如此。③ 福利对就业的抑制作用也在其他国家表现出来。④ 然而,就婚姻而言,福利的行为效应还不足以解释为什么结婚率会在很长一段时间里大幅下降。更广泛的经济和文化转变可能有助于解释这种长期趋势。⑤

关于后者(公共支出是否会抑制经济增长),有研究表明,尽管证据既不明确也不直接,但从长远看,公共支出扩大的国家可能增长乏力。首先来回顾一下公共支出的积极方面,总的来说,扩大程度越高的国家,贫困率就越低,尤其是相对贫困率。如第四章所述,美国的相对贫困率远高于其他国家。即使采用美国的绝对贫困阈值,美国的贫困率仍然高于许多欧洲国家,虽然美国的人均国内生产总值要高得多。⑥ 造成这种差异的主要原因是美国的政府转移支付规模较小。⑦

许多欧洲国家在全民福利方面投入巨资,如产假、儿童保育和卫生保健。⑧

---

① 比如,见 Lindbeck 等,1994。
② Scholz,Moffitt 和 Cowan,2009,217。另见 Knab 等,2009,304—5。
③ Chen 和 van der Klaauw,2008。
④ 比如,见 Bargain 和 Doorley,2011。
⑤ Lichter,McLaughlin 和 Ribar,1997。
⑥ Gornick 和 Jantti,2011,表 1。
⑦ 见 Gornick 和 Jantti,2011;Rainwater 和 Smeeding,1995;Rainwater 和 Smeeding,2003。
⑧ McLanahan 和 Garfinkel,1996,367—83;UNICEF Innocenti Research Centre,2000。

与选定的经合组织国家相比,2007年美国的公共社会总支出占国内生产总值的比例低于其他8个国家(丹麦、法国、德国、爱尔兰、意大利、日本、瑞典和英国)。比如,美国的这些公共支出约占其国内生产总值的17.1%,而经合组织30个成员国的平均水平为24.3%。在选定的国家中,法国(33.0%)、瑞典(32.9%)和丹麦(30.7%)名列前茅。然而,美国通过减税,特别是通过私人支出(如基于就业的养老金福利和雇主承担的健康保险部分)提供的福利超过其他许多国家。如果将公共支出和私人支出结合起来,美国的社会支出与丹麦和瑞典不相上下。因此,公共支出通常比其他类型的转移支付更能减少贫困。[①]

然而,尽管拥有强大的福利制度的富裕国家贫困率往往较低,但有证据表明,薪酬严重不平等、税率低、就业监管薄弱的国家私营部门就业增长更快。大规模的公共就业可能会给政府财政带来成本负担,特别有时候许多工作的薪酬高于其生产力水平。[②] 为了降低成本和抑制就业,近几十年来,许多福利国家对特定转移或服务的支出已经不像之前那么慷慨,如20世纪80年代的新西兰和荷兰,20世纪90年代的丹麦、瑞典和加拿大,以及21世纪头几年的德国。[③] 然而,这些努力无一涉及对这些国家福利制度的全盘瓦解。

虽然庞大而低效的政府项目和过度监管可能会排挤私营部门活动,且从长远来看会减缓经济增长,但也可能存在一些中间地带,用于援助穷人的公共支出不会必然导致高失业率或经济增长大幅减缓。福利制度本身的规模并不重要,重要的是如何设计和实施。[④]

毕竟,2008年全球步入经济衰退后,欧洲经济体的状况大相径庭。最糟糕的或许是希腊,21世纪头十年,该国的政府支出远超收入。官僚机构膨胀,资金浪费在无用的项目上。政府一直借贷,直至基本破产,再也贷不到款。[⑤] 以德国为首,欧盟其他国家最终决定救助希腊,但前提是,希腊政府同意大幅削减公共部门的雇员和支出。结果,希腊陷入了严重的经济衰退。2011年第三季度,希腊的失业率为17.8%,而且还在攀升。西班牙和爱尔兰等国也受到波及,同期

[①] Adema,2010,40;Kenworthy,2011,104.
[②] Kenworthy,2004,148.
[③] Kenworthy,2011,105—6.
[④] Atkinson,1999.
[⑤] Lewis,2011.

失业率分别为 21.5% 和 14.7%,远高于美国当时的 9.1%。①

然而,其他欧洲国家的表现令人信服,经济增长速度适中。比如,2011 年第三季度,德国和瑞典的失业率分别为 5.8% 和 6.8%。② 德国拥有强大的出口型经济,其增速甚至与美国在经济衰退前的增速并驾齐驱。因此,很难一概而论福利国家是否注定走向失败和瓦解,这在很大程度上不仅取决于政府规模,还取决于福利国家能否有效应对不断变化的环境。

从这些跨国比较中得到的经验教训可以运用到美国各州、县和自治市的政府工作中。一方面,我们不难发现浪费、腐败和对底线的普遍忽视,以及这些做法带给普通纳税人的困难。另一方面,规模过小的政府往往难以提供公众普遍支持和期望的服务。大衰退之后,政府大幅削减预算,导致一些地方的服务业大幅收缩。比如,新泽西州的特伦顿市解雇了 103 名警察。此后不久,犯罪率激增。科罗拉多州斯普林斯市的居民拒绝接受市长提高税收的呼吁。结果,许多城市灯光黯淡下来,警察和消防部门职位空缺,公园服务大幅减少。尽管并非每个人都对这些发展感到满意,但许多人仍对税收以及政府能切实高效地提供基本服务的观念持有条件反射式的敌对态度。③

政府在社会中的角色

上述讨论表明,对美国政府项目的许多担忧与其说是纯粹出于经济考虑,不如说是对政府在社会事务中扮演的角色产生了怀疑。公共权力从联邦政府向各州转移,反映出对中央集权的不信任。人们常常对政府努力提供的社会项目持怀疑态度,有时觉得个人可以为自己谋求最大利益。在大家看来,对穷人(通常被认为"不值得帮助")的援助要由自己负担。

社会义务有何限制?我们欠彼此什么?谁在困境中提供帮助:是家庭,是慈善机构,是雇主,还是国家?迈克尔·卡茨指出,这些问题并无明确答案,因为问题本身并不客观,可以说无法通过"查看数据"来解决。④ 福利改革政策所

---

① Organization for Economic Cooperation and Development,2011.
② Organization for Economic Cooperation and Development,2011.
③ National Public Radio,2012.
④ Katz,2001,341.

体现的共识似乎是一种相互义务，即国家提供福利，体格健全的接受者以某种方式为这些服务出力。① 查尔斯·默里等许多保守派人士担心，政府项目会损害人们自力更生的能力，最终令其名誉扫地。这些项目破坏了他眼中公民社会的基石：家庭、职业、社区和信仰。他进一步认为，这些制度构成了美国例外主义的基础。②

其他人则反驳说，福利国家为更大利益提供了必要服务。柏拉图（Plato）认为：“社会之所以产生，是因为个人无法自给自足，许多需求自己无法满足。”最近，哲学家约翰·罗尔斯（John Rawls）将公共利益定义为"某些普遍条件……对每个人都同样有利"。公共服务确保个人、家庭和群体有能力通过减少贫困和脆弱性来实现目标。富裕国家的穷人往往缺乏这些能力。福利国家的基础价值观是承认民众权利和责任，共情他人，倡导公民意识和团结。③ 因此，道德规范，尤其是欧洲福利国家的道德规范，通常根植于这种世俗的人本主义，而非宗教。这种思想认为，在现代富裕社会中，我们已经解决了温饱问题，有能力帮助我们的邻居，尤其是在他们也采取了适当措施来帮助自己的情况下。

如果福利国家导致民众对国家产生某种程度的依赖，那么它该在多大程度上减少物资困难？过去，人们总是相互依赖。家庭和社区不像国家政府等更大的实体可能拥有很多资源，能为减少脆弱性和困难提供帮助，尤其是在经济严重衰退时期，即便如此，也应该将这种依赖简单归咎到家庭和社区身上吗？即使社会转移支付确实扭曲了劳动力市场的运作（各种证据指向这个问题），我们仍然需要共同评估，从社会目标的角度看，经济成本是否可以接受。市场往往会增加风险，而政府的转移支付项目，尤其是社会保险项目，旨在降低风险。④

美国社会对福利项目的支持不如欧洲，反映出美国福利制度没有很强的扩张性。总而言之，美国公众对帮助穷人的商业和政策的看法，诚如雷恩·肯沃西（Lane Kenworthy）在社会调查和更深入的研究中所述：

那么美国人想要什么呢？……大多数美国人支持资本主义和商业。许多人认为，成功的关键是努力工作，而非运气或他人帮助。许

---

① Katz, 2001, 62.
② Murray, 2012, 278—85.
③ Plato 和 Rawls, 引用于 Adema, 2010, 96; Rawls, 1971, 246.
④ Katz, 2001, 26—31.

多人觉得自己有机会获得成功。在许多人看来，收入差距过大，而高度不平等并非国家繁荣的必要条件。总体而言，许多人对政府的救助能力表示怀疑。通过强化再分配来解决高度不平等问题，只得到有限的支持。然而，美国人确实支持在那些被认为能增加机会和强化经济安全的项目上加大投入。①

欧洲福利国家在20世纪90年代和21世纪头十年不像之前一样扩张，这表明它们可能至少在态度上有所收敛，部分原因在于人们感觉福利国家变得过于庞大和低效。民众施压，要求削减欧洲安全网开支，也源于基于种族、民族和出生地的社会分化。比如，20世纪大部分时间里，瑞典几乎没有非欧洲移民。所有瑞典人都在"同一条船上"，这种想法很强烈。然而，到了2006年，瑞典人口中12.9%出生在国外，还有许多来自亚洲、中东和非洲的移民。在瑞典，论民众对通用支出的支持，人口来源多样化的县明显不如人口来源较为单一的县。②

美国历史上以种族和民族为界限的社会分化同样造成了民族共同体意识的缺乏。殖民时期，美国社区为自己人提供帮助，对外人置之不理，如今共同体意识的缺乏导致公民参与度下降。埃米尔·芒斯特伯格在1904年的一篇文章中指出："任何文明国家都离不开（解决贫困问题的政策）……它们的基础是团体感情。"③这一论点暗含的意思是，如果没有这种团体和公民的集体感，减贫努力必然受到影响。

展望未来

那么，这给我们留下了什么？在美国，意识形态的分歧一如既往的强烈，公众对亟待解决的问题的讨论与过去半个世纪一样不文明。同样，国会内部也存在严重分歧，似乎无法通过立法来解决医疗成本不断上升、结构性赤字和移民等悬而未决的问题。2012年早期的民意调查显示，只有11%的美国人认可国会正在做的工作。④ 国会选区被划分得颇为相似，因此，意识形态上"纯粹"和不

---

① Kenworthy, 2001, 107—8.
② Eger, 2010.
③ Munsterberg, 1904, 336.
④ Real Clear Politics, 2012.

妥协的候选人经常当选。当我写这本书的时候,失业率正在下降,但与过去40年相比,贫困率仍然很高,不平等程度同样很高,而且还在加剧。

在国家分化的情况下,短期内很难出台针对低收入群体的大规模立法。随着2010年通过的医疗改革法案生效,我们可以预计没有医疗保险的人数会下降。尽管相当大比例的美国人愿意做更多事来帮助穷人,但反对政府进一步扩张的声音很大,足以阻止旨在减贫的诸多项目。

尽管在艰难的政治环境中工作是一项挑战,但仍有一些政策可以减少贫困,而且大体符合减轻困难而不增加依赖或抑制经济增长的目标。如上所述,美国的政策在减少老年人贫困方面比减少儿童贫困要更为有效。尽管如此,低收入家庭的儿童通常被认为是"值得帮助"的穷人,他们之所以贫困是因为自己显然无法控制环境。一些以儿童,特别是双职工子女为帮扶对象的政策,包括税法中的儿童税收减免和儿童健康保险计划已经出台。然而,许多人认为在减少儿童贫困方面还可以做得更多。

更强大的儿童保育项目可以为双职工父母提供支持,也可以解决贫困的一些代际影响。美国目前的政策是[1993年的《家庭和医疗休假法案》(Family and Medical Leave Act)明确规定],拥有50名或50名以上雇员的公共机构和私营企业必须向父母提供12周的无薪休假。美国是世界上为数不多的不为新晋父母提供带薪休假的国家之一。相比之下,在英国,所有女性雇员都享有52周的产假,其中39周为带薪产假,前6周工资为全额工资的90%,其余按固定比例支付(有人提议将带薪假期延长至52周)。瑞典甚至更为慷慨:所有在职父母每生育一个子女都有权享有16个月的带薪假期,费用由雇主和国家分担。① 虽然美国不太可能实施这样的政策,但加强育婴假福利并非难以想象,这会让父母既不脱离劳动力市场,又能为婴儿提供必要的照顾。

英国近年来致力于减少儿童贫困的策略包括为3岁和4岁儿童提供普遍的学前教育。许多这类学校还提供上学前和放学后的保育。对双职工子女的保育援助同样得到扩大。这背后有双重目标:第一,支持父母工作;第二,投资幼儿教育。低收入和高收入家庭子女之间的一些认知不平等甚至在他们上幼

---

① Wikipedia,2012b。

儿园前就已存在。高质量的儿童保育有可能缩小这些差距。① 1999 年后，英国为减少儿童贫困而采取的一系列政策（包括额外的税收抵免和教育促进）非常有效，在接下来的 10 年里，儿童贫困率下降了几个百分点。到目前为止，这些项目似乎还没有产生诸如促进未婚生育或降低工作积极性的不良影响。② 1999—2003 年间，英国为有子女的低收入家庭的额外支出占国内生产总值的 0.9%。③

另一种可能是建立普惠式的儿童津贴制度，该项目已为英国和其他 70 个国家所采用。④ 目前，美国税法使得许多家庭获得了类似补贴，虽然数额不大，以每个儿童 1 000 美元儿童税收抵免的形式。收入非常低的家庭（年收入低于 3 000 美元）没有资格享有该项抵免，多子女家庭没有资格享有全额抵免，除非年收入超过 16 000 美元。收入超过 11 万美元的夫妇享有小额抵免，而收入超过 13 万美元的夫妇则不享有任何抵免。让所有低收入家庭都有资格享有该项抵免，并扩大抵免规模，将更有助于缓解儿童的物资匮乏。⑤

纽约市储蓄计划（＄ave NYC）是纽约市为减少儿童贫困而采用的一个创新计划。该计划为低收入纳税人提供了一个匹配的储蓄账户。参与者如果从他们的劳动所得税退税中至少拿出 200 美元存入一个指定账户，并在一年内不动首次存款，就可获得高达 500 美元的 50% 的匹配。通过鼓励个人储蓄，该计划可以开辟出一条通向长期储蓄和财务更稳定的道路。⑥

还有人提出了更富雄心的计划。比如，邓肯·林赛（Duncan Lindsey）提出了一种可能的方案，即所有孩子在出生时无论家庭经济状况如何，都会有一个以他们的名义开立的托管账户，政府确保首次存款为 1 000 美元，然后每年会再存入 500 美元。从本质上看，该计划会像许多美国家庭现用的 529 大学储蓄计划一样发挥作用。林赛估计该计划每年将花费 410 亿美元，并建议可由雇员和雇主缴纳小额工资税来支付。他重申，该方案可以为离家的年轻人提供基础资

---

① Smeeding 和 Waldfogel，2010。
② Waldfogel，2010.
③ Smeeding 和 Waldfogel，2010，403。
④ Lindsey，2009，108.
⑤ Center on Budget and Policy Priorities，2009.
⑥ White and Morse，2011.

金,以扩大他们的经济和教育机会(英国也有一个儿童信托基金形式的类似计划)。[1] 这项政策的优势在于它似乎不会助长依赖性;恰恰相反,它为人们投资和规划未来打下了基础。其劣势在于它并非没有成本,且体现了政府扩张。因此,在当前的政治气候下,该计划总有一天会得到进一步考虑,尤其是如果局部地区的方案(如纽约市的方案)继续显示有望成功。

最终,大多数人会同意,提升美国幼儿园到 12 年级(K-12)的教育质量有利于缩小差距,帮助更多的孩子发挥潜力,并培养应对 21 世纪全球经济挑战所需的劳动力。有关学校改革的激烈争论复杂多样,不在本章的讨论范围内。一言以蔽之,对孩子的教育进行适当投资是美国面临的一大重要挑战。

总　结

在美国福利政策的历史进程中,以人道的方式向需要帮助的人提供援助的目标与不破坏人们工作和自给自足的积极性的目标之间一直存在紧张关系。殖民地计划倾向于为社区成员提供足够的福利,但对外部人士和体格健全的人并不友好。随着社会和经济制度以及嵌入其中的社区的变化和发展,基本的院外救济经证实是不够的。19 世纪的济贫院("院内"救济)试图提供基础保障,同时劝阻穷人不要产生依赖。这类机构中许多管理不善,最终被认为实在有违人道,且并未触及贫困根源。科学慈善机构在 20 世纪之交谋求实现专业化的福利援助,并劝止依赖,但它们大多不是很成功。

20 世纪 30 年代的大萧条生动说明,单靠地方努力往往不足以架起一个安全网,而贫困,甚至体格健全的人的贫困,有时显然是广泛的结构性力量的结果,不能归咎于个人懒惰或其他弱点。随着第二次世界大战后生活水平普遍提高,有人开始担心,并非每个人都能从这些变化中获益。20 世纪 60 年代的反贫困之战试图造福那些早先未被政策惠及或从政府政策中获益甚微的人。这场运动让美国安全网得以扩大,不过很多人认为,福利政策走得太远了,且在防止依赖方面做得不够。这引发了 1996 年的福利改革,之后并非每个穷人都有权领取现金福利。

---

[1] Lindsey,2009,137—50.

对社会福利高成本存在不满有部分原因是误解了哪些政府项目消耗了预算大头。最具争议的项目，如现金福利援助，多年来只占了预算的一小部分。收入援助支出的大头用于相对受欢迎的社会保险项目，如医疗保险和社会保障。医疗福利的成本，如医疗保险和医疗补助计划，在过去 30 年里增长最快。

政府转移支付往往不足以将民众收入提高到贫困线以上。社会保障等许多社会保险项目在减少贫困方面发挥了最大作用，特别是在老年群体中。劳动所得税抵免帮助了许多低收入工薪家庭。

援助低收入家庭的政府项目一边提供某种安全网，一边促进就业，继续试图达到微妙的平衡。大家普遍认为，20 世纪 90 年代晚期的福利改革发挥了作用，不过许多直言不讳的反对者认为，在纾解物资困难方面，福利改革做得不够。与此相反，许多人对 2010 年通过的医疗改革立法寄予厚望，认为它有助于医疗保险惠及更多人，而另一些人则反驳说，这是政府的越权行为。在此，我们再次看到帮助穷人的努力与那些认为政府扩张政策会打击个人勤奋之间由来已久的紧张关系。

结　语

美国强大而繁荣,是世界上最大的经济体,军事力量也最为雄厚,人均生产总值位居世界前列。美国人享有言论自由、信仰自由等许多自由。尽管美国的政治体制令人恼怒,但其民主制度确实稳定。美国仍旧是全球经济和技术创新的中心。永居签证的等待名单很长,美国仍然是移民向往的目的地。

然而,美国确实存在贫困问题。问题可能不像塞拉利昂、孟加拉国等许多发展中国家,或墨西哥、泰国等中等收入国家那么严重,但也不像德国、丹麦等生活水平相似的国家那么轻微。只要有经济流动性,有些人就不会受到贫困的困扰。换句话说,他们认为,如果人们有机会用自己的汗水和泪水成就一番事业,那么贫困是可以接受的。然而,有迹象表明,近年来的经济流动性可能有所降低。在美国,人们确实有机会变得非常富有,但一些结构性条件让许多人即便有动力也很难实现实质性的向上流动。许多美国人凭直觉就能感受到这一点,并对此感到沮丧。

第二次世界大战后,大学教育是向上流动的一个途径。事实上,大学毕业生的贫困率远低于高中或高中以下学历的人的贫困率。然而,近年来,大学花费的增长远超通货膨胀,如今许多家庭已经负担不起上大学的费用。这个问题甚至在此前就出现了。全国各地公立 K-12 学校体系差别很大。一些学校培养出成绩优异、向上流动的学生,而另一些学校则尽其所能不让学生辍学。许多人认为,这个问题早在此前就出现了,因为差距甚至在学生初入小学时就显现出来了。家庭背景(家庭的社会经济地位)在决定儿童学习能力方面发挥着重要作用。贫困的父母很难在子女身上投入时间和金钱,他们杂乱无章的生活带来的压力可能会传染给子女,子女更有可能在学校胡作非为,成绩糟糕,或者辍学。

自 20 世纪 70 年代早期以来,日益扩大的收入不平等加剧了这种情况。富人过得很好,他们上一代的收入有了相当大的增长,而其他人却在挣扎度日。这些人可能很难找到高质量的日托所,支付高昂的健康保险费用,或者购买经常能在电视节目中看到的配备现代化设施的房子。不平等是诱发大衰退的房地产泡沫及其后来破裂的根本原因。政客们似乎更有动力为昂贵的竞选活动筹措资金,获得廉价的政治加分,而不是解决国内一些深层次问题。妥协被视作道德上的弱点。简而言之,需要忧心的事似乎很多。那么,我们能做些什么来解决贫困问题呢?

问题回顾

现在是时候回到本书引言中提出的基本问题了。首先,为什么贫困现象如此普遍？这背后有几个原因,包括我们如何理解和定义贫困,经济不平等和政策选择。我们如何理解和定义贫困至关重要,因为它确立了我们衡量成功的尺度。比如,如果以极度严重的物资匮乏来定义贫困,比方说,以每年饿死多少人为标准,那么美国已在很大程度上战胜了贫困。然而,如果以比较劣势来定义贫困,就像常做的那样,那么美国的表现并不尽如人意。在美国,许多人努力获得基本生活用品,以便融入主流社会。仅住镇郊泥屋、衣衫褴褛是不够的,但在一些非常贫困的国家,这或许是可以接受的。由于人们认为足以避免贫困的收入会随生活水平的提高而增加,因此要在长期内消除贫困并不容易。

经济不平等也会导致贫困。尽管美国的市场体系善于推动经济增长和提高生活水平,但这种体系也附带造成了收入不平等。企业通过支付尽可能低的工资来降低劳动力成本。在经济衰退或经济转型时期,人们也可能遭到解雇,难以找到工作。资本主义是"创造性破坏"的体系,它促进了经济创新,但也可能让衰退行业的就业者陷入困境。

政策可以提高或降低不平等的不良影响。20 世纪 30 年代福利国家的兴起是对大萧条艰难处境的回应,大萧条暴露了不受监管的市场的一些弱点。更早些时候,西奥多·罗斯福试图遏制大公司和垄断企业的力量,因为它们对竞争性市场构成了威胁。然而,政策是利益冲突者的工具,并不总是用于促进平等。

比如，一些人试图通过提高富人的边际税率来推动税法的进步，而另一些人则倡导为企业和高收入投资者提供更多的税收减免。

引言提出的第二个问题是"贫困意味着什么？"如上所述，关于贫困的观点根植于特定的时间和地点。美国的贫困线明显高于发展中国家。在贫困国家，特别是南亚和非洲，相当多的人每天都挣不到1.25美元。此外，即使在美国，如今人们认为避免贫困所需的收入也比20世纪初高。这并不是说界定一个绝对的、自给自足的生存贫困标准的努力毫无价值：它有助于衡量收入低于一个非常低的固定贫困阈值的人数变化。然而，也必须意识到，任何固定贫困线都有一定的任意性，要想继续富有社会意义，最终都需要更新。

虽然贫困通常指物资匮乏，但它是一种多方面的经历。尽管它肯定涉及经济困难，如难以支付账单，或住在年久失修的房子里，但对某些人来说，贫困意味着缺乏邻居拥有的某些基本消费品，如手机或通勤用的汽车。在美国，大多数人在经历了一段短暂的贫困后都成功摆脱了贫困，但也有相当多的人在经济上很脆弱，频繁陷入贫困。

我们的第三个问题是"某些特定群体（如少数族裔、单亲家庭）是否更容易陷入贫困？"大多数情况下，答案是否定的。如今，少数族裔、女性、儿童、女性当家的家庭更有可能陷入贫困，短期内，我们可能只会看到贫困人口构成的细微变化。然而，近几十年来，我们也见证了这些群体贫困率显著下降（尽管这些群体在21世纪头十年贫困率都有所上升）。非裔美国人的贫困率从1959年的55%降至2000年的22%，然后在2011年升至28%。过去半个世纪以来，种族歧视不再那么普遍，这对非裔美国人贫困率的下降起到了重要作用。然而，种族贫困差距依然存在；如今，黑人贫困程度之所以高，很有可能是由贫困过往、经济错位、贫富差异、家庭不稳定、低收入地区教育水平低和挥之不去的种族主义造成的。

拉丁裔的贫困率也很高（2011年为25%），与非裔美国人不相上下。拉美国家持续输入的大量移民让人们更难察觉是什么导致高贫困率。由于语言障碍、对当地劳动力市场不熟悉和受教育水平较低，新移民的境遇往往不如当地人。特别是拉丁裔，就业率高但工资低。然而，本土出生的拉丁裔无论是受教育水平还是收入水平都高于拉丁裔移民（尽管仍低于非西班牙裔白人），这表明西班牙裔的高贫困率存在时间可能不长。亚裔美国人的贫困率与白人相当。亚裔美国人的受教育水平相当于或高于白人及其他群体，其家庭收入中值也是一样，本土出生的人尤为如此。

女性的贫困率仅略高于男性。事实上，随着时间的推移，不同性别的收入差异已显著缩小，尤其是在年轻群体中。然而，不同性别的收入差异在全职全年工作者中仍然存在，这很难解释。这是劳动力市场持续性别歧视的结果，还是女性因担负着照顾一家老小的责任而对劳动力市场的依附关系减弱（许多人认为其原因是性别社会化）的结果，人们还存在异议。无论如何，如今女性受教育水平日益高于男性，这可能有助于缩小未来的性别差异。受教育程度差异越来越大，男性有朝一日可能处于社会经济的劣势地位。

单亲家庭，尤其是有子女的女性当家的家庭的贫困率（2011年为41%）远高于已婚有子女的家庭（9%）。单亲父母经常要面临独自工作和抚养子女的挑战。女性更有可能在这类家庭当家，她们还面临着收入不如男性的额外障碍。尽管单亲家庭在经济上很脆弱，但他们的高贫困率并非必然，一方面在于所有女性（包括当家女性）的就业水平和工资水平有所提高，降低了这些家庭的贫困率；另一方面在于政策可以减少单亲家庭的贫困，无论是在收入方面还是儿童保育方面。瑞典等提供慷慨援助的国家已大大减少了这类家庭的贫困。然而，值得注意的是，即使在瑞典，单亲家庭的贫困率虽然相对美国较低，但仍远高于已婚家庭。

引言中的第四个问题是"未来几年我们可以有怎样的期待？"2007—2009年的大衰退对失业和贫困产生了深远影响。美国也是在几十年来收入不平等加剧后陷入经济衰退。美国富人的生活水平有了显著提高，但收入分配末1/4区间的家庭维持生活更为艰难。事实上，尽管美国的经济流动性仍然很大，但出生在收入分配末1/5区间的人流动性比其他任何区间都低。尽管近几十年来，种族和民族差异的重要性有所下降，但社会经济差异却变得更为重要。

如果未来经济增长加快，即便不平等现象并无太大变化，绝对贫困也无疑会减少（不过如果不平等继续存在，相对贫困则不会有太大变化）。在我写这本书的时候，美国仍在从衰退中复苏，失业率正在下降，但对未来经济增长的预测还是相当保守。没人能预测收入不平等在不久的将来会大幅下降。因此，虽然官方(绝对)贫困率在不久的将来可能会有所降低,但目前很难设想大幅度的降低。在此需要补充的是,我们需对这类预测持保留态度,因为我们通常认为,未来的趋势不会从根本上打破目前的模式。

最后一个问题是"相关政策有何局限性?"。相较于西欧公众,美国公众更认同一定程度的收入不平等是我们经济体系的固有组成部分。与此同时,美国公众至少支持现代福利国家的部分收入支持结构。社会保障、医疗保险等政策得到了普遍接受。这些政策减少了贫困,缓解了困境,并提供了一定程度的收入保障,对中产阶级家庭尤为如此。

政府项目上的开支取决于公众支持,而美国的公众舆论目前存在严重分歧。该国缺乏广泛的社区意识,因此缺乏关于公民责任的共同目标和理念。幅员辽阔和多样性是美国的一个重要优势,因为它为国家的经济实力和创新能力做出了贡献。然而,幅员辽阔和多样性也对集体行动提出了挑战。我们最重要的一个分歧是对政府在社会中应该扮演何种角色的意识形态差异。

有些人认为,政府可以在不大幅减少工作激励或抑制创新的情况下做得更多。比如,他们不相信全民医疗保险会导致就业率大幅下降;相反,在他们看来,这样的项目会让人们在面对不利事件时没有那么脆弱,并有助于建设一个更人道的和更现代的社会。相比之下,其他人对政府极不信任,有时出于不同的原因。除了那些认为政府项目会抑制个人主动性的人外,还有些人认为政府效率根本不如私营企业。然而,在许多人将卫生保健视作一种公共产品的情况下,很难劝诱私营保险公司向那些可能原本就身体有恙的人提供他们的产品。另一些人认为,政府权力不值得信任,政府不代表他们和他们的利益。这种自由意志主义在美国由来已久。

由于存在这些差异,未来旨在减少贫困的项目(当然是以集体行动的形式)最多只能带来增量效益。这并不意味着那些关注减贫的人应该丧失信心,而是说当前的任务是提出适度的施政建议,以改变当前的环境。与此同时,参与更广泛的讨论很重要,这可能有助于从根本上改变美国贫困问题的框架,以及我们能够和应该对此做些什么。

参考文献

Adema, Willem. 2010. "The Welfare State across Selected OECD Countries: How Much Does It Really Cost and How Good Is It in Reducing Poverty?" In *The Future of the Welfare State,* edited by Brigid Reynolds, Sean Healy, and Micheal Collins. Dublin: Social Justice Ireland.

Alba, Richard. 2009. *Blurring the Color Line: The Chance for a More Integrated America.* Cambridge, MA: Harvard University Press.

Anderson, Robin J. 2011. "Dynamics of Economic Well-Being: Poverty, 2004–2006." U.S. Census Bureau, Current Population Reports, P70-123, March.

Annie E. Casey Foundation. 2011. *2011 Kids Count Data Book.* Baltimore, MD: Annie E. Casey Foundation.

Atkinson, A. B. 1999. *The Economic Consequences of Rolling Back the Welfare State.* Cambridge, MA: MIT Press.

Atkinson, A. B., and John Hills. 1998. "Social Exclusion, Poverty and Unemployment." Centre for Analysis of Social Exclusion Paper no. 4.

Auletta, Ken. 1982. *The Underclass.* New York: Random House.

Bane, Mary Jo. 2009. "Poverty Politics and Policy." In *Changing Poverty, Changing Policies,* edited by Maria Cancian and Sheldon Danziger. New York: Russell Sage Foundation.

Bane, Mary Jo, and David Ellwood. 1986. "Slipping into and out of Poverty: The Dynamics of Spells." *Journal of Human Resources* 21 (Winter): 1–23.

Banfield, Edward C. 1958. *The Unheavenly City.* Boston: Little, Brown.

Banjerjee, Abhijit, Esther Duflo, Rachel Gelnnerster, and Cynthia Kinnan. 2010. "The Miracle of Microfinance? Evidence from a Randomized Evaluation." BREAD Working Paper, Bureau for Research and Economic Analysis of Development, June 30.

Bargain, Olivier, and Karina Doorley. 2011. "Caught in the Trap? Welfare's Disincentive and the Labor Supply of Single Men." *Journal of Public Economics* 95: 1096–110.
Bean, Frank D., and Gillian Stevens. 2003. *America's Newcomers and the Dynamics of Diversity*. New York: Russell Sage Foundation.
Becker, Gary S. 1971. *The Economics of Discrimination*. Chicago: University of Chicago Press.
———. 1991. *A Treatise on the Family*. Cambridge, MA: Harvard University Press.
Beller, Emily, and Michael Hout. 2006. "Intergenerational Social Mobility: The United States in Comparative Perspective." *The Future of Children* 16, no. 2: 19–36.
Bello, Marisol. 2012. "Families in Extreme Poverty Double," *USA Today*, February 24.
Bergstrom, Fredrik, and Robert Gidehag. 2004. *EU versus USA*. Stockholm: Timbro.
Bernstein, Jared, Elizabeth C. McNichol, Lawrence Mishel, and Robert Zahradnik. 2000. "Pulling Apart: A State-by-State Analysis of Income Trends." Center on Budget and Policy Priorities and Economic Policy Institute Report, January.
Beverly, Sondra G. 2001. "Measures of Material Hardship: Rationale and Recommendations." *Journal of Poverty* 5, no. 1: 23–41.
Bianchi, Suzanne. 1990. "America's Children: Mixed Prospects." *Population Bulletin* 45: 1–43.
———. 1995. "Changing Economic Roles of Women and Men." In *State of the Union: America in the 1990s*, vol. 1, edited by Reynolds Farley. New York: Russell Sage Foundation.
———. 1999. "Feminization and Juvenilization of Poverty: Trends, Relative Risks, Causes, and Consequences." *Annual Review of Sociology* 25: 307–33.
Biosca, Olga, Pamela Lenton, and Paul Mosley. 2011. "Microfinance Non-Financial Services: A Key for Poverty Alleviation? Lessons from Mexico." Sheffield Economic Research Paper Series, SERP no. 2011021, October.
Bishaw, Alemayehu . 2011. "Areas with Concentrated Poverty: 2006–2010." U.S. Census Bureau, American Community Survey Briefs, ACSBR/10-17, December.
Blank, Rebecca. 1997a. "Why Has Economic Growth Been Such an Ineffective Tool against Poverty in Recent Years?" In *Poverty and Inequality: The Political Economy of Redistribution*, edited by Jon Neil. Kalamazoo, MI: W. E. Upjohn Institute for Employment Research.
———. 1997b. *It Takes a Nation: A New Agenda for Fighting Poverty*. Princeton, NJ: Princeton University Press.
———. 2008. "Presidential Address: How to Improve Poverty Measurement in the United States." *Journal of Policy Analysis and Management* 27, no. 2: 233–54.
———. 2009. "Economic Change and the Structure of Opportunity for Less-Skilled Workers." In *Changing Poverty, Changing Policies*, edited by Maria Cancian and Sheldon Danziger. New York: Russell Sage Foundation.

Blau, Peter M., Otis Dudley Duncan, and Andrea Tyree. 1994. "The Process of Stratification." In *Social Stratification in Sociological Perspective,* edited by David B. Grusky. Boulder, CO: Westview Press.

Blinder, Alan, and Mark Zandi. 2010. "How the Great Recession Was Brought to an End." July 27. Available at www.economy.com/mark-zandi/documents/End-of-Great-Recession.pdf (accessed February 29, 2012).

Bluestone, Barry, and Bennett Harrison. 2000. *Growing Prosperity: The Battle for Growth with Equity in the Twenty-First Century.* Boston: Houghton Mifflin.

Bollinger, Christopher, Luis Gonzalez, and James P. Ziliak. 2009. "Welfare Reform and the Level of Consumption and Income." In *Welfare Reform and Its Long-Term Consequences for America's Poor,* edited by James P. Ziliak. Cambridge: Cambridge University Press.

Bonacich, E. 1972. "A Theory of Ethnic Antagonism: The Split Labor Market." *American Sociological Review* 37 (October): 547–59.

Booth, Charles. 1889. *Labour and Life of the People,* vol. 1: *East London.* London: Williams and Norgate.

———. 1892–97. *Life and Labour of the People of London,* First Series: *Poverty.* London: Macmillan; reprint, New York: AMS Press, 1970.

Bosworth, Barry. 2012. "Economic Consequences of the Great Recession: Evidence from the Panel Study of Income Dynamics." Center for Retirement Research at Boston College Working Paper, CRR WP 2012-4.

Bound, John, and Harry J. Holzer. 1993. "Industrial Shifts, Skills Levels, and the Labor Market for White and Black Males." *Review of Economics and Statistics* 75, no. 3 (August): 387–96.

Bound, John, and Laura Dresser. 1999. "Losing Ground: The Erosion of the Relative Earnings of African American Women during the 1980s." In *Latinas and African American Women at Work,* edited by Irene Browne. New York: Russell Sage Foundation.

Bound, John, and Richard Freeman. 1992. "What Went Wrong? The Erosion of Relative Earnings and Employment among Young Black Men in the 1980s." *Quarterly Journal of Economics* 107: 201–32.

Bowles, Samuel, and Herbert Gintis. 1998. *Recasting Egalitarianism: New Rules for Communities, States and Markets.* The Real Utopias Project, vol. 3, edited by Erik Olin Wright. London: Verso.

Buchmann, Claudia, Thomas A. DiPrete, and Anne McDaniel. 2008. "Gender Inequalities in Education." *Annual Review of Sociology* 34: 319–37.

Bureau of Economic Analysis. 2012. "Current-Dollar and 'Real' Gross Domestic Product." *National Accounts Data,* Times Series Estimates of Gross Domestic Product. Available at www.bea.gov/national/xls/gdplev.xls (accessed September 12, 2012).

Bureau of Labor Statistics. 2010. "Sizing up the 2007–09 Recession: Comparing Two Key Labor Market Indicators with Earlier Downturns." *Issues in Labor Statistics,* Summary 10-11 (December): 1–6.

———. 2011. "Highlights of Women's Earnings." U.S. BLS Report no. 1031 (July).

———. 2012a. "Labor Force Statistics from the Current Population Survey." Series Id LNS 14000000. Available at http://data.bls.gov (accessed February 28, 2012).

———. 2012b. "Regional and State Employment and Unemployment—December 2011." Economic News Release, Regional and State Employment and Unemployment Summary, USDL-12-0091, January 24.

———. 2012c. "Table 1. Union Affiliation of Employed Wage and Salary Workers by Selected Characteristics." BLS Economic News Release. Available at www.bls.gov/news.release/union2.to1.htm (accessed February 7, 2012).

———. 2012d. "Table A2. Employment Status of the Civilian Population by Race, Sex, and Age." BLS Economic News Release. Available at www.bls.gov/news.release/empsit.to2.htm (accessed February 13, 2012).

Burroughs, Charles. 1835. *A Discourse Delivered in the Chapel of the New Alms-House, in Portsmouth, N.H.* Portsmouth, NH: J. W. Foster.

Burtless, Gary, and Timothy M. Smeeding. 2001. "The Level, Trend, and Composition of Poverty." In *Understanding Poverty,* edited by Sheldon Danziger and Robert Haveman. Cambridge, MA: Harvard University Press, 2001.

Burtless, Gary, and Tracy Gordon. 2011. "The Federal Stimulus Programs and Their Effects." In *The Great Recession,* edited by David B. Grusky, Bruce Western, and Christopher Wimer New York: Russell Sage Foundation.

Camarota, Steven A. 2007. "Immigrants in the United States, 2007." Center for Immigration Studies Backgrounder, November.

Cancian, Maria, and Deborah Reed. 2000. "Changes in Family Structure: Implications for Poverty and Related Policy." *Focus* 21, no. 2 (Fall): 21–26.

———. 2009. "Family Structure, Childbearing, and Parental Employment: Implications for the Level and Trend in Poverty." In *Changing Poverty, Changing Policies,* edited by Maria Cancian and Sheldon Danziger. New York: Russell Sage Foundation.

Center on Budget and Policy Priorities. 1998. "Strengths of the Safety Net: How the EITC, Social Security, and Other Government Programs Affect Poverty." Center on Budget and Policy Priorities Research Report 98–020, March.

———. 2009. "Policy Basics: The Child Tax Credit." November 10 brief. Available at www.cbpp.org/files/policybasics-ctc.pdf (accessed March 13, 2012).

———. 2011. "Where Do Our Federal Tax Dollars Go?" Center on Budget and Policy Priorities Policy Basics Report, April 15.

Charles, Kerwin Kofi, and Jonathan Guryan. 2008. "Prejudice and Wages: An Empirical Assessment of Becker's *The Economics of Discrimination.*" *Journal of Political Economy* 116, no. 5: 773–809.

Chen, Susan, and Wilbert van der Klaauw. 2008. "The Work Disincentive Effects of the Disability Insurance Program in the 1990s." *Journal of Econometrics* 142, no. 2: 757–84.

Cherlin, A. J. 2004. "The Deinstitutionalization of American Marriage." *Journal of Marriage and Family* 66: 848–61.

Cherry, Robert. 1995. "The Culture-of-Poverty Thesis and African Americans: The Work of Gunnar Myrdal and Other Institutionalists." *Journal of Economic Issues* 29, no. 4 (December): 1119–32.

Chiswick, Barry R., and Teresa A. Sullivan. 1995. "The New Immigrants." In *State of the Union America in the 1990s,* vol. 2, edited by Reynolds Farley. New York: Russell Sage Foundation.

Chung, Chanjin, and Samuel L. Myers Jr. 1999. "Do the Poor Pay More for Food? An Analysis of Grocery Store Availability and Food Price Disparities." *Journal of Consumer Affairs* 33, no. 2: 276–91.

Cogan, John F. 1995. "Dissent." In *Measuring Poverty: A New Approach*, edited by Constance F. Citro and Robert T. Michael. Washington, DC: National Academy Press.

Cohen, Sharon. 2012. "Frustration, Fear—and Hope: The Faces Beyond the Numbers of Long-Term Unemployed." Associated Press, February 11. Available at *http://timesdaily.com/stories/Faces-beyond-numbers-of-long-term-unemployed-Frustration-fear-and-hope,187276* (accessed December 20, 2012).

Coleman-Jensen, Alisha, Mark Nord, Margaret Andrews, and Steven Carlson. 2011. *Household Food Security in the United States in 2010*. ERR-125, U.S. Department of Agriculture, Economic Research Service, September.

Collier, Paul. 2007. *The Bottom Billion: Why the Poorest Countries Are Failing and What Can Be Done about It*. New York: Oxford University Press.

Comeliau, Christian. 2000. "Poverty—A Hopeless Battle?" In *The Challenge of Eliminating World Poverty*, edited by Swiss Agency Development and Cooperation (SDC) Publications on Development. Berne: SDC.

Congressional Budget Office. 2011. "Trends in the Distribution of Household Income between 1979 and 2007." Report, October 2011.

CONSAD Research Corp. 2009. "An Analysis of Reasons for the Disparity in Wages between Men and Women." Report prepared for the U.S. Department of Labor, January 12.

Contreras, Russell. 2011. "Behind the Poverty Statistics: Real Lives, Real Pain." Huffington Post, September 18, 2011. Available at www.huffingtonpost.com/2011/09/18/living-in-poverty-people-behind-the-statistics_n_968494.html (accessed January 5, 2012).

Corak, Miles. 2006. "Do Poor Children Become Poor Adults? Lessons from a Cross Country Comparison of Generational Earnings Mobility." Institute for the Study of Labor (IZA), Bonn, Germany, Discussion Paper no. 1993, March.

Cross, Harry, Genevieve Kenney, Jane Mell, and Wendy Zimmermann. 1990. *Employer Hiring Practices*. Washington, DC: Urban Institute Press.

Currie, Janet M. 2006. *The Invisible Safety Net: Protecting the Nation's Poor Children and Families*. Princeton, NJ: Princeton University Press.

D'Addio, Anna Cristina. 2007. "Intergenerational Transmission of Disadvantage: Mobility or Immobility Across Generations? A Review of the Evidence for OECD Countries." OECD Social, Employment and Migration Working Papers no. 52.

Dalaker, Joseph, and Mary Naifeh. 1998. "Poverty in the United States: 1997." U.S. Census Bureau, Current Population Reports, series P60–201. Washington, DC: U.S. Government Printing Office.

Daly, Mary, and Hilary Silver. 2008. "Social Exclusion and Social Capital: A Comparison and Critique." *Theory and Society* 37: 537–66.

Danziger, Sheldon H., and Peter Gottschalk. 1995. *America Unequal*. Cambridge, MA: Harvard University Press.

Davidson, James D. 1985. "Theories and Measures of Poverty: Toward a Holistic Approach." *Sociological Focus* 18, no. 3 (August): 187–88.

Daymont, T., and P. Andrisani. 1984. "Job Preferences, College Major, and the Gender Gap in Earnings." *Journal of Human Resources* 19: 408–28.

DeLeire, Thomas, and Leonard M. Lopoo. 2010. *Family Structure and the Economic Mobility of Children*. Pew Charitable Trusts, Economic Mobility Project Report, April.

DeNavas-Walt, Carmen, Bernadette D. Proctor, and Jessica C. Smith. 2010. "Income, Poverty, and Health Insurance Coverage in the United States: 2009." U.S. Census Bureau, Current Population Reports, P60–238. Washington, DC: U.S. Government Printing Office.

———. 2012. "Income, Poverty, and Health Insurance Coverage in the United States: 2011." U.S. Census Bureau Current Population Reports, P60–243. Washington, DC: U.S. Government Printing Office.

DeParle, Jason. 2012. "Harder for Americans to Rise from Lower Rungs," *New York Times,* January 4.

DeParle, Jason, and Sabrina Tavernise. 2012. "For Women under 30, Most Births Occur Outside of Marriage." *New York Times,* February 17.

De Tocqueville, Alexis. 1840. *Democracy in America*. New York: Langley.

Devine, Joel A., Mark Plunkett, and James D. Wright. 1992. "The Chronicity of Poverty: Evidence from the PSID, 1968–1987." *Social Forces* 70, no. 3 (March): 787–812.

Dollar, David, and Jakob Svensson. 2001. "What Explains the Success or Failure of Structural Adjustment Programmes?" *Economic Journal* 110, no. 446: 894–917.

DuBois, W. E. B. 1899. *The Philadelphia Negro: A Social Study*. Reprint, Philadelphia: University of Pennsylvania Press, 1996.

Duhigg, Charles, and Keith Bradsher. 2012. "How U.S. Lost Out on iPhone Work." *New York Times,* Business Day, January 22.

Duncan, Brian, and Stephen J. Trejo. 2011. "Low-Skilled Immigrants and the U.S. Labor Market." IZA Discussion Paper no. 5964, September.

Economic Research Service. 2011. "Real GDP (2005 dollars) Historical." USDA, ERS International Macroeconomic Data Set. Available at www.ers.usda.gov/Data/Macroeconomics/ (accessed January 20, 2012).

Edin, Kathryn, and Laura Lein. 1997. *Making Ends Meet: How Single Mothers Survive Welfare and Low-Wage Work*. New York: Russell Sage Foundation.

Edin, Kathryn, and Maria Kefalas. 2005. *Promises I Can Keep: Why Poor Women Put Motherhood Before Marriage* Berkeley: University of California Press.

Edsall, Thomas B. 2012. "What to Do about 'Coming Apart'," *New York Times,* Campaign Stops blog, February 12. Available at http://campaignstops.blogs.nytimes.com/2012/02/12/what-to-do-about-coming-apart/?ref=opinion (accessed February 19, 2012).

Eger, Maureen A. 2010. "Even in Sweden: The Effect of Immigration on Support for Welfare State Spending." *European Sociological Review* 26, 2: 203–217.

Eggebeen, David J., and Daniel T. Lichter. 1991. "Race, Family Structure, and Changing Poverty among American Children." *American Sociological Review* 56: 801–17.

Ehrenreich, Barbara. 2001. *Nickel and Dimed: On (Not) Getting By in America*. New York: Metropolitan Books.

England, Paula. 1994. "Wage Appreciation and Depreciation: A Test of Neoclassical Economic Explanations of Occupational Sex Segregation." In *Social Stratification in Sociological Perspective,* edited by David B. Grusky. Boulder, CO: Westview Press.

European Commission. 2000. "Presidency Conclusions." Lisbon European Council 23 and 24 March 2000, Document SN 100/00.

Farkas, G., and K. Vicknair. 1996. "Appropriate Tests of Racial Wage Discrimination Require Controls for Cognitive Skill: Comment on Cancio, Evans, and Maume." *American Sociological Review* 1: 557–60.

Farley, Reynolds. 1984. *Blacks and Whites: Narrowing the Gap?* Cambridge, MA: Harvard University Press.

Financial Crisis Inquiry Commission. 2011. *The Financial Crisis Inquiry Report: Final Report of the National Commission on the Causes of the Financial and Economic Crisis in the United States,* Official Government Edition. Washington, D.C.: U.S. Government Printing Office.

Firebaugh, Glenn. 2003. *The New Geography of Global Income Inequality.* Cambridge, MA: Harvard University Press.

Fisher, Gordon M. 1986. "Estimates of the Poverty Population under the Current Official Definition for Years before 1959." Mimeo, Office of the Assistant Secretary for Planning and Evaluation, U.S. Department of Health and Human Services.

———. 1995. "Is There Such a Thing as an Absolute Poverty Line over Time? Evidence from the United States, Britain, Canada, and Australia on the Income Elasticity of the Poverty Line." U.S. Census Bureau, Poverty Measurement Working Paper. Available at www.census.gov/hhes/povmeas/publications/povthres/fisher3.html (accessed December 20, 2012).

———. 1997a. "From Hunter to Orshansky: An Overview of (Unofficial) Poverty Lines in the United States from 1904 to 1965." U.S. Census Bureau, Poverty Measurement Working Paper. Available at www.census.gov/hhes/povmeas/publications/povthres/fisher4.html (accessed December 20, 2012).

———. 1997b. "The Development of the Orshansky Poverty Thresholds and Their Subsequent History as the Official U.S. Poverty Measure." U.S. Census Bureau, Poverty Measurement Working Paper. Available at www.census.gov/hhes/povmeas/publications/orshansky.html (accessed December 20, 2012).

Fligstein, Neil, and Adam Goldstein. 2011. "The Roots of the Great Recession." In *The Great Recession,* edited by David B. Grusky, Bruce Western, and Christopher Wimer. New York: Russell Sage Foundation.

Food Research and Action Center. 2012. "Food Hardship in America 2011." FRAC Research Report, February.

Foster, James E. 1998. "Absolute versus Relative Poverty." *American Economic Review* 88, no. 2, Papers and Proceedings of the 110th Annual Meeting of the American Economic Association (May): 335–41.

Frazier, E. Franklin. 1932. *The Negro Family in Chicago.* Chicago: University of Chicago Press.

———. 1939. *The Negro Family in the United States.* Chicago: University of Chicago Press.

Frey, William H. 2011. "Melting Pot Cities and Suburbs: Racial and Ethnic Change in Metro America in the 2000s." The Brookings Institution Metropolitan Policy Program Report, May 1.

Frogner, Bianca, Robert Moffitt, and David C. Ribar. 2009. "How Families Are Doing Nine Years after Welfare Reform: 2005 Evidence from the Three-City Study." In *Welfare Reform and Its Long-Term Consequences for America's Poor,* edited by James P. Ziliak. Cambridge: Cambridge University Press.

Galbraith, John Kenneth. 1958. *The Affluent Society.* New York: New American Library, 1964.

Gans, Herbert J. 1995. *The War against the Poor.* New York: Basic Books.

Gibbs, Robert. 2001. "Nonmetro Labor Markets in the Era of Welfare Reform." *Rural America* 16, no. 3: 11–21.

Gibson-Davis, C.M., K. Edin, and S. McLanahan. 2005. "High Hopes but Even Higher Expectations: The Retreat from Marriage among Low-Income Couples." *Journal of Marriage and Family* 67: 1301–12.

Githongo, John. 2011. "When Wealth Breeds Rage." *New York Times Sunday Review,* July 23.

Gornick, Janet C., and Markus Jantti. 2011. "Child Poverty in Cross-National Perspective: Lessons from the Luxembourg Income Study." *Children and Youth Services Review.* Available at http://dx.doi.org/10.1016/j.childyouth.2011.10.016 (accessed January 16, 2012).

Gottschalk, Peter, Sara McLanahan, and Gary Sandefur. 1994. "The Dynamics and Intergenerational Transmission of Poverty and Welfare Participation." In *Confronting Poverty,* edited by Sheldon Danziger, Gary Sandefur, and Daniel Weinberg. Cambridge, MA: Harvard University Press.

Green, Richard K., and Susan M. Wachter. 2005. "The American Mortgage in Historical and International Context." *Journal of Economic Perspectives* 19, no. 4: 93–114.

Greenberg, Mark. 2001. "Welfare Reform and Devolution." *Brookings Review* 19, no. 3 (Summer): 20–24.

Grieco, Elizabeth M. 2010. "Race and Hispanic Origin of the Foreign-Born Population in the United States: 2007." U.S. Census Bureau, American Community Survey Report ACS-11, January.

Grusky, David. 1994. "The Contours of Social Stratification." In *Social Stratification in Sociological Perspective,* edited by David B. Grusky. Boulder, CO: Westview Press.

Gurteen, S. Humphreys. 1882. *Handbook of Charity Organization.* Buffalo, NY: published by the author.

Guttmacher Institute. 2009. "A Real-Time Look at the Impact of the Recession on Publicly Funded Family Planning and Pregnancy Decisions." New York: Guttmacher Institute.

Hacker, Jacob S., Gregory A. Huber, Austin Nichols, Philipp Rehm, and Stuart Craig. 2011. "Economic Insecurity and the Great Recession: Findings from the Economic Security Index." The Rockefeller Foundation, Economic Security Index Report, November.

Harrington, Michael. 1962. *The Other America: Poverty in the United States.* New York: Macmillan.

———. 1981. *The Other America: Poverty in the United States.* Reprint with a new introduction, New York: Penguin Books.

Harrison, Bennett, and Barry Bluestone. 1990. *The Great U-Turn: Corporate Restructuring and the Polarizing of America.* New York: Basic Books.

Hartmann, Heidi. 1994. "The Unhappy Marriage of Marxism and Feminism: Towards a More Progressive Union." In *Social Stratification in Sociological Perspective,* edited by David B. Grusky. Boulder, CO: Westview Press.

Hartmann, Heidi, Jocelyn Fischer, and Jacqui Logan. 2012. "Women and Men in the Recovery: Where the Jobs Are." Institute for Women's Policy Research, Briefing Paper no. C400, August.

Haskins, Ron. 2001. "Giving Is Not Enough." *Brookings Review* 19, no. 3 (Summer): 13–15.

Haveman, Robert, and Jonathan Schwabish. 1999. "Economic Growth and Poverty: A Return to Normalcy?" *Focus* 20, no. 2 (Spring): 1–7.

Heclo, Hugh. 1994. "Poverty Politics." In *Confronting Poverty,* edited by Sheldon Danziger, Gary Sandefur, and Daniel Weinberg. Cambridge, MA: Harvard University Press.

Heflin, Colleen, John Sandberg, and Patrick Rafail. 2009. "The Structure of Material Hardship in U.S. Households: An Examination of the Coherence behind Common Measures of Well-Being." *Social Problems* 56, no. 4: 746–64.

Hernandez, Donald J. 1993. *America's Children: Resources from Family, Government, and the Economy.* New York: Russell Sage Foundation.

Hogan, Dennis, and Daniel Lichter. 1995. "Children and Youth: Living Arrangements and Welfare." In *State of the Union: America in the 1990s,* vol. 2, edited by Reynolds Farley. New York: Russell Sage Foundation.

Hogan, Dennis P., and M. Pazul. 1982. "The Occupational and Earnings Returns to Education among Black Men in the North." *American Journal of Sociology* 90: 584–607.

Holzer, Harry J. 1991. "The Spatial Mismatch Hypothesis: What Has the Evidence Shown?" *Urban Studies* 28, no. 1: 105–22.

Holzer, Harry J., Diane Whitmore, Greg J. Duncan, and Jens Ludwig. 2007. "The Economic Costs of Poverty in the United States: Subsequent Effects of Children Growing Up Poor." National Poverty Center, University of Michigan, Working Paper Series no. 07–04 (January).

Hout, Michael. 1994. "Occupational Mobility of Black Men: 1962 to 1973." In *Social Stratification in Sociological Perspective,* edited by David B. Grusky. Boulder, CO: Westview Press.

Hout, Michael, Asaf Levanon, and Erin Cumberworth. 2011. "Job Loss and Unemployment." In *The Great Recession,* edited by David B. Grusky, Bruce Western, and Christopher Wimer. New York: Russell Sage Foundation.

Hunter, Robert. 1904. *Poverty.* New York: Macmillan; reprint, New York: Harper Torchbooks, 1964.

Huyser, Kimberly R., Arthur Sakamoto, and Isao Takei. 2010. "The Persistence of Racial Disadvantage: The Socioeconomic Attainments of Single-Race and Multi-Race Native Americans." *Population Research and Policy Review* 29: 541–68.

Iceland, John. 1997. "Urban Labor Markets and Individual Transitions out of Poverty." *Demography* 34, no. 3 (August): 429–41.

———. 2000. "The 'Family/Couple/Household' Unit of Analysis in Poverty Measurement." *Journal of Economic and Social Measurement* 26: 253–65.

———. 2003. "Why Poverty Remains High: The Role of Income Growth, Economic Inequality, and Changes in Family Structure, 1949–1999." *Demography* 40, no. 3: 499–519.

———. 2009. *Where We Live Now: Immigration and Race in the United States.* Berkeley: University of California Press.

Iceland, John, Gregory Sharp, and Jeffrey M. Timberlake. 2012. "Sun Belt Rising: Regional Population Change and the Decline in Black Residential Segregation, 1970–2009." *Demography.* DOI: 10.1007/s13524-012-0136-6, published online September 11.

Iceland, John, Gregory Sharp, and Jeffrey M. Timberlake. 2013. "Sun Belt Rising: Regional Population Change and the Decline in Black Residential Segregation, 1970-2009." *Demography* 50, 1: 97–123.

Iceland, John, and Josh Kim. 2001. "Poverty among Working Families: Insights from an Improved Measure." *Social Science Quarterly* 82, no. 2 (June): 253–67.

Iceland, John, Kathleen Short, Thesia I. Garner, and David Johnson. 2001. "Are Children Worse Off? Evaluating Child Well-Being Using a New (and Improved) Measure of Poverty." *Journal of Human Resources* 36, no. 2: 398–412.

Iceland, John, and Kurt J. Bauman. 2007. "Income Poverty and Material Hardship." *Journal of Socio-Economics* 36, no. 3: 376–96.

Imai, Katsushi S., Thankrom Arun, and Samuel Kobina Annim. 2010. "Microfinance and Household Poverty Reduction: New Evidence from India." *World Development* 38, no. 2: 1760–74.

"India Has More Mobile Phones Than Toilets: UN Report." 2010. *Telegraph*, April 15. Available at www.telegraph.co.uk/news/worldnews/asia/india/7593567/India-has-more-mobile-phones-than-toilets-UN-report.html (accessed August 5, 2011).

Isaacs, Julia B. 2007. "Economic Mobility of Families across Generations." The Brookings Institution Economic Mobility Project Report, November.

———. 2011. "The Recession's Ongoing Impact on America's Children: Indicators of Children's Economic Well-Being Through 2011." The Brookings Institution First Focus Research Report, December.

Isaacs, Julia B., Isabel V. Sawhill, and Ron Haskins. 2008. "Getting Ahead or Losing Ground: Economic Mobility in America." The Brookings Institution Economic Mobility Project Report, February.

Jackson, Thomas F. 1993. "The State, the Movement, and the Urban Poor: The War on Poverty and Political Mobilization in the 1960s." In *The "Underclass" Debate: Views from History*, edited by Michael B. Katz. Princeton, NJ: Princeton University Press.

Jacobsen, Linda A. and Mark Mather. 2011. "A Post-Recession Update on U.S. Social and Economic Trends." Population Reference Bureau Bulletin Update, December.

Jantti, Markus, Bernt Bratsberg, Knut Roed, Oddbjorn Raaum, Robin Naylor, Eva Osterbacka, Anders Bjorklund, and Tor Eriksson. 2006. "American Exceptionalism in a New Light: A Comparison of Intergenerational Earnings Mobility in the Nordic Countries, the United Kingdom and the United States." IZA Discussion Paper no. 1938, January.

Jargowsky, Paul A. 1996. "Beyond the Street Corner: The Hidden Diversity of High-Poverty Neighborhoods." *Urban Geography* 17, no. 7: 579–603.

———. 1997. *Poverty and Place: Ghettos, Barrios, and the American City.* New York: Russell Sage Foundation.

———. 2003. "Stunning Progress, Hidden Problems: The Dramatic Decline of Concentrated Poverty in the 1990s." The Brookings Institution Center on Urban and Metropolitan Policy Report, Living Cities Census Series. Available at www.brook.edu/es/urban/publications/jargowskypoverty.pdf (accessed January 13, 2012).

Jencks, Christopher. 1992. *Rethinking Social Policy: Race, Poverty, and the Underclass.* New York: Harper Perennial.

Johnson, James H., and Melvin L. Oliver. 1992. "Structural Changes in the U.S. Economy and Black Male Joblessness: A Reassessment." In *Urban Labor Markets and Job Opportunity,* edited by George Peterson and Wayne Vroman. Washington, DC: Urban Institute Press.

Johnson, Paul, and Steven Webb. 1992. "Official Statistics on Poverty in the United Kingdom." In *Poverty Measurement for Economies in Transition in Eastern European Countries.* Warsaw: Polish Statistical Association and Polish Central Statistical Office.

Jones, Jacqueline. 1993. "Southern Diaspora: Origins of the Northern 'Underclass.'" In *The "Underclass" Debate: Views from History,* edited by Michael B. Katz. Princeton, NJ: Princeton University Press.

Kain, John F. 1968. "Housing Segregation, Negro Employment, and Metropolitan Decentralization." *Quarterly Journal of Economics* 82: 175–97.

Kaiser Family Foundation. 2011. "Summary of New Health Reform Law." The Henry J. Kaiser Family Foundation Focus on Health Reform Report, April 15. Available at www.kff.org/healthreform/upload/8061.pdf (accessed March 8, 2012).

Kasarda, John. 1990. "Structural Factors Affecting the Location and Timing of Underclass Growth." *Urban Geography* 11: 234–64.

———. 1995. "Industrial Restructuring and the Changing Location of Jobs." In *State of the Union: America in the 1990s,* vol. 1, edited by Reynolds Farley. New York: Russell Sage Foundation.

Kasinitz, Philip, John H. Mollenkopf, Mary C. Waters, and Jennifer Holdaway. 2008. *Inheriting the City: The Children of Immigrants Come of Age.* Cambridge, MA: Harvard University Press.

Kates, Robert W., and Partha Dasgupta. 2007. "African Poverty: A Grand Challenge for Sustainability Science." *Proceedings of the National Academy of Sciences of the United States of America* 104, no. 43: 16747–50.

Katz, Michael B. 1989. *The Undeserving Poor: From the War on Poverty to the War on Welfare.* New York: Pantheon.

———. 1993a. "The Urban 'Underclass' as a Metaphor of Social Transformation." In *The "Underclass" Debate: Views from History,* edited by Michael B. Katz. Princeton, NJ: Princeton University Press.

———. 1993b. "Reframing the 'Underclass' Debate." In *The "Underclass" Debate: Views from History,* edited by Michael B. Katz. Princeton, NJ: Princeton University Press.

———. 1996. *In the Shadow of the Poorhouse: A Social History of Welfare in America.* New York: Basic Books.

———. 2001. *The Price of Citizenship: Redefining the American Welfare State.* New York: Metropolitan Books, Henry Holt.

Kauffman, Kyle D., and L. Lynne Kiesling. 1997. "Was There a Nineteenth Century Welfare Magnet in the United States? Preliminary Results from New York City and Brooklyn." *Quarterly Review of Economics and Finance* 37, no. 2 (Summer): 439–48.

Kaufman, Phil R. 1999. "Rural Poor Have Less Access to Supermarkets, Large Grocery Stores." *Rural Development* 13, no. 3: 19–25.

Kennedy, Sheela, and Larry Bumpass. 2008. "Cohabitation and Children's Living Arrangements: New Estimates from the United States." *Demographic Research* 19: 1663–92.

Kenworthy, Lane. 2004. *Egalitarian Capitalism: Jobs, Incomes, and Growth in Affluent Countries.* New York: Russell Sage Foundation.

———. 2011. *Progress for the Poor.* Oxford: Oxford University Press.

Kenworthy, Lane, and Lindsay A. Owens. 2011. "The Surprisingly Weak Effect of Recessions on Public Opinion." In *The Great Recession,* edited by David B. Grusky, Bruce Western, and Christopher Wimer. New York: Russell Sage Foundation.

Khandker, Shahidur R. 2005. "Microfinance and Poverty: Evidence Using Panel Data from Bangladesh." *World Bank Economic Review* 19, no. 2: 263–86.

Kiesling, L. Lynne, and Robert A. Margo. 1997. "Explaining the Rise in Antebellum Pauperism, 1850–1860: New Evidence." *Quarterly Review of Economics and Finance* 37, no. 2 (Summer): 405–17.

Killick, Tony. 1995. "Structural Adjustment and Poverty Alleviation: An Interpretive Survey." *Development and Change* 26, no. 2: 305–30.

Knab, Jean, Irv Garfinkel, Sara McLanahan, Emily Moiduddin, and Cynthia Osborne. 2009. "The Effects of Welfare and Child Support Policies on the Incidence of Marriage Following a Nonmarital Birth." In *Welfare Reform and Its Long-Term Consequences for America's Poor,* edited by James P. Ziliak. Cambridge: Cambridge University Press.

Kneebone, Elizabeth, Carey Nadeau, and Alan Berube. 2011. "The Re-Emergence of Concentrated Poverty: Metropolitan Trends in the 2000s." The Brookings Institution, Metropolitan Opportunity Series no. 26, November.

Kohut, Andrew. 2012. "Don't Mind the Gap." *New York Times,* January 26.

Kreider, Rose M., and Diana B. Elliott. 2010. "Historical Changes in Stay-at-Home Mothers: 1969 to 2009." Paper presented at the annual American Sociological Association meetings, Atlanta, GA.

Kristof, Nicholas. 2007. "Wretched of the Earth." *New York Review of Books,* May 31, 34–36.

———. 2012. "The White Underclass," *New York Times,* February 8.
Krugman, Paul R. 2008. "Trade and Wages, Reconsidered." *Brookings Papers on Economic Activity* 1: 103–43.
———. 2012. "Money and Morals." *New York Times,* February 10.
Landry, Bart, and Kris Marsh. 2011. "The Evolution of the New Black Middle Class." *Annual Review of Sociology* 37: 373–94.
Lareau, Annette. 2003. *Unequal Childhoods: Race, Class, and Family Life.* Berkeley: University of California Press.
Legal Momentum. 2012. "Single Mothers Since 2000: Falling Farther Down." Report for the Women's Legal Defense and Education Fund. Available at www.legalmomentum.org/our-work/women-and-poverty/resources—publications/single-mothers-since-2000.pdf (accessed February 18, 2012).
Lerman, Robert I. 1996. "The Impact of the Changing U.S. Family Structure on Poverty and Income Inequality." *Economica* 63: S119–S139.
Lewis, Michael. 2011. *Boomerang: Travels in the New Third World.* New York: Penguin.
Lewis, Oscar. 1966a. "The Culture of Poverty." *Scientific American* 215: 19–25.
———. 1966b. *La Vida.* New York: Random House.
Lichter, Daniel T. 1997. "Poverty and Inequality among Children." *Annual Review of Sociology* 23: 121–45.
Lichter, Daniel T., Diane K. McLaughlin, and David Ribar. 1997. "Welfare and the Rise in Female-Headed Families." *American Journal of Sociology* 103, no. 1 (July): 112–43.
Lichter, Daniel T., and Martha L. Crowley. 2002. "Poverty in America: Beyond Welfare Reform." *Population Bulletin* 57, no. 2 (June): 1–36.
Lindbeck, A., P. Molander, T. Persson, O. Petersson, A. Sandmo, B. Swedenborg, and N. Thygesen. 1994. *Turning Sweden Around.* Cambridge, MA: MIT Press.
Lindsey, Duncan. 2009. *Child Poverty and Inequality: Securing a Better Future for America's Children.* New York: Oxford University Press.
Lin, Ann Chih, and David R. Harris. 2008. "Why Is American Poverty Still Colored in the Twenty-First Century?" In *The Colors of Poverty: Why Racial and Ethnic Disparities Persist,* edited by Ann Chih Lin and David R. Harris. New York: Russell Sage Foundation.
Looney, Adam, and Michael Greenstone. 2011. "Trends: Reduced Earnings for Men in America." The Hamilton Project Research Report, July.
Loury, Glenn C. 2000. "What's Next? Some Reflections on the Poverty Conference." *Focus* 21, no. 2 (Fall): 58–60.
Lundberg, Shelly J., and Richard Startz. 2000. "Inequality and Race: Models and Policy." In *Meritocracy and Economic Inequality,* edited by Kenneth Arrow, Samuel Bowles, and Steven Durlauf. Princeton, NJ: Princeton University Press.
Manning, Wendy D. 2006. "Children's Economic Well-Being in Married and Cohabiting Parent Families." *Journal of Marriage and Family* 68, no. 2: 345–62.
Manning, W. D., P. J. Smock, and D. Majumdar. 2004. "The Relative Stability of Cohabiting and Marital Unions for Children." *Population Research and Policy Review* 23: 135–59.

Martin J. A., B. E. Hamilton, S. J. Ventura, M. J. K. Osterman, S. Kirmeyer, T. J. Mathews, and E. C. Wilson. 2011. "Births: Final Data for 2009." National Vital Statistics Reports 60, 1. Hyattsville, MD: National Center for Health Statistics.

Martin, Philip, and Elizabeth Midgley. 2003. *Immigration: Shaping and Reshaping America.* Population Reference Bureau, Population Bulletin 58, no. 2 (June): 1–44.

Marx, Karl. 1994a. "Classes in Capitalism and Pre-Capitalism." Reprinted from *The Communist Manifesto* in *Social Stratification in Sociological Perspective,* edited by David B. Grusky. Boulder, CO: Westview Press.

———. 1994b. "Value and Surplus Value." Reprinted in *Social Stratification in Sociological Perspective,* edited by David B. Grusky. Boulder, CO: Westview Press.

Massey, Douglas S., and Nancy A. Denton. 1993. *American Apartheid.* Cambridge, MA: Harvard University Press.

Mattingly, Marybeth J., Kenneth M. Johnson, and Andrew Schaefer. 2011. "More Poor Kids in More Poor Places: Children Increasingly Live Where Poverty Persists." Carsey Institute Issue Brief no. 38, Fall.

Mayer, Susan E. 1996. "A Comparison of Poverty and Living Conditions in the United States, Canada, Sweden, and Germany." In *Poverty, Inequality, and the Future of Social Policy,* edited by Katherine McFate, Roger Lawson, and William Julius Wilson. New York: Russell Sage Foundation.

Mayer, Susan E., and Christopher Jencks. 1989. "Poverty and the Distribution of Material Hardship." *Journal of Human Resources* 24, no. 1 (Winter): 88–114.

McCall, Leslie. 2001 "Sources of Racial Inequality in Metropolitan Labor Markets: Racial, Ethnic, and Gender Differences." *American Sociological Review* 66, no. 4 (August): 520–41.

McGeary, Michael G. H. 1990. "Ghetto Poverty and Federal Policies and Programs." In *Inner-City Poverty in the United States,* edited by Laurence Lynn Jr. and Michael G. H. McGeary. Washington, DC: National Academy Press.

Magnuson, Katherine, and Elizabeth Votruba-Drzal. 2009. "Enduring Influences of Childhood Poverty." In *Changing Poverty, Changing Policies,* edited by Maria Cancian and Sheldon Danziger. New York: Russell Sage Foundation.

McLanahan, Sara, and Irwin Garfinkel. 1996. "Single-Mother Families and Social Policy: Lessons for the United States from Canada, France, and Sweden." In *Poverty, Inequality, and the Future of Social Policy,* edited by Katherine McFate, Roger Lawson, and William Julius Wilson. New York: Russell Sage Foundation.

Mead, Lawrence. 1992. *The New Politics of Poverty: The Nonworking Poor in America.* New York: Basic Books.

Meyer, Bruce D., and James X. Sullivan. 2009. "Five Decades of Consumption and Income Poverty." National Bureau of Economic Research Working Paper no. 14827 (March).

Micklewright, John. 2002. "Social Exclusion and Children: A European View for a US Debate." Center for Analysis and Social Exclusion Paper no. 51, London School of Economics, February.

Milanovic, Branko. 2009. "Global Inequality and the Global Inequality Extraction Ratio: The Story of the Past Two Centuries." World Bank Policy Research Working Paper no. 5044, September.

Moffitt, Robert. 2002. "From Welfare to Work: What the Evidence Shows." Brookings Institution Policy Brief no. 13, January.

Monkkonen, Eric H. 1993. "Nineteenth-Century Institutions: Dealing with the Urban 'Underclass.'" In *The "Underclass" Debate: Views from History*, edited by Michael B. Katz. Princeton, NJ: Princeton University Press.

Moore, Kristin Anderson, Zakia Redd, Mary Burkhauser, Kassim Mbwana, and Ashleigh Collins. 2009. "Children in Poverty: Trends, Consequences, and Policy Options." Child Trends Research Brief no. 2009-11, April.

Morgan, S. Philip, Erin Cumberworth, and Christopher Wimer. 2011. "The Great Recession's Influence on Fertility, Marriage, Divorce, and Cohabitation." In *The Great Recession*, edited by David B. Grusky, Bruce Western, and Christopher Wimer. New York: Russell Sage Foundation.

Mouw, Ted. 2000. "Job Relocation and the Racial Gap in Unemployment in Detroit and Chicago, 1980 to 1990." *American Sociological Review* 65, no. 5 (October): 730–53.

Moynihan, Daniel Patrick. 1965. *The Negro Family: The Case for National Action*. Washington, DC: U.S. Department of Labor.

Munsterberg, Emil. 1904. "The Problem of Poverty." *American Journal of Sociology* 10, no. 3 (November): 335–53.

Murray, Charles. 1984. *Losing Ground: American Social Policy, 1950–1980*. New York: Basic Books.

———. 2012. *Coming Apart: The State of White America, 1960–2010*. New York: Crown Forum.

Mykyta, Laryssa, and Suzanne Macartney. 2011. "The Effects of Recession on Household Composition: 'Doubling Up' and Economic Well-Being." U.S. Census Bureau, SEHSD Working Paper no. 2011-4.

Myrdal, Gunnar. 1944. *An American Dilemma*. 2 vols. New York: Harper and Row.

Naifeh, Mary. 1998. "Dynamics of Economic Well-Being, Poverty, 1993–94: Trap Door? Revolving Door? Or Both?" U.S. Census Bureau, Current Population Reports, series P70-63, Washington, DC: U.S. Government Printing Office.

National Bureau of Economic Research. 2010. *Business Cycle Dating Committee Report, September 20, 2010*. Cambridge, MA: NBER. Available at www.nber.org/cycles/sept2010.pdf (accessed July 8, 2011).

National Center for Health Statistics. 2011. *Health, United States, 2010: With a Special Feature on Death and Dying*. Hyattsville, MD.

National Public Radio. 2012. "What Kind of Country." *This American Life*, Episode 459, March 2.

National Research Council. 1995. *Measuring Poverty: A New Approach*, edited by Constance F. Citro and Robert T. Michael. Washington, DC: National Academy Press.

Noreen, Umara, Rabia Imran, Arshad Zaheer, and M. Iqbal Saif. 2011. "Impact of Microfinance on Poverty: A Case of Pakistan." *World Applied Sciences Journal* 12, no. 6: 877–83.

O'Connor, Alice. 2001. *Poverty Knowledge: Social Science, Social Policy, and the Poor in Twentieth-Century U.S. History*. Princeton, NJ: Princeton University Press.

Office of Management and Budget. 2012. *Fiscal Year 2012 Historical Tables: Budget of the U.S. Government*. Available at www.whitehouse.gov/sites/default/files/omb/budget/fy2012/assets/hist.pdf (accessed December 21, 2012).

O'Hare, William P. 1996. "A New Look at Poverty in America." *Population Bulletin* 51, no. 2: 1–48.

O'Higgins, Michael, and Stephen Jenkins. 1990. "Poverty in the EC: Estimates for 1975, 1980, and 1985." In *Analysing Poverty in the European Community: Policy Issues, Research Options, and Data Sources*, edited by Rudolph Teekens and Bernard M. S. van Praag. Luxembourg: Office of Official Publications of the European Communities.

Organization for Economic Cooperation and Development. 1996. "OECD Employment Outlook 1996—Countering the Risks of Labour Market Exclusion." Paris.

———. 2001. *OECD Employment Outlook*. Paris: OECD, June.

———. 2010. "A Family Affair: Intergenerational Social Mobility across OECD Countries." Economic Policy Reforms, Going for Growth Report.

———. 2011. "Labour Force Statistics, Unemployment." Available at http://stats.oecd.org/Index.aspx?DatasetCode=MEILABOUR (accessed March 9, 2012).

Orshansky, Mollie. 1963. "Children of the Poor." *Social Security Bulletin* 26, no. 7 (July): 3–13.

———. 1965. "Counting the Poor: Another Look at the Poverty Profile." *Social Security Bulletin* 28, no. 1 (January): 3–29.

Osterman, Paul. 1999. *Securing Prosperity*. Princeton, NJ: Princeton University Press.

Pager, Devah. 2009. "Discrimination in a Low-Wage Labor Market: A Field Experiment." *American Sociological Review* 74, no. 5: 777–99

Patterson, James T. 2000. *America's Struggle against Poverty in the Twentieth Century*. Cambridge, MA: Harvard University Press.

Pearce, Diana. 1978. "The Feminization of Poverty: Women, Work, and Welfare." *Urban Sociological Change* 11: 128–36.

Piore, Michael J. 1994. "The Dual Labor Market: Theory and Implications." In *Social Stratification in Sociological Perspective*, edited by David B. Grusky. Boulder, CO: Westview Press.

Plotnick, Robert D. 2011–12. "The Alleviation of Poverty: How Far Have We Come?" University of Washington, Daniel J. Evans School of Public Affairs Working Paper, 2011–02. Available at http://evans.washington.edu/files/EvansWorkingPaper-2011-02.pdf (accessed March 6, 2012).

Plotnick, Robert D., Eugene Smolensky, Eirik Evenhouse, and Siobhan Reilly. 1998. "The Twentieth Century Record of Inequality and Poverty in the United States." Paper presented at the General Conference of the International Association for Research on Income and Wealth. Cambridge, England, August 23–29.

Polachek, Solomon W., and W. Stanley Siebert. 1994. "Gender in the Labour Market." In *Social Stratification in Sociological Perspective,* edited by David B. Grusky. Boulder, CO: Westview Press.

Population Reference Bureau. 2011. "2011 World Population Data Sheet." Available at www.prb.org/pdf11/2011population-data-sheet_eng.pdf (accessed January 23, 2012).

Price, C. 1969. "The Study of Assimilation." In *Sociological Studies: Migration,* edited by J. A. Jackson. Cambridge: Cambridge University Press.

Pritamkabe. 2011. "The Mobile Phone Revolution in the Developing World." February 12. Available at http://pritamkabe.wordpress.com/2011/02/12/the-mobile-phone-revolution-in-the-developing-world/ (accessed August 5, 2011).

Rainwater, Lee, and Timothy M. Smeeding. 1995. "Doing Poorly: The Real Income of American Children in a Comparative Perspective." In *Crisis in American Institutions,* edited by J. H. Skolnick and E. Currie. Boston: Allyn and Bacon, 1995.

———. 2003. *Poor Kids in a Rich Country: America's Children in Comparative Perspective.* New York: Russell Sage Foundation.

Rajan, Raghuram G. 2010. *Fault Lines: How Hidden Fractures Still Threaten the World Economy.* Princeton, NJ: Princeton University Press.

Rank, Mark R., and Thomas A. Hirschl. 2001. "Rags or Riches? Estimating the Probabilities of Poverty and Affluence across the Adult American Life Span." *Social Science Quarterly* 82, no. 4: 651–69.

Raphael, Steven, and Eugene Smolensky. 2009. "Immigration and Poverty in the United States." In *Changing Poverty, Changing Policies,* edited by Maria Cancian and Sheldon Danziger. New York: Russell Sage Foundation.

Ravallion, Martin, Shaohua Chen, and Prem Sangraula. 2008. "Dollar a Day Revisited." The World Bank Policy Research Working Paper no. 4620. Washington, DC: World Bank.

———. 2009. "A Comparative Perspective on Poverty Reduction in Brazil, China, and India." World Bank Policy Research Working Paper no. 5080, October.

Rawls, John. 1971. *A Theory of Justice.* Cambridge, MA: Harvard University Press.

Real Clear Politics. 2012. "Congressional Job Approval." Available at www.realclearpolitics.com/epolls/other/congressional_job_approval-903.html (accessed March 12, 2012).

Reardon, Sean R. 2011. "The Widening Achievement Gap Between the Rich and the Poor: New Evidence and Possible Explanations." In *Whither Opportunity? Rising Inequality, Schools, and Children's Life Chances,* edited by Greg J. Duncan and Richard Murnane. New York: Russell Sage Foundation.

Rector, Robert. 1993. "Welfare Reform, Dependency Reduction, and Labor Market Entry." *Journal of Labor Research* 14, no. 3 (Summer): 283–97.

Rector, Robert, and Rachel Sheffield. 2011. "Air Conditioning, Cable TV, and an Xbox: What Is Poverty in the United States Today?" Heritage Foundation Backgrounder no. 2575, July 18.

Ribar, David C., and Karen S. Hamrick. 2003. "Dynamics of Poverty and Food Sufficiency." United States Department of Agriculture, Food Assistance and Nutrition Research Report no. 36, September.

Riegg Cellini, Stephanie, Signe-Mary McKernan, and Caroline Ratcliffe. 2008. "The Dynamics of Poverty in the United States: A Review of Data, Methods, and Findings." *Journal of Policy Analysis and Management* 27, no. 3: 577–605.

Roemer, Marc. 2000. "Assessing the Quality of the March Current Population Survey and the Survey of Income and Program Participation Income Estimates, 1990–1996." U.S. Census Bureau Staff Paper on Income, Internet Release Data, June 16. Available at www.census.gov/hhes/income/papers.html.

Ryan, John. 1906. *A Living Wage: Its Ethical and Economic Aspects*. New York: Macmillan Co.

Sachs, Jeffrey D. 2005. *The End of Poverty: Economic Possibilities of Our Time*. New York: Penguin Books.

Sakamoto, Arthur, and Satomi Furuichi. 1997. "Wages among White and Japanese-American Male Workers." *Research in Stratification and Mobility* 15: 177–206.

Sakamoto, Arthur, Huei-Hsia Wu, and Jessie M. Tzeng. 2000. "The Declining Significance of Race among American Men during the Latter Half of the Twentieth Century." *Demography* 37, no. 1: 41–51.

Sandefur, Gary, and W. J. Scott. 1983. "Minority Group Status and the Wages of Indian and Black Males." *Social Science Research* 12: 44–68.

Sastre, Mercedes, and Luis Ayala. 2002. "Europe vs. the United States: Is There a Tradeoff Between Mobility and Inequality?" Working Paper no. 2002-26. Colchester, UK: University of Essex, Institute for Social and Economic Research.

Schiller, Bradley R. 2001. *The Economics of Poverty and Discrimination*, 8th ed. Upper Saddle River, NJ: Prentice Hall.

Scholz, John Karl, Robert Moffitt, and Benjamin Cowan. 2009. "Trends in Income Support." In *Changing Poverty, Changing Policies*, edited by Maria Cancian and Sheldon Danziger. New York: Russell Sage Foundation.

Schuman, Howard, Charlotte Steeh, Lawrence Bobo, and Maria Krysan. 2001. *Racial Attitudes in America: Trends and Interpretations*, rev. ed. Cambridge, MA: Harvard University Press.

Schumpeter, Joseph A. 1994. [1942] *Capitalism, Socialism and Democracy*. London: Routledge.

Second Annual Report of the Children's Aid Society of New York. 1855. New York.

Sen, Amartya. 1983. "Poor, Relatively Speaking." *Oxford Economic Papers* 35, no. 2: 153–69.

———. 1992. *Inequality Reexamined*. Cambridge, MA: Harvard University Press.

———. 1999. *Development as Freedom*. New York: Anchor Books.

Shaefer, H. Luke, and Kathryn Edin. 2012. "Extreme Poverty in the United States, 1996 to 2011." National Poverty Center Policy Brief no. 28, University of Michigan, February.

Sherman, Arloc. 2011. "Poverty and Financial Distress Would Have Been Substantially Worse in 2010 without Government Action, New Census Data Show." Center on Budget and Policy Priorities Research Report, November 7.

Shipler, David K. 2004. *The Working Poor: Invisible in America.* New York: Vintage Books.
Short, Kathleen S. 2001. "Experimental Poverty Measures: 1999." U.S. Census Bureau, Current Population Reports, Consumer Income, series P60–216. Washington, DC: U.S. Government Printing Office.
———. 2010. "Experimental Modern Poverty Measures 2007." Census Bureau Working Paper, January 3. Available at www.census.gov/hhes/povmeas/publications/overview/shortsge2010.pdf (accessed August 10, 2011).
———. 2011a. "The Research Supplemental Poverty Measure: 2010." U.S. Census Bureau, Current Population Reports, P60–241, Washington, DC: U.S. Government Printing Office.
———. 2011b. "The Supplemental Poverty Measure: Examining the Incidence and Depth of Poverty in the U.S. Taking Account of Taxes and Transfers." U.S. Census Bureau, SEHSD Working Paper no. 2011–20. Available at www.census.gov/hhes/povmeas/methodology/supplemental/research/WEA2011.kshort.071911_2.rev.pdf (accessed January 3, 2012).
———. 2011c. "Who Is Poor? A New Look with the Supplemental Poverty Measure." Paper presented at the 2011 Allied Social Science Association, Society of Government Economists meetings. Available at www.census.gov/hhes/povmeas/methodology/supplemental/research/SGE_Short.pdf (accessed August 5, 2011).
Skocpol, Theda. 2000. *The Missing Middle: Working Families and the Future of American Social Policy.* New York: W. W. Norton.
Skocpol, Theda, Marjorie Abend-Wein, Christopher Howard, and Susan Goodrich Lehmann. 1993. "Women's Associations and the Enactment of Mothers' Pensions in the United States." *American Political Science Review* 87, no. 3 (September): 686–701.
Smeeding, Timothy M., and Jane Waldfogel. 2010. "Fighting Poverty: Attentive Policy Can Make a Huge Difference." *Journal of Policy Analysis and Management* 29, no. 2: 401–7.
Smeeding, Timothy M., Jeffrey P. Thompson, Asaf Levanon, and Esra Burak. 2011. "Poverty and Income Inequality in the Early Stages of the Great Recession." In *The Great Recession,* edited by David B. Grusky, Bruce Western, and Christopher Wimer. New York: Russell Sage Foundation.
Smeeding, Timothy M., Karen Robson, Coady Wing, and Jonathan Gershuny. 2009. "Income Poverty and Income Support for Minority and Immigrant Children in Rich Countries." Luxembourg Income Study Working Paper Series no. 527, December.
Smith, Adam. 1776. *An Inquiry into the Nature and Causes of the Wealth of Nations.* 1776; reprint, Oxford: Clarendon Press, 1976.
Smock, Pamela, and Fiona Rose Greenland. 2010. "Diversity in Pathways to Parenthood: Patterns, Implications, and Emerging Research Directions." *Journal of Marriage and Family* 72, no. 3: 576–93.
Sorenson, Elaine. 1994. "Noncustodial Fathers: Can They Afford to Pay More Child Support?" Urban Institute Working Paper, December.
Stevens, Ann Huff. 1994. "The Dynamics of Poverty Spells: Updating Bane and Ellwood." *AEA Papers and Proceedings* 84, no. 2 (May): 34–37.

———. 1999. "Climbing out of Poverty, Falling Back In: Measuring the Persistence of Poverty over Multiple Spells." *Journal of Human Resources* 34, no. 3 (Summer): 557–88.

Stucke, Maurice E. Forthcoming. "Occupy Wall Street and Antitrust." *Southern California Law Review Postscript,* SSRN id2014312, posted February 10, 2012.

Sugrue, Thomas J. 1993. "The Structure of Urban Poverty: The Reorganization of Space and Work in Three Periods of American History." In *The "Underclass" Debate: Views from History,* edited by Michael B. Katz. Princeton, NJ: Princeton University Press.

Swarns, Rachel L. 2008. "Bipartisan Calls for New Federal Poverty Measure." *New York Times,* September 2.

Swiss Agency for Development and Cooperation (SDC). 2000. "The SDC Policy for Social Development." In *The Challenge of Eliminating World Poverty,* edited by SDC Publications on Development. Berne: SDC.

Takei, Isao, and Arthur Sakamoto. 2011. "Poverty among Asian Americans in the 21st Century." *Sociological Perspectives* 54, no. 2: 251–76.

Taylor, Paul, Rakesh Kochhar, Richard Fry, Gabriel Velasco, and Seth Motel. 2011. "Wealth Gaps Rise to Record Highs Between Whites, Blacks, and Hispanics." Pew Research Center Social & Demographic Trends Research Report, July 26.

Thomas, Kevin J. A. 2011. "Familial Influences on Child Poverty in Black Immigrant, US-Born Black, and Non-Black Immigrant Families." *Demography* 48, no. 2: 437–60.

Thompson, Tommy G. 2001. "Welfare Reform's Next Step." *Brookings Review* 19, no. 3 (Summer): 2–3.

Townsend, Peter. 1993. *The International Analysis of Poverty.* Hemel Hempstead, UK: Harvester-Wheatsheaf.

Trattner, Walter I. 1994. *From Poor Law to Welfare State: A History of Social Welfare in America.* New York: Free Press.

Trotter, Joe William, Jr. 1993. "Blacks in the Urban North: The 'Underclass Question' in Historical Perspective." In *The "Underclass" Debate: Views from History,* edited by Michael B. Katz. Princeton, NJ: Princeton University Press.

Turner, Jonathan H., Leonard Beeghley, and Charles H. Powers. 1989. *The Emergence of Sociological Theory.* Belmont, CA: Wadsworth.

Turner, Margery, Michael Fix, and Raymond Struyk. 1991. *Opportunities Denied, Opportunities Diminished: Discrimination in Hiring.* Washington, DC: Urban Institute Press.

UNICEF Innocenti Research Centre. 2000. "Child Poverty in Rich Nations." *Innocenti Report Card* no. 1 (June): 1–28.

United Nations. 1995. "World Summit on Social Development." Copenhagen. Available at http://social.un.org/index/Home/WSSD1995.aspx (accessed August 10, 2011).

———. 2010. "The Millennium Development Goals Report: 2010." New York. Available at www.un.org/millenniumgoals/poverty.shtml (accessed March 26, 2012).

———. 2011. "The Millennium Development Goals Report 2011." Available at www.un.org/millenniumgoals/reports.shtml (accessed August 10, 2011).
Urban Institute. 2011. "Earned Income Tax Credit by State, Tax Year 2009." Tax Policy Center Tax Facts Table. Available at www.taxpolicycenter.org/taxfacts/Content/PDF/eitc_state.pdf (accessed March 6, 2012).
U.S. Census Bureau. 1993. "Population and Housing Unit Counts," 1990 Census of Population and Housing Report 1990 CPH-2-1.
———. 2000. "DP-1. Profile of General Demographic Characteristics: 2000." Summary file I (SF 1), 100-Percent Data Quick Table, American Fact Finder Tabulation. Available at http://factfinder.census.gov (accessed January 12, 2012).
———. 2009. "*Table 10*. Percent of Households with Selected Measures of Material Well-Being: 1992, 1998, 2003, 2005." Detailed Tables on Extended Measures of Well-Being: Living Conditions in the United States, 2005, from the Survey of Income and Program Participation. Available at www.census.gov/hhes/well-being/publications/extended-05.html (accessed January 9, 2012).
———. 2010a. "2010 Census of Population." Public Law 94–171 Redistricting Data File.
———. 2010b. "POV06: Families by Number of Working Family Members and Family Structure." Detailed Poverty Tables, Table POV06. Available at www.census.gov/hhes/www/cpstables/032010/pov/new06_100_01.htm (accessed September 16, 2010).
———. 2010c. "Poverty Thresholds for Two-Adult-Two-Child Family Following NAS Recommendations: 1999–2009." Tables of NAS-Based Poverty Estimates, Internet Rerelease Data. Available at www.census.gov/hhes/povmeas/data/nas/tables/index.html (accessed August 16, 2011).
———. 2010d. "Table 7. Income of Households from Specified Sources, by Poverty Status: 2009." Current Population Survey, Annual Social and Economic Survey, Effects of Benefits and Taxes on Income and Poverty (R&D), Internet Release Data. Available at www.census.gov/hhes/www/cpstables/032010/rdcall/7_001.htm (accessed March 6, 2012).
———. 2011a. *American Housing Survey for the United States: 2009*. Current Housing Reports, Series H150/09. Washington, DC: U.S. Government Printing Office.
———. 2011b. "Percent of People 25 Years Old and Over Who Have Completed High School or College, by Race, Hispanic Origin and Sex: Selected Years 1940 to 2010." Educational Attainment Historical Tables, Table A-2. Available at www.census.gov/hhes/socdemo/education/data/cps/historical/(accessed September 13, 2012)
———. 2011c. "Poverty Status of People by Family Relationship, Race, and Hispanic Origin: 1959 to 2010." Historical Poverty People Tables, Table 2. Available at www.census.gov/hhes/www/poverty/data/historical/hstpov2.xls (accessed February 1, 2012).
———. 2011d. "Table 1.5. Educational Attainment of the Population 25 Years and Over by Sex, Nativity, and U.S. Citizenship Status: 2010." Current Population Survey, Annual Social and Economic Supplement, 2010. Available at www.census.gov/population/foreign/data/cps2010.html (accessed February 15, 2012).

———. 2011e. "Table DP02: Selected Social Characteristics in the United States, 2010 American Community Survey 1-Year Estimates." Available at http://FactFinder2.census.gov (accessed February 14, 2012).

———. 2011f. "Table FM-2. All Parent/Child Situations, by Type, Race, and Hispanic Origin of Householder or Reference Person: 1970 to Present." Current Population Survey data, 2011. Available at www.census.gov/population/socdemo/hh-fam/fm2.xls, (accessed February 17, 2012).

———. 2011g. "Table H-4. Gini Ratios for Households, by Race and Hispanic Origin of Householder: 1967 to 2010." Current Population Survey, Annual Social and Economic Supplements, Historical Income Inequality Tables. Available at www.census.gov/hhes/www/income/data/historical/inequality/(accessed February 6, 2012).

———. 2012a. Current Population Survey Table Creator, Annual Social and Economic Supplement, 2012. Available at www.census.gov/hhes/www/cpstc/cps_table_creator.html (accessed September 12, 2012).

———. 2012b. Detailed Poverty Tables, Current Population Survey, Annual Social and Economic Supplement, 2012. Available at www.census.gov/hhes/www/cpstables/032012/pov/toc.htm (accessed September 13, 2012).

———. 2012c. Historical Poverty Tables for People and Families, Current Population Survey, Annual Social and Economic Supplement, 2012. Available at www.census.gov/hhes/www/poverty/data/historical/index.html (accessed September 13, 2012).

———. 2012d. "Poverty of People, by Sex: 1966 to 2011." Historical Poverty Tables, Table 7. Available at www.census.gov/hhes/www/poverty/data/historical/people.html (accessed September 12, 2012).

———. 2012e. "Poverty Status of Families, by Type of Family, Presence of Related Children, Race and Hispanic Origin: 1959 to 2011." Family Historical Poverty Tables, Table 4. Available at www.census.gov/hhes/www/poverty/data/historical/families/html (accessed September 12, 2012).

———. 2012f. "Poverty Status of People, by Age, Race, and Hispanic Origin: 1959 to 2011." Historical Poverty People Tables, Table 3. Available at www.census.gov/hhes/www/poverty/data/historical/people.html (accessed September 12, 2012).

———. 2012g. "S1701. Poverty Status in the Past 12 Months." 2011 American Community Survey 1-Year Estimates, Internet Release Data. Available at http://factfinder2.census.gov (accessed September 20, 2012).

———. 2012h. "Table B17001C. Poverty Status in the Past 12 Months by Sex by Age (American Indian and Alaska Native Alone)." 2011 American Community Survey data. Available at http://FactFinder2.census.gov (accessed September 20, 2012).

———. 2012i. "Table B17001C. Poverty Status in the Past 12 Months by Sex by Age (American Indian and Alaska Native Alone Population for Whom Poverty Status Is Determined." 2011 American Community Survey 1-Year Estimates downloaded from American FactFinder. Available at http://factfinder2.census.gov/ (accessed September 20, 2012).

———. 2012j. "Table 9. Poverty of People, by Region: 1959 to 2011." 2011 Annual Social and Economic Supplement of the Current Population Survey

Historical Tables. Available at www.census.gov/hhes/www/poverty/data/historical/people.html (accessed September 12, 2012).

———. 2012k. "Table POV01. Age and Sex of All People, Family Members and Unrelated Individuals Iterated by Income-to-Poverty Ratio and Race." 2011 Annual Social and Economic Supplement of the Current Population Survey Detailed Poverty Tables. Available at www.census.gov/hhes/www/cpstables/032012/pov/toc.htm (accessed September 12, 2012).

———. 2012l. "Table POV02: People in Families by Family Structure, Age, and Sex, Iterated by Income-to-Poverty Ratio and Race: 2011." Current Population Survey, 2012 Annual Social and Economic Supplement Detailed Tables on Poverty. Available at www.census.gov/hhes/www/cpstables/032012/pov/toc.htm (accessed September 12, 2012).

———. 2012m. "Table POV29: Years of School Completed by Poverty Status, Sex, Age, Nativity, and Citizenship: 2011." Current Population Survey, 2012 Annual Social and Economic Supplement Detailed Tables on Poverty. Available at www.census.gov/hhes/www/cpstables/032012/pov/toc.htm (accessed September 12, 2012).

———. 2012n. "Women's Earning as a Percentage of Men's Earning by Race and Hispanic Origin: 1960–2011." Historical Income People Tables, Table P-40. Internet Release Data, Available at www.census.gov/hhes/www/income/data/historical/people/ (accessed September 12, 2012).

U.S. Department of Housing and Urban Development. 2010. *The 2009 Annual Homeless Assessment Report to Congress*. Office of Community Planning and Development Report, June 18.

U.S. Energy Information Administration. 2009. 2009 Residential Energy Consumption Survey Data Tables. Available at www.eia.gov/consumption/residential/data/2009/ (accessed January 9, 2012).

U.S. Immigration and Naturalization Service. 2002. *Statistical Yearbook of the Immigration and Naturalization Service, 2000*. Washington, D.C: U.S. Government Printing Office.

Vanden Heuvel, Katrina. 2011. "Colbert Challenges the Poverty Deniers." *The Nation* blog, July 28. Available at www.thenation.com/blog/162421/colbert-challenges-poverty-deniers (accessed August 3, 2011).

Vaughan, Denton R. 1993. "Exploring the Use of the Public's Views to Set Income Poverty Thresholds and Adjust Them over Time." *Social Security Bulletin* 56, no. 2 (Summer): 22–46.

Ventura, S. J. and C. A. Bachrach. 2000. Nonmarital Childbearing in the United States, 1940–99. National Vital Statistics Reports 48, 16. Hyattsville, MD: National Center for Health Statistics.

Waldfogel, Jane. 2010. *Britain's War on Poverty*. New York: Russell Sage Foundation.

Wallerstein, Immanuel. 1974. *The Modern World System: Capitalist Agriculture and the Origins of the European World-Economy in the 16th Century*. New York: Academic Press.

Washington, Booker T. 1902. *The Future of the American Negro*. New York: Metro Books, 1969.

Weber, Max. 1994a. "Class, Status, Party." In *Social Stratification in Sociological Perspective,* edited by David B. Grusky. Boulder, CO: Westview Press.

———. 1994b. "Open and Closed Relationships." In *Social Stratification in Sociological Perspective,* edited by David B. Grusky. Boulder, CO: Westview Press.

Weinberg, Daniel H. 1987. "Rural Pockets of Poverty." *Rural Sociology* 52: 398–408.

Western, Bruce, and Christopher Wildeman. 2009. "The Black Family and Mass Incarceration." *Annals of the American Academy of Political and Social Science* 621, no. 1: 221–42.

White, Michael J., and Jennifer E. Glick. 2009. *Achieving Anew: How New Immigrants Do in American Schools, Jobs, and Neighborhoods.* New York: Russell Sage Foundation.

White, Vernica, and Kristin Morse. 2011. "Innovate, Research, Repeat: New York City's Center for Economic Opportunity." *Pathways: A Magazine on Poverty, Inequality, and Social Policy,* Summer, 14–17.

Wikipedia. 2012a. "American Exceptionalism." Available at http://en.wikipedia.org/wiki/American_exceptionalism (accessed January 30, 2012).

———. 2012b. "Parental Leave." Available at http://en.wikipedia.org/wiki/Parental_leave (accessed March 13, 2012).

Wildsmith, Elizabeth, Nicole R. Steward-Streng, and Jennifer Manlove. 2011. "Childbearing Outside of Marriage: Estimates and Trends in the United States." Child Trends Research Brief, 2011–29, November.

Williamson, Vanessa, Theda Skocpol, and John Coggin. 2011. "The Tea Party and the Remaking of Republican Conservatism." *Perspectives on Politics* 9, no. 1: 25–43.

Wilson, William Julius. 1978. *The Declining Significance of Race: Blacks and Changing American Institutions.* Chicago: University of Chicago Press.

———. 1987. *The Truly Disadvantaged: The Inner City, the Underclass, and Public Policy.* Chicago: University of Chicago Press.

Wood, Gordon. 2011. *The Idea of America: Reflections on the Birth of the United States.* New York: Penguin Press.

Wolff, Edward N., Lindsay A. Owens, and Esra Burak. 2011. "How Much Wealth Was Destroyed in the Great Recession?" In *The Great Recession,* edited by David B. Grusky, Bruce Western, and Christopher Wimer. New York: Russell Sage Foundation.

World Bank. 2001. *World Development Report, 2000/2001: Attacking Poverty.* Oxford: Oxford University Press.

———. 2011. "Microfinance." International Finance Issue Brief, September, 13. Available at www1.ifc.org/wps/wcm/connect/ef58a800486a807b-be89fff995bd23db/AM211IFCIssue+Brief_Microfinance.pdf?MOD=AJPERES (accessed March 28, 2012).

———. 2012a. "Health." World Development Indicators data. Available at http://data.worldbank.org/topic/health (accessed January 19, 2012).

———. 2012b. "Mortality Rate, Infant (per 1,000 Live Births)." World Development Indicators data. Available at http://data.worldbank.org/indicator/SP.DYN.IMRT.IN (accessed January 19, 2012).

———. 2012c. "Replicate the World Bank's Regional Aggregation." PovcalNet poverty calculations. Available at http://iresearch.worldbank.org/PovcalNet/povDuplic.html (accessed January 17, 2012).

Zakaria, Fareed. 2011. "Zakaria: Fix Education, Restore Social Mobility." CNN, November 6. Available at http://globalpublicsquare.blogs.cnn.com/2011/11/06/zakaria-fix-education-restore-social-mobility/?hpt=hp_c1 (accessed February 2, 2012).

Ziliak, James P. 2009. "Introduction." In *Welfare Reform and Its Long-Term Consequences for America's Poor,* edited by James P. Ziliak. Cambridge: Cambridge University Press.

———. 2011. "Recent Developments in Antipoverty Policies in the United States." University of Kentucky Center for Poverty Research Discussion Paper, DP 2011–05.